● 数字时代劳动经济与劳动关系治理系列教材

劳动经济理论与公共政策案例解析

谢鹏鑫　　曹冬梅　　刘睿雯　　编　著

西南财经大学出版社

中国·成都

图书在版编目(CIP)数据

劳动经济理论与公共政策案例解析/谢鹏鑫,曹冬梅,刘睿雯编著.—成都:西南财经大学出版社,2024.1
ISBN 978-7-5504-6020-1

Ⅰ.①劳… Ⅱ.①谢…②曹…③刘… Ⅲ.①劳动经济学②公共政策—案例—中国 Ⅳ.①F240②D63-31

中国国家版本馆 CIP 数据核字(2023)第 226974 号

劳动经济理论与公共政策案例解析

LAODONG JINGJI LILUN YU GONGGONG ZHENGCE ANLI JIEXI

谢鹏鑫 曹冬梅 刘睿雯 编著

策划编辑:孙 婧
责任编辑:孙 婧
助理编辑:陈婷婷
责任校对:李 琼
封面设计:张姗姗
责任印制:朱曼丽

出版发行	西南财经大学出版社(四川省成都市光华村街 55 号)
网 址	http://cbs.swufe.edu.cn
电子邮件	bookcj@swufe.edu.cn
邮政编码	610074
电 话	028-87353785
照 排	四川胜翔数码印务设计有限公司
印 刷	四川煤田地质制图印务有限责任公司
成品尺寸	185mm×260mm
印 张	13.125
字 数	341 千字
版 次	2024 年 1 月第 1 版
印 次	2024 年 1 月第 1 次印刷
印 数	1—1000 册
书 号	ISBN 978-7-5504-6020-1
定 价	38.00 元

前　言

　　劳动经济学是一门研究劳动力市场的学科，必须紧密关注社会的发展和变化。它主要关注劳动力的供给和需求，劳动力的流动、就业和失业情况，劳动力市场中的工资和薪酬不平等问题，以及相关公共政策的制定和影响等。当前，我国劳动力市场正面临前所未有的挑战。随着人口老龄化程度的不断加剧，劳动力的年龄结构、劳动力供给数量、劳动参与率等都面临巨大变化；随着新兴技术如人工智能、机器学习、自动化和机器人技术的广泛应用，劳动力需求面临巨大变化；随着网络经济和平台经济的兴起，出现了如远程工作、灵活就业等新的工作和雇佣形式，改变着劳动力市场的组织和运作方式；等等。由此可见，劳动经济学的理论学习要紧随时代步伐，依靠丰富的劳动经济学理论，面向我国劳动力市场的新变化，深入研究我国劳动力市场的实际情况。只有紧密结合我国的实践和需求，不断推进劳动经济学的研究，才能准确分析劳动力市场的形势及相关政策效应，才能有效指导我国劳动力市场的实践。

　　《劳动经济理论与公共政策案例解析》的编写就是紧紧围绕"背靠理论，面向实际，做好中国研究"这一目标而展开的。当前，劳动经济理论与公共政策案例方面的书籍相对较少，尤其是可以直接用于课堂教学和帮助学生课后学习，以便理解我国劳动力市场运行及其最新变化的案例类书籍更是屈指可数。《劳动经济理论与公共政策案例解析》以能代表我国劳动经济领域最新发展趋势的典型案例作为核心内容，以更加契合当前我国劳动力市场的新发展、新变化。本书一共分为十章，包括劳动力市场、劳动力需求、劳动力供给、人力资本投资、劳动力流动、工资水平和内部劳动力市场、劳动力市场歧视、收入分配、就业与失业、工会与劳动关系。每章配有2~3个案例，这些案例侧重分析近几年我国劳动力市场的新变化、新挑战及其影响等。每个案例均包括背景知识、案例内容、案例学习目标、案例讨论题、案例分析、拓展训练和前沿文献。在每个案例开始之前，本书在背景知识部分系统梳理了该案例涉及的劳动经济学理论知识。同时，本书尽可能采用图文并茂的方式将案例呈现出来，让读者能身临其境地学习案例。此外，本书还在案例分析后增加了与案例内容相关的拓展训练和前沿文献，帮助读者实现举一反三。在案例分析的过程中，本书积极挖掘其中蕴含的思政元素，重点突出习近平新时代中国特色社会主义思想、党的二十大报告等在劳动领域的具体体现。

本书为西南财经大学研究生规划教材，受到西南财经大学 2021 年度第二批校级规划教材立项项目资助。本书的体系结构由谢鹏鑫策划，谢鹏鑫、曹冬梅和刘睿雯主要参与编写。同时，感谢西南财经大学研究生屈萌、胡玮玲、邹子康、廖宇佳、王淳、黄明慧、官湘等同学参与本书的资料搜集与编写修改。本书参考了国内外许多优秀学者的教材和文献，在编写过程中，北京交通大学唐代盛教授也提出了不少宝贵建议，在此一并表示感谢！最后，衷心感谢西南财经大学研究生院、西南财经大学公共管理学院对本书出版的大力支持！

本书不仅适合高等院校的劳动经济学、人力资源管理、行政管理、社会保障等相关专业学生学习该门课程时使用，也适合各类成人教育培训和自考学生使用。我们期望本书能够推动案例教学在劳动经济学课程中的应用，使读者能够更加清晰地认识和理解我国劳动力市场及相关公共政策。编者能力有限，书中定有不当之处，请读者不吝指正，以便我们不断修改和完善本书。

谢鹏鑫　曹冬梅　刘睿雯

2024 年 1 月 2 日

劳/动/经/济/理/论/与/公/共/政/策/案/例/解/析

目　录

3

第一章
劳动力市场

劳动力市场相关理论在劳动经济学中占有重要地位，这些理论提供了对劳动力供求关系、就业、工资决定等方面的深入理解，有助于我们解释和预测劳动力市场的运行和变化。同时，这些理论也对企业决策者和政策制定者具有一定的指导作用，能够帮助他们更好地应对劳动力市场的挑战和机遇。本章将对两个与劳动力市场有关的案例进行讨论：第一个案例是"我国'三孩'政策对劳动力市场的影响"，重点讨论"三孩"政策对劳动力个体及劳动力市场的影响及作用机制；第二个案例是"数字经济时代的在线劳动力市场"，重点分析数字经济的发展对劳动力市场的影响，并探讨如何应对在线劳动力市场的挑战。

第一节　案例 1-1：我国"三孩"政策对劳动力市场的影响

"三孩"政策是我国应对人口老龄化和人口结构失衡的重要举措。"三孩"政策的实施将对劳动力市场产生重要影响，包括劳动力数量与质量的变化、劳动力供给与需求的调整、女性就业和职业发展等。本书将运用劳动力市场相关理论来解释这些变化对劳动力市场格局的影响。通过深入研究"三孩"政策与劳动力市场的关系，我们将更好地理解我国劳动力市场的演变，并为未来的政策制定和经济发展提供有益的启示。

一、背景知识

本节将重点介绍劳动力市场相关概念、劳动力供给与需求以及劳动力市场运行结果，为分析"三孩"政策对我国劳动力市场的影响提供理论基础。

1. 劳动力和劳动力市场

劳动力是人的劳动能力，即人在劳动过程中所运用的体力和智力的总和，特指在一定的年龄范围内，具有劳动能力和劳动要求，且愿意参加付酬的市场性劳动的全部人口，没有就业意愿的人口不属于劳动力的范畴。配置劳动力并协调就业决策的市场被称作劳动力市场。劳动力不是可以买卖的商品，只是一种"准商品"，劳动力市场也并非常规意义上的产品买卖市场，而是作为"准市场"进行劳动力的"租借"及"使用"。

2. 劳动力供给与需求

劳动力供给是指在某一时间、某一报酬条件、某一特定的劳动力市场下，愿意并且能够提供劳动的人口总量。劳动力供给可以从数量和质量两个方面进行分析。从数量方面看，主要使用劳动参与率来衡量劳动供给。其中，劳动参与率是反映劳动力市场活动水平的一项指标，其在确定一个国家人力资源规模、预测未来劳动力供给方面起着重要作用，一般指劳动力人数占劳动年龄人口的百分比。从质量方面看，主要使用人力资本来衡量劳动供给。人力资本是一种非物质资本，是体现在劳动力身上为其带来永久收入的能力，在一定时期内表现为劳动者所拥有的知识、技能、劳动熟练程度和健康状况。知识和技能作为人力资本的重要组成部分，主要通过教育和培训获得。

劳动力需求是指在一定时期内，在某种工资率下雇主愿意并能够雇用到的劳动力数量，是一种派生性需求。以时间范围划分，主要将劳动力需求划分为长期需求和短期需求。在短期（一般为 1 年以内），劳动要素可变，资本和技术要素不可变；在中长期（1 年以上 10 年以下），劳动和资本要素可变，技术要素不可变；在超长期（10 年以上），劳动、资本和技术要素均可变。

劳动力供给与需求是影响劳动力市场运行结果的重要因素。在劳动力供给方面，包括人口数量、劳动参与率和受教育水平等因素，直接影响着劳动力市场的均衡状态和就业水平。在劳动力需求方面，受产业结构、技术进步和市场需求等因素的影响，企业和经济部门对劳动力的需求决定了就业机会的数量和质量。

3. 劳动力市场运行结果

劳动力市场运行结果主要体现在就业水平与条件上。就业水平是劳动力市场的重要指标之一，衡量了劳动力的就业情况。高就业水平表示劳动力市场供需相对平衡，有足够的就业机会，同时也反映了经济的繁荣和社会的稳定。就业条件指的是劳动力市场中工作的质量和条件，可从薪资水平、工作时间、福利和保障等方面进行衡量。通过对就业机会和就业条件进行分析，我们可以评估劳动力市场的运行结果。一个健康的劳动力市场应该提供充足的就业机会，同时提供公平的薪资、稳定的工作环境和福利待遇，以促进经济增长、社会稳定和个人福祉。

在劳动力市场上，不同群体之间的就业存在差距是一个常态化现象。性别工资差异是劳动者性别不同造成的劳动者所获劳动报酬之间的不同。在劳动力市场不存在性别歧视的情况下，雇主会根据工人的劳动生产率来决定支付给工人的工资。因此，男女之间存在工资差异的原因，可能是劳动生产率不同，而影响劳动生产率的因素有工作经验、受教育水平等，也可能是因为女性在就业机会和报酬支付方面遭受了性别歧视。

二、案例内容

1. 导入视频

三孩生育政策来了：为何实施？国家卫健委——优化生育政策 改善人口结构（https://haokan.baidu.com/v？pd = wisenatural&vid = 296372809392047404）。

2. 案例材料

生育政策指的是由政府制定和实施的一系列措施和规定，旨在影响人口的生育行为和家庭规模。每一次生育政策的出台都建立在我国人口政策演变的历史背景之上，与劳动力市场的运行密切相关。

1982 年，我国将计划生育确立为基本国策并写入宪法。计划生育政策的有效实施控制了人口增速，促进了经济发展和社会进步。但近年来，全球人口老龄化趋势显现，我国的人口老龄化程度也在不断加深。中国作为人口大国，在人口红利逐渐消失之后，老年人口的规模开始不断扩大，"年迈"的人口结构对经济发展的消极作用开始显现，也影响了我国劳动力市场的正常运行和发展。

为应对我国人口老龄化程度加深的现状，党中央、国务院审时度势，根据我国人口变化趋势先后作出"单独两孩""全面两孩"等重大决策部署。但生育政策是否取得了预期的成效？有关数据显示，政策成效并不令人乐观。2011—2022 年我国人口出生率如图 1-1 所示。2016 年的两孩政策只在短期内起到了促进新生儿数量上升的效果，然后便迅速下降。从 2019 年开始，我国人口出生率甚至低于颁布两孩政策之前的水平。2020 年的新生儿数量更是创下历史新低。为了最大限度发挥人口对经济发展的能动作用，并积极应对生育率持续走低的风险，2021 年 5 月 31 日，中共中央政治局召开会议，审议《关于优化生育政策促进人口长期均衡发展的决定》并指出，为进一步优化生育政策，实施一对夫妻可以生育三个子女政策及配套支持措施。

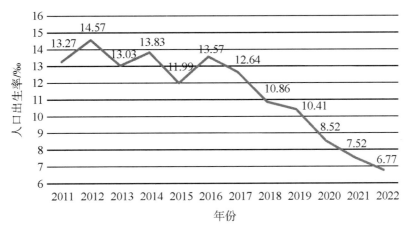

图 1-1 2011—2022 年我国人口出生率

数据来源：国家统计局。

为什么现在的人们生育意愿不高？著名主持人白岩松曾在节目中提到，一胎都不愿意生，怎么去谈三胎四胎？即便彻底放开生育政策，三胎四胎随便生，但总是要从一胎二胎开始生起吧。现在相当大的问题不是缺三胎四胎，而是在晚婚不婚的背景下，一胎都有好多人不想生，怎么去谈三胎四胎。探究人们为什么不愿意生孩子，不能只看孩子的数量，要看这个问题的根源。对于大部分家庭来说，他们也许不是不愿意生，而是生了可能养不起，或者是没有时间养，这些根源问题才是一切的关键。

来自重庆的黄先生就是在"三孩"政策下被动员的一分子。黄先生和夫人是大学同学，已经生育了两个儿子，"三孩"政策开放后，父母一直劝他再生一个女儿，给家里添个贴心的"小棉袄"。但他似乎不打算理会父母的殷切期望。

"要是经济允许的话，我当然也想多个孩子，但现在生孩子，真的没精力去好好养啊！"黄先生苦笑道，"我们家是工薪阶层，两个人都要上班，父母已经帮忙带两个孩子了，再多一个是真的忙不过来。现在生孩子不难，但养好一个孩子，要花的钱可太多了。"

"对啊，而且怀了孩子工资肯定就拿不到那么多了，生完孩子说不定工作都没了。"黄先生的夫人接过话头，"我觉得生孩子对女方来说较不公平，因为生育会失去很多工作机会，即使生育完重返职场，也会遭到冷落，许多工作进度跟不上，收入也将大大减少，如此一来生活压力就更大了。"

在生育压力日益上升的背景下，2022 年，政府将"三孩配套政策"首次写入工作报告。各地也积极响应国家政策，当前已有超过 28 个省份发布推进"三孩配套政策"的相关文件。以北京为例，不仅对普惠托育服务机构给予补助，还支持单位提供托育服务，通过保障性租赁住房解决服务人员住房困难问题。江苏省海安市对常住市内的居民子女未成年的二孩、三孩家庭，在市内买商品房能享受价格优惠。河北、山东、江苏等省份开展了孕妇无创产前基因筛查、省级家庭托育试点等活动。此外，各地还鼓励工作场所营造友好生育环境。多地提出在公共场所和女职工比较多的用人单位配置母婴设施，为婴幼儿照护、哺乳提供便利条件。

（案例来源：根据澎湃新闻、搜狐新闻等网站新闻综合整理而得）

三、案例学习目标

本案例的学习目标是使学生理解劳动力市场的定义和内涵，重点理解"三孩政策"对劳动力个体及劳动力市场的影响及作用机制，并运用所学的理论知识进行分析。

四、案例讨论题

1. 请结合劳动力市场相关知识，分析国家为什么近年来接连推出政策鼓励生育。

2. 请结合劳动经济学相关理论，分析"三孩"政策对宏观层面劳动力市场的长期影响。

3. 请结合黄夫人不愿意生育"三孩"的现实情况，思考生育政策的调整会对女性劳动力市场产生怎样的影响。

五、案例分析

1. 请结合劳动力市场相关知识，分析国家为什么近年来接连推出政策鼓励生育。

党的二十大报告提出，要优化人口发展战略，建立生育支持政策体系，降低生育、养育、教育成本。国家接连推出政策鼓励生育，建立生育支持配套政策，这与劳动力市场的供给变化紧密相关，具体而言，包括劳动年龄人口数量减少、劳动参与率降低、人力资本质量下降。

（1）劳动年龄人口数量减少

新中国成立初期，我国人口总量呈高速增长态势。后来，我国又陆续迎来了几次大规模婴儿潮。如"三年困难时期"结束后，我国在1965—1973年迎来了历史上出生人口最多的主力婴儿潮，近10年时间，全国共出生近2.6亿人，约占当前全国总人口数的20%。以此次婴儿潮为例，在这次婴儿潮中出生的绝大部分人口于20世纪八九十年代初次进入劳动力市场，改革开放将充足的劳动力资源转化为人口红利，推动了我国经济的高速发展。这部分人口如今已退休或即将退休，使得劳动力市场面临巨大的缺口。然而，20世纪80年代开始实施的计划生育政策，虽然给出了一个人口增长与经济发展协调的新方向，但也降低了人口出生率。人口老龄化加速使老年人口的规模扩大和总体占比增加，适龄劳动人口占比下降。长期来看，这意味着劳动年龄人口数量会有所下降。

（2）劳动参与率降低

与年轻劳动力相比，老年劳动力的劳动参与率较低，因此，人口老龄化会对劳动参与率产生消极的影响。当前，劳动力市场中新生劳动力的供给不足以弥补已有劳动力退休所造成的需求缺口，导致整体劳动参与率降低，对我国的劳动密集型行业产生了负面影响。而劳动力资源仍是当前我国经济进步、社会发展的必要条件。随着人口老龄化程度的不断加深，劳动力的短缺将会对经济发展产生消极影响。国家统计局统计数据显示，中国不同口径下的劳动参与率均处于下降状态。1990—2019年，我国15岁及以上人口的劳动参与率由79.1%下降至68.0%，15~64岁人口的劳动参与率由84.2%下降至75.6%。

（3）人力资本质量下降

当前，我国经济已由高速增长阶段转向高质量发展阶段。创新是经济实现高质量发展的核心驱动力，而创新的主体在于人，人力资本的质量是影响创新效率的重要因素。人力资本是一种非物质资本，是体现在劳动力身上为其带来永久收入的能力，在一定时期内表现为劳动者所拥有的知识、技能、劳动熟练程度和健康状况。从受教育程度上看，因为20世纪时我国尚未实现教育的全面普及，所以在不断增加的老年人口中，很大一部分为受教育程度较低的群体。这部分老年群体的增加，在一定程度上会使得我国的人均受教育程度降低。与青年劳动力相比，一方面，老年劳动力在知识掌握速度、信息利用程度以及主动改革能力上可能有所欠缺，这使得老年劳动力在创新能力、学习能力等方面均存在不足；另一方面，生理机能素质是劳动者进行一切劳动的基础，部分老年劳动力可能出现生理机能衰退、工作效率不高的情况，这部分人口在劳动力市场中的占比增加将不利于劳动生产率的提高，进而会对我国经济增长造成不利影响。

2. 请结合劳动经济学相关理论，分析"三孩"政策对宏观层面劳动力市场的长期影响。

本书结合劳动力需求和供给的影响因素，从供给和需求两个方面分析"三孩"政策对宏观层面劳动力市场的长期影响。

（1）供给方面

第一，增加劳动力供给数量。劳动力资源来自人口，创新驱动经济的不竭动力也来源于人口。从人口基数看，我国依然是世界人口大国，人口的规模优势一直是经济进步、社会发展的重要力量。尤其是在当前外部竞争激烈的形势下，总量庞大的人口规模优势以及基于人口规模的人力资源禀赋优势，仍然是我国经济能够实现稳定增长的重要保障。我国人口的快速老龄化，是低出生率和低死亡率共同作用的结果，在二者之中，出生率的持续下降是导致人口老龄化更为重要的因素。因此，优化调整生育政策是遏制生育率不断下跌、保持我国人口规模优势和人力资源禀赋优势的客观要求。"三孩"政策的推行，在一定程度上将释放人们的生育潜能，在未来很长一段时间，将对劳动力市场上的劳动力资源起到持续补充的作用，有利于劳动力市场持续向好发展。

第二，提高劳动力供给质量。劳动力供给质量可以用劳动力市场上的人力资本质量来衡量。随着我国义务教育的全面普及，社会层面对教育的重视程度也与日俱增。随着计划生育政策的实施，家庭户均子女数量不断下降，这使得家庭开始以质量为重点培育子女。同时，人口老龄化对劳动力供给产生的负面影响，会使企业对高素质人才的需求增加，这将鼓励越来越多的年轻人特别是新生劳动力接受高等教育。由此可见，"三孩"政策的推行带来的新生人口与劳动力市场上现存劳动力相比，其受教育程度会达到更高的水平。除此之外，"三孩"政策带来的新生劳动力可以补充劳动力市场缺口，完善劳动力供给结构。劳动力供给结构的稳定可以分担政府养老方面的财政压力，使得其有更多的预算用于教育和创新，从而进一步推动劳动力市场上人力资本质量的提升。

（2）需求方面

第一，增加劳动力需求。随着家庭规模的扩大，相关产业和服务业可能出现新的就业机会，如托育服务、教育等领域的需求可能会增加。具体而言，在幼儿服务领域，随着"三孩"政策的实施，家庭对托育服务的需求可能会增加。这将带动托育机构、幼儿园等托育服务行业的就业机会增加，进而需要更多的托育人员、教育工作者和专业人士来满足扩大的市场需求。在教育领域，家庭规模的扩大可能会带动教育领域的就业机会增多，即需要更多的教师、辅导员和教育管理人员来应对学生人数的增加。此外，教育培训机构和在线教育平台等也可能因为家庭对教育资源的需求增加而创造更多的就业机会。

第二，改变劳动力需求结构。与现存劳动力相比，"三孩"政策带来的新生劳动力可能会有更高的人力资本质量，这会使劳动力市场上的技能需求发生改变。具体而言，随着劳动力受教育水平的提高，劳动力市场对高技能人才的需求将显著增加，包括具备专业知识和技能的科学家、技术专家、高级管理人员等。同时，随着数字化转型在各个行业中的重要性不断凸显，人力资本质量的提升将推动经济向知识经济转型，对数字化技能和信息技术人才的需求也将进一步增长。

3. 请结合黄夫人不愿意生育"三孩"的现实情况，思考生育政策的调整会对女性劳动力市场产生怎样的影响。

生育政策是影响女性劳动力市场表现的重要因素，具体而言，生育政策的调整将对女性的就业质量、就业意愿、就业结构、就业机会等方面产生影响。

（1）育龄女性就业质量降低

在劳动力市场上，不同群体之间的就业、工资存在差距是一个常态化的现象。性别工资差异是劳动者性别不同而造成的劳动者所获劳动报酬之间的不同。女性因为特有的生理特征及社会属性，决定了其在一个家庭中可能会更多地承担繁琐的劳动分工，比如照顾老人、抚养孩子等。生育孩子很可能会导致女性工作时间减少、工作经验跟不上需求，也会让用人单位增加生育津贴方面的直接支出，并承担因职工生育期缺岗而进行人事调整的间接损失。国家助力生育的人口政策的实施，使用人单位因女性生育期延长、顾家时间增加的可能性提高，而对女性员工有更高的成本预期和更低的能力评价，从而导致女性在劳动力市场上的就业质量降低。

（2）就业意愿改变

用人单位对女性生育情况的预期可能会导致用人单位加重对女性劳动力的歧视。育龄女性生育产生的雇佣成本的提高和其生育期间劳动生产率的降低，会让用人单位更倾向于雇佣男性员工或非育龄女性。因此，如果用人单位从雇佣育龄女性生产成本较高的角度出发进行决策，很有可能损害女性的就业权益，使女性的就业意愿降低。同时，受到"女性应更多地承担起家庭责任"这一传统观念的影响，女性在生育子女之后会面临工作机会和养育子女责任的抉择，其个人就业的意愿或将因此发生改变。但近年来，国家将保障女性就业的合法权益作为一项重要的"三孩"政策配套支持措施，正在积极创造公平就业环境、提供平等就业机会，以及就业性别歧视的相关法律法规也在进一步完善。这一系列举措可能会对女性的就业意愿产生积极的影响。

（3）就业结构变化

不同行业女性就业的比重不同，其受女性就业意愿影响的程度也不相同，若某行业女性聚集水平较高，其受女性就业意愿影响的程度就较大。全国人口普查数据显示，女性就业规模位列前三的行业是制造业、批发和零售业、住宿和餐饮业。而"全面两孩"政策实施后，从事采矿业、批发零售业、居民服务修理和其他服务业、教育业等行业的女性，在生育后不再拥有就业意愿的比例较高。由此可以看出，生育政策的调整影响了女性的就业意愿，导致劳动力市场上的整体就业结构在原先基础上发生了改变。

（4）就业机会增加

随着托育和教育行业的劳动力需求增加，女性在这些领域将面临更多的就业选择和发展机会。因为女性在家庭中扮演着照顾和教育孩子的重要角色，她们可能更有意愿从事与儿童相关的职业。同时，由于托育和教育行业的特殊性质，女性在这

7

些领域的工作时间可能相对灵活，这有助于女性更好地平衡家庭和职业之间的责任。除此之外，托育和教育行业劳动力需求的增加可能会对其薪酬和福利待遇产生积极影响。为了吸引和留住人才，雇主可能会提供更具竞争力的薪资和福利待遇，这将有利于提高女性在这些行业的薪酬水平和福利保障。

六、拓展训练与前沿文献

1. 拓展训练

未来可以通过哪些途径提高人们的生育意愿，最大限度地发挥人口对经济发展的推动作用？

2. 前沿文献

[1] 王军，王广州. 中国三孩政策下的低生育意愿研究及其政策意涵 [J]. 清华大学学报（哲学社会科学版），2022，37（2）：201-212，217.

[2] 赵旭凡. 推行三孩生育政策的战略意义与实现路径 [J]. 湖南社会科学，2022（1）：120-126.

[3] 陈晶莹，马建青. 三孩政策下青年低生育现象的成因及破解策略 [J]. 中国青年研究，2022（3）：31-36.

[4] 李芬，郑良中，徐莉. 三孩政策背景下的育儿支持：家庭内外机制比较 [J]. 学习与实践，2022（2）：131-140.

[5] 原新，金牛. 中国人口红利的动态转变：基于人力资源和人力资本视角的解读 [J]. 南开学报（哲学社会科学版），2021（2）：31-40.

[6] 蒋同明. 人口老龄化对中国劳动力市场的影响及应对举措 [J]. 宏观经济研究，2019（12）：148-159.

[7] 夏婧，刘莉. 如何创造生育福利？：国际比较视域下"三孩"政策推进及配套措施构建 [J]. 广州大学学报（社会科学版），2021，20（6）：85-94.

[8] 王军，李向梅. 中国三孩政策下的低生育形势、人口政策困境与出路 [J]. 青年探索，2021（4）：50-61.

第二节 案例1-2：数字经济时代的在线劳动力市场

随着科技的快速进步和数字化的普及，数字经济正迅速改变着我们的产业结构和商业模式，还极大地提升了生产效率，加速了信息传播和知识共享的速度。随着在线平台的兴起和数字技术的发展，劳动力市场正在经历全新的运作方式和就业模式的变革。数字经济时代为劳动力市场带来了许多新的机遇和挑战，对个人、企业和社会产生了深远的影响。因此，深入了解数字经济时代的在线劳动力市场对我国经济社会的持续进步是至关重要的，这将有助于我们更好地应对新时代带来的变革。

一、背景知识

在数字经济时代，传统劳动力市场和在线劳动力市场是两种不同的就业模式。传统劳动力市场供需双方一般具有固定的雇佣关系，工作时间和工作地点变化性不大；而在线劳动力市场则通过互联网平台连接劳动力和雇主，提供灵活的工作方式和多样化的就业选择。本节将重点介绍传统劳动力市场和在线劳动力市场的特点，以帮助读者深入了解数字经济时代的在线劳动力市场，并为后续案例分析提供理论基础。

1. 传统劳动力市场的特点

通常而言，我们所指的劳动力市场是劳动力资源配置的场所，劳动力供给方（劳动者）和劳动力需求方（企业等用人单位）通过市场竞争，自主达成劳动契约关系。劳动力市场具有非经济性和供给的特殊性，其中非经济性是指劳动力资源的配置不仅受经济因素的调节，还受非经济因素的调节，如政府、工会等；供给的特殊性是指劳动力供给不完全受价格的影响，劳动力供给曲线呈现背弯状态。

工作搜寻理论关注劳动力市场上供需双方的匹配过程。该理论认为，为了获取目标岗位的相关信息，劳动者需要花费一定的成本，即职业搜寻成本。劳动者搜寻职业的时间越长，职业搜寻成本越高，职业搜寻时间的边际成本递增。传统劳动力市场中会存在这样一种情况，劳动力供给和需求双方所提供的条件接近，但因为双方不可能立即获得并熟悉工作搜寻者以及职位空缺的相关信息，所以无法立即对这些信息做出准确评价，这导致劳动力交易无法完成。因此，在劳动力市场均衡状态下，摩擦性失业也仍然会存在。

劳动力市场是配置劳动力并且协调就业决策的市场，可以通过调整劳动力市场政策改善失业问题。劳动力市场政策大致分为三个方面：调节劳动力供给、增加劳动力需求以及劳动力市场的建设。本节重点关注增加劳动力需求的市场政策。增加劳动力需求首先就要鼓励下岗失业人员在现行的市场经济中挖掘新的就业形态，进行就业内容和就业形式的创新。近年来，我国进入高速发展的数字经济时代，由此催生了很多新的就业机会，同时数字化平台的构建使得数字技术及相关信息被充分利用，从而有效地缓解了企业和劳动力之间的信息不对称问题，减少了劳动者与工作机会之间存在的障碍。

2. 在线劳动力市场的特点

数字经济是一种新形式的经济形态，以现代信息网络作为主要载体，使用数字化的知识和信息作为关键生产要素，通过有效使用通信技术提高效率、优化经济结构。近年来，数字经济正在成为重组全球要素资源、改变全球竞争格局的关键力量。数字经济时代也使得劳动力市场有了新的存在形式。随着互联网平台的革新和数字化技术的进步，企业的边界逐渐模糊化，在线劳动力市场规模日益壮大。在线劳动力，是指在线上平台实现劳资双方的劳作与报酬交互的人群。在线劳动力通常以工作需求为出发点，依托互联网技术形成在线劳动力市场，为用人单位提供可选择的虚拟人力资源。

在线劳动力市场不同于传统劳动力市场，从劳动场所来看，互联网技术的进步推动了各类企业及组织的数字化发展，使劳动者和雇佣者之间的关系不再是单一的捆绑形式，而变得更为灵活。在工作机会的获得上，劳动者不再受时间和空间的限制，就业门槛降低，其工作形式、工作时间、被雇佣的期限等均变得更加弹性化。从劳动者的人口特征来看，数字化平台不仅为一般意义上的劳动者提供了更多的就业机会，也为一部分特殊的就业群体提供了更灵活、更多元的就业渠道，展现了在线劳动力市场的极大包容性。

二、案例内容

1. 导入视频

数字经济催生更多新职业 到 2025 年带动就业人数将达 3.79 亿（https://news.cctv.com/2022/03/31/ARTIcTRrb6Y3h2UqUY8ezSPO220331.shtml）。

2. 案例材料

中国数字经济的发展呈现出蓬勃的态势，为社会创造了大量的就业机会和新兴职业。从人工智能训练师到各类自由职业者，数字经济为劳动者带来了更多选择和发展空间。

"成百上千幅照片里有不同的物体，将这些物体分门别类地圈出，再用信息标注出来，比如台灯、桌子、沙发……在数据库里放进这些标注好的照片，它们就成了人工智能的学习素材。比如，当电脑看了几万个标注沙发的物体之后，它就能认识什么是沙发。"北京的小吴这样描述自己作为人工智能训练师的工作内容。

阿里巴巴集团客户体验事业群人工智能训练专家李志宇介绍，2015 年，阿里巴巴开始培育国内首批人工智能训练师，当前有将近 20 万名人工智能训练师在阿里生态中工作。其中，有 6 万人经过阿里人工智能训练体系培养并获得认证。

除了阿里巴巴外，国内大大小小的 AI 公司基本都有自己的人工智能训练师。李志宇透露，国内大概有 50 万人在从事这样的工作。在河南信阳光山县，一家企业的工作间内数百名人工智能训练师正在进行无人驾驶数据标注工作。这批人工智能训练师虽人在河南，但服务的对象却是相隔甚远的阿里巴巴公司。相较于其他行业，人工智能训练师只需要一台电脑、一根网线就可以随时随地办公。这也吸引了不少当地年轻人返乡就业。从 2018 年落地光山县，短短 4 年时间，企业的人工智能训练师团队已经达到了 500 多人，并计划扩大到 1 000 人。

这只是我国数字经济快速发展的一个缩影。在创造灵活就业、催生新就业形态方面，以"互联网+"、平台经济为代表的数字经济带来了无限机遇。

小张是一个自媒体工作者，通过运用数字技术，小张在互联网平台上创造与美相关的主题内容。她的内容包括拍摄的美景、美照、美食推荐以及自己在生活中变美的心得分享。通过数字平台，小张能够将自己的创意和美学见解传递给全球范围内的受众。她的内容在社交媒体上得到了广泛传播，吸引了一大批关注者。积累的粉丝不仅为她带来了社会影响力，还让她通过广告、品牌合作等方式实现了收入增长。同时，她可以在任何地方、任何时间进行创作和发布，灵活性极高，不受地域和时间的限制。

王先生曾经是一名普通的快递员，负责一家快递公司的配送工作，随着数字经济的发展，他的职业身份发生了变化。如今王先生成了几家公司的共享快递员。通过数字平台，多家公司将他的服务进行整合，使他可以同时为多个公司完成配送任务。他可以在不同公司之间灵活切换，根据不同时间段的需求进行工作调度，这使得他的收入和工作量得到了更好的平衡。对于雇主来说，共享快递员也是一种高效的资源利用方式。数字平台的应用使得他们可以更灵活地调度人力资源，满足不同区域和时间段的配送需求，提高了效率，降低了成本。

小明是一个多面手，曾经在多个职业中摸爬滚打。他曾当过"代驾司机"，也曾担任"跑腿员"，然而在数字经济的推动下，他成了一名直播平台的主播。小明相信，数字时代也是"全民主播"的时代。这不仅成为一种新的职业选择，也让他发掘了自我价值。作为一名主播，小明可以根据自己的兴趣和技能选择直播内容，如唱歌、跳舞、讲述故事等。数字平台的全球化特性，让他的直播节目可以触达全球受众，带来更广阔的发展前景。

随着互联网用户数量持续快速增长，2003—2012 年，我国数字经济迎来了高速增长期，新业态不断涌现。2013 年，数字经济发展已较为成熟，互联网行业进入移动端时代。中国信息通信研究院 2021 年的测算数据显示，我国数字经济规模达到 45.5 万亿元，同比名义增长 16.2%，高于同期 GDP 名义增速 3.4 个百分点，占 GDP 比重达到 39.8%，数字经济发展取得新突破。产业数字化规模达到 37.18 万亿元，同比名义增长 17.2%，占数字经济比重为 81.7%，占 GDP 比重为 32.5%，产业数字化转型持续向纵深加速发展。

（案例来源：根据央视网、前瞻产业研究院、中国高新网等资料综合整理而得）

三、案例学习目标

本案例的学习目标是使学生理解劳动力市场的定义和内涵，重点认识数字经济给劳动力市场带来的挑战和机遇，能够运用所学的理论知识对在线劳动力市场面临的挑战给出具有可行性的应对措施。

四、案例讨论题

1. 请结合案例思考数字经济背景下的在线劳动力市场有哪些特点，与传统劳动力市场相比，有哪些优点。

2. 请结合劳动经济学相关理论，分析数字经济时代下在线劳动力市场存在的不足。

3. 如何改善在线劳动力市场存在的不足？请结合已学知识谈谈你的见解。

五、案例分析

1. 请结合案例思考数字经济背景下的在线劳动力市场有哪些特点，与传统劳动力市场相比，有哪些优点。

（1）数字经济时代的在线劳动力市场的特征主要体现在参与主体的虚拟化、雇佣关系的柔性化、工作方式的平台化、信息匹配的快速化等方面。具体而言：

①虚拟化的参与主体和柔性化的雇佣关系。在线劳动力市场上的劳动力，是指接受工作和交付工作均在线上平台完成的人群。劳动的供给和需求方没有严格意义上的劳动法律关系。随着数字技术的不断发展，无论是自由职业者、远程工作者还是平台上的服务商，都能在虚拟空间中灵活参与经济活动。虚拟化使得地理位置不再是限制，全球范围内的人才可以自由交流和合作。在线劳动力市场中，传统的全职雇佣制度也逐渐演变为更加灵活的雇佣模式。雇主可以根据项目需求，按需雇佣自由职业者或者临时工，实现更加灵活的人力资源管理，同时也使得劳动者能够更好地平衡工作与生活。

②以数字信息形态完成工作任务的接受与交付。在线劳动力市场上，通常通过数字平台或应用连接需求方和服务方。这些平台提供了便捷的交易和沟通工具，使得工作的安排和完成更加高效。任务发布方与任务接受方通过互联网平台完成工作需求的对接、工作流程的确认以及工作结果的交付，无特殊情况双方无须其他更多了解。

③劳动力市场上信息更加畅通。数字经济时代的在线劳动力市场拥有强大的信息技术支持，能够快速精准地匹配需求和供给。通过算法和数据分析，劳动力和用人单位可根据各自需求充分利用在线平台信息技术进行快速匹配，平台能够将合适的工作机会推送给合适的劳动者，提高市场效率和资源利用率。劳动力和用人单位根据各自需求充分利用在线平台信息技术进行快速匹配，能够不断促进人员与岗位在技能、时空状态以及价格上的信息对接。

（2）相较于传统劳动力市场，在线劳动力市场的优点体现在可以提升就业的灵活性、降低工作搜寻的成本和提高劳动资源的配置效率等方面。具体而言：

①吸纳就业能力强，提升了劳动者就业的灵活性。数字经济所创造的新就业形态具有工作门槛较低、灵活性较强等特点。新业态带来的就业新格局，打破了劳动力市场上传统雇佣关系带来的限制，使劳动者拥有灵活的工作状态和雇佣形式，其就业的自主性和可控度进一步增强。比如电子商务的兴起，使以互联网为基础的外

卖、线上约车等新业态迅速发展壮大并不断吸纳就业。除此之外，新业态的出现可以带来消费的增长，围绕新消费又会产生大量的就业机会。

②降低工作搜寻成本，减少了进入劳动力市场的障碍。工作搜寻理论认为，为了获取目标岗位的相关信息，劳动者需要花费一定的成本，即职业搜寻成本。劳动者搜寻职业的时间越长，职业搜寻成本越高，职业搜寻时间的边际成本递增。在数字经济背景下，在线劳动力市场中知识和信息的传播成本比起传统劳动力市场大幅下降，数字化平台可以保证大量的信息被不断地传递和使用。信息在劳动力市场中的飞速流动使得其使用价值持续提升。而数字化和人工智能平台的构建使得数字技术及相关信息被充分利用，从而有效地促进了企业和劳动力的信息对接，提升了人岗匹配的效率。这种互联网平台上的信息利用也降低了劳动者搜寻工作的求职成本和企业外部搜寻人力资源的招新成本，提高了在线劳动力市场的整体运行效率。

③优化劳动力配置，提升了就业效能。在数字化背景下，搜寻工作的劳动者所拥有的人力资本存量通过在线劳动力市场的筛选机制转化为了可匹配的技能信息，这使得每位工作搜寻者都具有了有用的技能，求职成功的可能性得以提高。在线劳动力市场通过互联网平台，可以迅速将产品生产与劳动者技能进行匹配。因此，那些在传统劳动力市场无法找到合适工作的劳动者，可以通过不受时空限制的在线劳动力市场拓宽就业渠道，发掘自身潜在的技能，在在线劳动力市场中形成匹配的价值。

2. 请结合劳动经济学相关理论，分析数字经济时代下在线劳动力市场存在的不足。

在线劳动力市场在秩序稳定性、劳动者地位、工作稳定性方面存在不足。

（1）在线劳动力市场秩序缺乏稳定性。数字化技术的进步带动平台经济迅速发展，但还是有部分以互联网平台为基础的新生产业尚未形成规范的行业秩序，导致在线劳动力市场的整体秩序还处在一个相对缺乏稳定性的时期。政府方面，部分管理者在处理在线劳动力市场纠纷时无法做到公平公正，运用行政权力保护雇佣方，损伤了劳动者的权益；企业方面，部分服务或产品的提供者利用在线劳动力市场监管漏洞，传播不实的消费信息，更甚者无视法律法规进行恶意竞争。

（2）劳动者与雇佣方不具备平等的权利地位。我国对于因数字化发展而涌现的部分非传统形式的雇佣关系还未以明确的法律条文进行规制，导致部分企业利用现存法律的漏洞逃避本应承担的责任，使得劳动者与雇佣方的权利地位不对等。如在外卖平台注册的骑手，其在接单后会受到外卖订单系统的全程监控，且订单如何分配、配送费如何定价、收入在平台和骑手之间如何划分等问题几乎由平台方全权决定，劳动者几乎没有任何知情权。此外，外卖骑手群体文化水平较低、维权意识薄弱，即使遭到不公待遇，多数情况也只能被迫接受。

（3）劳动者工作不稳定风险较大。与传统就业形式不同，在线劳动力市场创造的新就业形态大多时空受限小、自由程度高，灵活就业对我国目前的社保体系提出了更高的要求。在传统劳动关系中，劳动契约可以保障劳动者的各项社会福利。但在数字经济快速发展的背景下，部分劳动者选择灵活就业，很少与企业平台签订劳动合同，因此无法纳入劳动关系保护的范畴。这使得在线劳动者们会面临社保及福利待遇无法落实、劳动争议权得不到保障等现实问题。

3. 如何改善在线劳动力市场存在的不足? 请结合已学知识谈谈你的见解。

为了完善在线劳动力市场，有关人员需要在政策法规制定、政府监管、行业规范、权益保障等方面做出努力。

（1）出台在线劳动力市场相关的政策和法律法规。政府要基于现存的劳动法律法规，结合在线劳动力市场飞速壮大的实际情况，构建契合新业态劳动关系的法律体系，明确各类基于平台的企业、组织的用工义务，维护新就业形态从业人员的正当劳动权益。同时，需要提高劳动供给与需求双方的法治意识，各级政府组织应督促企业方提升社会责任感、增强劳动保护意识，引导在线劳动者保护个人劳动权益、提高维权意识。

（2）加大政府监管力度，多方参与协同治理。针对在线劳动力市场上已经存在的问题，政府应加大监督管理力度，推行更具针对性的监管政策，严厉打击扰乱市场秩序的行为。除此之外，政府应运用数字化平台技术建立各部门之间的联系，实现跨区域协调发展、跨部门协同治理，减少传统的单一地域管理制度对新型劳动用工形式的制约，为在线劳动力市场上的供需双方创造更有秩序性的平台环境。

（3）建立行业规范及信用体系，营造良性竞争氛围。有关部门应尽快建立在线劳动力市场的行业规范，推动行业内整体秩序趋于稳定，依托数字化优势实现平台间的数据互联。同时，在政企合作机制上有选择性地引进第三方机构作为技术支持，利用第三方认证、信用等级评价机制等手段建立健全行业信用体系。有关部门要对在线劳动力市场上的劳动者和雇佣者进行诚信教育，鼓励各行业遵守行业规范，避免出现行业间的恶意竞争。

（4）建立多元化的新业态从业者职业伤害保障体系。政府应鼓励平台为新业态从业者提供多层次、多角度、全方位的保障，对平台企业以商业保险保障从业者的方式进行财政拨款补贴。除此之外，政府要督促平台企业遵守国家劳动保障法律法规，承担起保护从业人员权益的主体责任。平台企业自身也要进一步提升运作能力和经营手段，实行严格化的自我管理，利用人工智能等技术优势为在线劳动力市场的公共治理提供现代化的解决方案。

六、拓展训练与前沿文献

1. 拓展训练

在数字化和人工智能时代，劳动者应该如何提高自己在劳动力市场上的竞争力?

2. 前沿文献

［1］田永坡，王琦. 数字经济时代网络招聘政策与搜寻渠道选择［J］. 北京工商大学学报（社会科学版），2022，37（2）：1-12.

［2］周祎庆，杨丹，王琳. 数字经济对我国劳动力资源配置的影响：基于机理与实证分析［J］. 经济问题探索，2022（4）：154-163.

［3］张勋，万广华，张佳佳，等. 数字经济、普惠金融与包容性增长［J］. 经

济研究，2019，54（8）：71-86.

　　［4］苏炜杰.我国新业态从业人员职业伤害保险制度：模式选择与构建思路［J］.中国人力资源开发，2021，38（3）：74-90.

　　［5］匡亚林，梁晓林，张帆.新业态灵活就业人员社会保障制度健全研究［J］.学习与实践，2021（1）：93-104.

　　［6］娄宇.平台经济从业者社会保险法律制度的构建［J］.法学研究，2020，42（2）：190-208.

　　［7］柏培文，张云.数字经济、人口红利下降与中低技能劳动者权益［J］.经济研究，2021，56（5）：91-108.

第二章
劳动力需求

劳动力需求是劳动力供求分析的重要组成部分。劳动力需求理论涉及劳动力需求的特点和主体、影响劳动力需求的决定因素、短期和长期劳动力需求的决定等方面的内容。这些理论为理解劳动力市场的需求变化提供了重要依据，也为企业决策者和政策制定者更好地应对劳动力市场的挑战提供了指导。本章主要关注技术进步对劳动力需求的影响以及影响劳动力需求的宏观主体（城市）行为，并结合两个案例进行讨论：第一个案例是"'机器换人'会引起劳动力需求的大波动吗"，重点探讨企业使用机器人替代劳动力的原因，分析"机器换人"对劳动力需求的影响以及如何应对"机器换人"带来的挑战；第二个案例是"中国大城市的人才引进政策比较"，分析城市人才需求的影响因素，并对现有的城市人才政策进行比较与评价。

第一节　案例2-1："机器换人"会引起
劳动力需求的大波动吗

随着技术的不断进步和劳动力成本的提升，越来越多的企业开始尝试使用机器来替代劳动力。"机器换人"对劳动者而言是挑战还是机遇？是否会造成劳动力需求的大幅波动？是否会导致大面积的工人失业？这些问题引发了学术界和实务界的共同关注。因此，我们需要进一步研究"机器换人"与劳动力需求之间的关系，积极应对"机器换人"对劳动力市场带来的挑战，在推动技术进步、企业发展的同时，关注劳动者的福祉。

一、背景知识

劳动是生产过程中最重要的投入品，劳动力需求反映出一个国家或地区的经济水平，并决定了就业水平。对劳动力需求的分析应从其派生性的特点出发，充分研究影响劳动力需求的宏观和微观因素。同时，在大数据、云计算、人工智能等技术不断发展的背景下，应重点考察技术进步对劳动力需求产生的影响。

1. 劳动力需求的特点

劳动是一种生产要素，对劳动力的需求具有派生性的特点。在产品市场上，消费者是需求的来源。因此，消费者对产品的需求是直接需求，通过购买产品可以直接满足消费者的"效用"需求。而在生产要素市场上，需求的来源是厂商。厂商购买劳动力的原因，是希望通过劳动力生产产品，进而出售产品以获得收益，最终满足"获得利润"的需求。因此，企业对劳动力的需求不是直接需求，而是商品需求的派生需求①。

2. 影响劳动力需求的因素

影响劳动力需求的因素包括宏观因素和微观因素。其中，宏观因素包括经济体制、经济结构、技术进步、社会制度安排等。首先，经济体制影响了企业对劳动力的需求。在我国传统的计划经济体制下，劳动者的就业不是自主决定的，而是由政府统一安排的，政府为企业确定了劳动力需求的数量、具体岗位安排、劳动者的工资。因此，政府的行政规则决定了劳动力的配置。而在市场经济条件下，企业的劳动力需求，如需求的数量、类型等，都是企业基于利润最大化目标而确定的。其次，经济结构是指经济系统中各个要素之间的空间关系，如区域结构、产业结构、企业结构等。再次，技术进步对劳动力需求的影响可以从不同技术进步的性质来区分，从人类社会的发展史来看，技术进步的性质往往是节约劳动型的，因为随着社会的进步，劳动力相对于资本总是越来越稀缺的。最后，社会制度安排中的正式制度，如就业制度、用工制度、工资制度、福利制度等也会对劳动力需求产生影响，如通过规定最低工资标准、最长工作时间等方式，保护劳动者的安全和健康。

影响劳动力需求的微观因素包括厂商的技术、时间长短、企业目标等。首先，厂商对生产要素的需求具有共同性，即生产要素必须共同使用才能生产商品。一般而言，我们常用劳动和资本两种生产要素来分析技术对劳动力需求的影响。根据劳动和资本技术的配合比例关系，可以将技术系数分为固定和可变技术系数。其中，固定技术系数是指生产产品时各种生产要素不能相互替代；而可变技术系数是指生产产品时能够改变的各种生产要素的比例。如果某一个企业具有固定技术系数，那么该企业在使用生产要素时无法相互替代；而具有可变技术系数的企业，就可以在生产中根据生产的成本状况进行替代，以最经济的方式生产产品。其次，时间长短对劳动力需求的影响是通过其对技术的影响体现出来的。在短期，资本不能发生变化，只能改变劳动投入量；在中长期，劳动和资本都可以发生变化，但不足以改变生产技术；在超长期，不仅可以改变各种生产要素的投入数量，而且可以改变生产技术。最后，企业目标对劳动力需求有很大的影响。在利润最大化目标的驱动下，企业会在既定成本下尽可能生产最大的产量，或者在既定产量下尽可能减少成本。但如果企业不是以利润最大化为目标，而是以就业作为目标，就可能导致企业实际的雇佣量超过以利润最大化为目标所需的雇佣量，造成"隐性失业"②。

3. 技术进步对劳动力需求的影响

长期劳动力需求理论为技术进步对劳动力需求的影响提供了基本的分析框架。在生产同质同量的产品时，技术进步可以减少生产要素投入量。当使用等产量曲线组描述技术进步对劳动和资本的影响时发现，技术进步使得等产量曲线向原点靠近

①　曾湘泉. 劳动经济学［M］. 3 版. 上海：复旦大学出版社，2018：92.
②　曾湘泉. 劳动经济学［M］. 3 版. 上海：复旦大学出版社，2018：92-97.

（见图 2-1），即技术进步使得劳动和资本的生产率均得到提高，等产量线的形状发生变化。因此，分析技术进步对劳动力需求的影响，需要区分技术进步的性质。如果只考虑劳动与资本两种生产要素，技术进步可以分成以下三种①：

（1）希克斯技术进步。在资本与劳动的比率给定的情况下，如果劳动与资本的边际生产力同比例上升，则这种技术进步被称为"希克斯技术进步"，如图 2-1 所示。这时等产量曲线向原点靠近，但是代表资本与劳动比率的曲线 OA 与代表劳动的横轴和代表资本的纵轴之间各自的 45°夹角不变，即劳动与资本的边际替代率不发生变化。

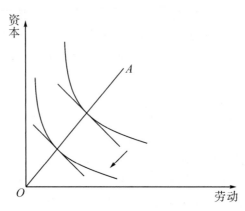

图 2-1　希克斯技术进步和等产量曲线的移动

（2）资本密集型（劳动节约型）技术进步。在资本与劳动比率给定的情况下，资本边际生产力的增加超过劳动边际生产力的增加。如果资本与劳动的相对价格不变，资本装备率上升。

（3）劳动密集型（资本节约型）技术进步。与资本密集型技术进步相反，劳动边际生产力的增加超过资本边际生产力的增加。此时，即使资本与劳动的相对价格不变，也需要相对多地使用劳动。

技术进步主要从以下两个方面对劳动力需求量产生影响：①在生产等量产品时，劳动与资本可以获得何种程度的节约；②通过下调产品价格，以及企业利润、劳动者收入的变化，能在多大程度上增加产品需求。换言之，技术进步对劳动力需求的影响表现在：一是在生产既定的产品时，企业可以以较少的劳动投入量完成生产，减少劳动力需求量；二是由于生产成本降低，产品的价格下降，产品的销售数量增加，企业会扩大产出规模，从而增加劳动力需求量。对于一个企业或者范围较小的经济体而言，技术进步更可能导致劳动力需求减少；但在一个更大范围的经济体中，技术进步更可能通过增加收入而带动消费的增长，从而使得企业扩大生产规模，增加劳动力需求②。

①　杨河清，张琪. 劳动经济学［M］. 5 版. 北京：中国人民大学出版社，2018：32-33.
②　同①。

劳/动/经/济/理/论/与/公/共/政/策/案/例/解/析

二、案例内容

1. 导入视频

人工智能时代下的管理会计（https://www.zhihu.com/zvideo/1461500721258098 688）。

2. 案例材料

近十年来，我国制造业面临的国内外挑战日益严峻，"招工难"问题不断凸显。很多企业开始使用机器来替代劳动力，掀起了"机器换人"的浪潮。

由于我国的劳动力价格不断上涨，我国的"人口红利"随之不断消失。中国制造业未来的优化升级需要依靠现代化和自动化的技术装备，以实现从人口红利向技术红利的过渡。在我国的珠三角和长三角地区，为了推动产业升级，很多企业开始使用机器来替代劳动力。在制造业领域，工业机器人的运用范围开始从汽车、电子产业向物流、家电和食品行业拓展。

从客观原因看，2011年以来，我国的劳动年龄人口出现了结构性的变化。第七次全国人口普查数据显示，我国16～59岁的劳动年龄人口为8.8亿人，比2010年第六次全国人口普查的劳动年龄人口减少了4000多万。同时，劳动年龄人口占总人口的比例也出现了下降。与此同时，随着中西部地区的发展，不同区域之间的差距和城乡之间的差距逐渐缩小，农民工跨省流动的积极性下降，开始转向在本地的城市和家乡就业，这进一步加剧了沿海地区的"用工荒"问题。

从主观原因看，虽然各地不断提高最低工资标准，但农民工的收入仍然较低，很难承担城市生活的成本。同时，由于工厂的管理模式僵化严苛，很多新生代农民工不愿意在流水线上从事枯燥重复的工作。尤其是2020年受新冠病毒感染疫情（以下简称"疫情"）的影响，很多农民工无法实现跨区域的流动，使得企业的复工复产更加困难，间接推动了企业加快"机器换人"的步伐。

国家统计局数据显示（见图2-2），2022年，我国工业机器人产量达到44.3万套，同比增长21.04%。与此同时，工业机器人的应用行业和领域已覆盖了汽车、电子、医药等52个行业大类、143个行业种类，涉及数十种工艺。工信部统计数据显示，2022年中国机器人全行业营业收入超过1700亿元，工业机器人装机量超过了全球总量的50%，连续九年位居世界首位[①]。如图2-3所示，2021年，中国制造业机器人密度达到322台/万人，全球排名从2015年的第25位上升到2021年的第5位。

为了优化产业结构，培育新的经济增长动能，地方政府积极推动"机器换人"战略，并为其提供财政补贴。如广东省东莞市制定了《东莞市机器换人专项资金管理办法》，对符合资助条件的机械手换人应用项目给予最高250万元的资助。2014年年底，东莞市启动"机器换人"三年行动计划，每年拿出2亿元，连续三年资助企业实施"机器换人"战略，以推动制造业转型升级。截至2016年9月，东莞市

---

① 中国新闻网. 年营收超1700亿元 中国机器人行业走向更多场景[EB/OL].（2023-05-28）[2023-05-10].http://tech.cnr.cn/techyw/kan/20230528/t20230528_526266970.shtml.

已有 1 485 个项目申报"机器换人"专项行动，一共拉动综合投资 230 亿元。而企业实施"机器换人"的根本动力在于，企业可借助工业机器人的持续性和稳定性，提高生产效率、改善产品质量、减少劳动力成本。

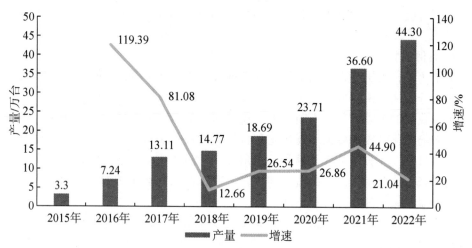

图 2-2　2015—2022 年中国工业机器人产量
（数据来源：国家统计局）

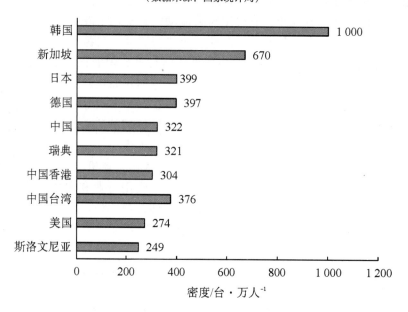

图 2-3　2021 年全球主要国家和地区工业机器人密度
（资料来源：World Robotic 2022）

在此背景下，劳动力市场不可避免地受到"机器换人"的影响。尽管一部分有较强学习能力的年轻工人有机会参加企业的技能培训，实现自身的转型，但大量缺乏技能的农民工会被机器人替代。同时，随着技术的不断进步，"机器换人"从过去仅仅局限于替代一些常规性、结构化和重复性的工作任务，到现在对一些非常规的工作任务，包括一些简单的认知方面的工作也出现替代现象。

坐落于浙江省湖州市南浔区南浔镇的格尔森电梯有限公司，于2021年引进自动化设备以提升产能，当前只需一个人就能完成总计27道工序的电梯门板生产线，提高了生产效率。中国航天科技集团八院802所神添公司研发的机械臂产品，通过直接"抓"住产品，便能完成后续所有的测试步骤，不需要人工干预。使用机械臂使得原本需要整整3天时间才能测试完毕的一套产品，如今只需要22个小时。2017年5月中旬，"德勤财务机器人"一夜之间刷爆朋友圈，"财务机器人"可以快速"阅读"数千份复杂问卷，并从中提取和构建文本信息，以更好地做出分析。一台财务机器人可以替换15个财务人员，而且可以每周7×24小时不停地工作。

麦肯锡全球研究院在报告中指出，随着自动化技术的发展，有7 500万至3.75亿的劳动者将需要转换职业类别。英国广播公司曾经报道了剑桥大学教授发布的一项报告。该报告分析了在未来三百多种职业被人工智能替代的可能性。预计到2025年，人工智能将颠覆全球15个行业中的8 500万个工作岗位。随着自动化和数字化的发展，针对数据录入、会计和行政服务等技能的就业需求正在减少。最可能被人工智能及机器自动化代替的工作职位包括数据输入员、会计、记账员、工资结算员、行政助理等，其中21%来自金融服务领域、19%来自汽车行业，还有20%来自采矿和金属行业。

被机器替代的劳动者，由于受教育程度较低，只能从制造业向服务业转移。国家统计局发布的《农民工监测调查报告》显示，2018年我国农民工在第三产业就业的比例首次过半，达到50.5%，这一数据也在宏观上印证了就业从制造业流向服务业的趋势。然而，这并不是意味着劳动生产率的提高，相反大量农民工仍然从事着低技能工作，如网约车、外卖骑手、家政清洁等。

（案例来源：根据经济观察报、搜狐新闻、澎湃新闻、浙江在线、中国机器人网等网站新闻综合整理而得）

三、案例学习目标

本案例的学习目标是使学生深刻理解劳动力需求的影响因素，重点理解技术进步对劳动力需求的影响及其机制，并能够运用所学的劳动经济理论分析现实生活中的劳动力需求问题。

四、案例讨论题

1. 请结合案例思考促使企业使用机器人替代劳动力的原因是什么。
2. 请结合我国劳动力市场的现状和劳动经济学相关理论，分析"机器换人"对劳动力需求的影响。
3. 请思考未来人们应该如何应对"机器换人"带来的挑战。

五、案例分析

1. 请结合案例思考促使企业使用机器人替代劳动力的原因是什么。

促使企业使用机器人替代劳动力的原因可以从动力因素和环境因素两个角度进行分析。

（1）动力因素

①降低劳动力成本，提高生产效率

近年来，随着经济的发展，我国长三角、珠三角等经济发展速度较快的地区企业的订单大幅增加。劳动力需求是派生需求，企业对劳动力的需求不断增加，导致这些地区出现了较为严重的"用工荒"现象。与老一代农民工相比，新生代农民工更注重待遇、社会保障和发展潜力，因此对企业提供的工作条件要求更高。然而，劳动密集型企业本身利润较低，无法提供较高的薪酬待遇。使用机器人替代劳动者，一方面可以提高产品的质量和稳定性，另一方面也可以降低人工成本，成为发展趋势。

②地方政府积极推动，提供政府补贴

为了推动产业升级，培养新的经济发展动能，地方政府积极推动企业实施"机器换人"战略，并为企业提供了大量的资金支持。如广东省东莞市制定了《东莞市机器换人专项资金管理办法》，对符合资助条件的机械手换人应用项目给予最高250万元的资助。2014年年底，东莞市启动"机器换人"三年行动计划，每年拿出两亿元，连续三年资助企业实施"机器换人"战略，推动制造业转型升级。

（2）环境因素

①人口老龄化导致劳动力供给减少

我国于1999年开始进入"老龄化社会"，第七次全国人口普查数据显示，我国60岁及以上人口有2.6亿人，其中，65岁及以上人口1.9亿人。普查登记的大陆31个省份中，有16个省份的65岁及以上人口超过了500万人，其中有6个省份的老年人口超过了1000万人[①]。我国的人口结构老龄化导致劳动力供给减少，劳动力供需不匹配的结构性失衡问题逐渐凸显。

②发达国家制造业回迁与产业升级

由于机器替代劳动力的范围逐渐扩大，劳动力作为生产要素的重要性降低。一些国外的生产性项目回迁。例如，近年来美国开始本土制造电脑、金属制品等产品，而过去这些产品中有10%~30%进口自中国。从世界范围看，机器人的应用并没有减少劳动者的总体岗位设置，但对不同类型的劳动者产生了不同影响。对于中低技能的劳动者的就业数量产生了一定挤压，这些劳动者无法胜任新出现的岗位。这部分劳动者的就业是"机器换人"后亟须解决的问题[②]。

2. 请结合我国劳动力市场的现状和劳动经济学相关理论，分析"机器换人"对劳动力需求的影响。

结合背景知识中技术进步对劳动力需求影响的可能路径，"机器换人"对劳动力需求的影响主要有"替代效应"和"创造效应"两种影响机制。

（1）替代效应

人工智能等技术的使用对人力劳动进行替代，由此导致的劳动力需求下降就是技术进步对就业的替代效应，或者可以称为技术进步对就业的"破坏效应"。

---

① 刘远立. 树立积极老龄观 促进健康老龄化 [J]. 行政管理改革，2022（4）：15-20.
② 云霞. "机器换人"对就业结构的影响 [J]. 中国国情国力，2017（3）：57-60.

①劳动生产率提高导致劳动需求数量减少

人工智能促使技术进步，进而提高劳动生产率，导致生产产品所需的劳动力减少①。这种替代最容易发生在一些传统常规性以及技术要求不高的工作岗位中，这种工作岗位由于具有高度重复性，使用人工智能等技术能够较大程度地减少生产时间，提高生产率。

②岗位生命周期缩短导致劳动需求数量减少

人工智能的发展推动技术进步，技术进步进一步缩短岗位的生命周期，进而增加劳动者失业的概率。技术进步也会促使人力资本的价格上涨，导致企业利润进一步被压缩，因此企业不愿意创造新的岗位②。

③经济周期波动造成周期性或技术性失业

熊彼特认为，创新是具有不确定性的，这种不确定性容易造成经济波动。技术进步产生的技术失业也可能导致周期性失业。如果只是短时期的经济不景气，一旦经济恢复，企业会继续进行投资，进而增加对劳动力的需求。然而，如果投入的生产要素组合改变了劳动力与其他要素的边际产出比例，企业可能会永久地减少劳动力需求。

（2）创造效应

人工智能技术的发展对就业具有"替代效应"的同时，也将带来"创造效应"。古典经济学家鼓励技术进步，为了反驳技术进步对就业产生的消极影响，他们逐渐提出了技术进步具有就业的补偿效应。技术进步虽然会减少就业，但也可能间接地增加就业，总体而言就业率是增加的③。

①产品价格下降创造劳动力需求

人工智能的运用会提高企业生产率，降低生产成本，从而降低产品价格。一方面，由于产品价格下降，消费者会购买更多产品，促使企业扩大生产规模，进而增加劳动力需求；另一方面，产品价格下降会增加真实货币余额，使得货币供给大于货币需求，使得利率下降。企业如果增加投资，就会增加劳动力需求④。

②产品创新创造劳动力需求

人工智能促进了新兴产业的产生和发展。技术进步一方面会导致一些传统产业难以生存；但另一方面也促进了新兴产业的发展，使其不断扩大生产规模，细化专业分工，吸纳了传统行业淘汰的劳动力，促使就业总数增加。

③技术扩散创造劳动力需求

马克思认为，虽然机器会直接减少运用它的部门的工人数量，但也能促使其他部门增加就业。人工智能的发展既可以增加生产它的部门的就业，也能为运用它的部门创造新的就业岗位。

① 王君，杨威. 人工智能等技术对就业影响的历史分析和前沿进展 ［J］. 经济研究参考，2017（27）：11-25.
② AGHION，HOWITT. Growth and unemployment ［J］. Review of Economic Studies，1994，61（3）：477-494.
③ TREHAN，BHARAT. Productivity shocks and the unemployment rate ［J］. Economic Review，2003，45：13-27.
④ EBERSBERGER，PYKA. Innovation and sectoral employment：A trade-off between compensation mechanisms ［J］. Labour，2010，16（4）：635-665.

④收入增加创造劳动力需求

一方面人工智能带来的技术进步，使得企业降低生产成本，进而降低了产品的价格。消费者购买产品的成本降低后，其实际工资增加，从而增加了消费需求。另一方面，消费者的实际工资增加后，可以将其用来储蓄，从而间接为企业提供资金，刺激企业的投资需求，进而增加对劳动力的需求①。

⑤技术研发创造劳动力需求

技术的研发过程需要大量的高技能劳动力，因此会增加对高技能劳动力的需求，减少对低技能劳动力的需求。人工智能会对重复的、低技能的工作产生替代效应，但也创造了很多新的劳动力需求②。

在这两种影响机制下，"机器换人"对劳动力需求的影响具有群体的异质性。根据世界银行《2019年世界发展报告：工作性质的变革》的预测，在技术不断发展的时代，世界各国将有绝大部分传统岗位被替代，并减少对传统劳动力的需求。大多数研究也发现，人工智能对劳动力的这种替代效应更多发生在重复性、可标准化的常规工作中，因为人工智能最大的特点是"自动化"和"智能化"，可以在完全不需要人力的情况下，通过数据算法等科学技术自主完成工作任务，相比人力，其工作效率大幅度提高。最容易被人工智能替代的是中等技能的劳动力，研究发现人工智能对劳动力的替代效应会带来岗位极化，即增加高技能和低技能劳动力需求，而减少中等技能劳动力需求。近两年的世界银行发展报告都预测我国劳动力市场存在极化现象，按照成本收益分析，这种现象或许是由于中等技能劳动力与高、低技能劳动力相比，其被替代的经济效益更高，并且在技术上更容易实现。

根据就业创造效应，一方面人工智能提高了劳动生产率，增加了居民收入，提高了消费需求；另一方面，技术进步降低了生产成本，促使企业扩大生产规模，进而在劳动力自身"派生需求"的影响下，增加了劳动力需求。此外，技术进步还会提高企业对劳动力素质的要求。由于替代效应的影响，一些常规性的工作会被人工智能替代，会增加企业对劳动力技能素质的高要求。因此，人工智能对劳动力需求的总影响是不确定的，若就业替代效应大于创造效应，则其总效应为负，即人工智能会减少对劳动力的需求；若就业替代效应小于创造效应，则其总效应为正，即人工智能会增加对劳动力的需求；若就业替代效应与创造效应相等，则人工智能对劳动力需求并没有影响。除此之外，人力劳动相对于人工智能等机器技术最独特的优势在于，其具有主观能动性和创造性，因此，人工智能无法完全替代人力劳动。在现阶段的劳动力市场中，人工智能与人力劳动大多处于相互协作与相互配合的状态。

3. 请思考未来人们应该如何应对"机器换人"带来的挑战。

"机器换人"对劳动力需求产生了深远的影响，需要政府、高校、企业和劳动者共同应对这一挑战。

---

① 苏剑，陈阳. 人工智能等技术进步影响劳动力需求的机制研究［J］. 中国经济报告，2019（2）：75-81.
② 苏剑，陈阳. 技术进步减少了劳动力需求吗？［J］. 开放导报，2018（3）：28-32.

（1）政府的应对措施

①宏观调控劳动力在国民经济各部门间的流动

人工智能对就业岗位的替代效应主要体现在制造业和服务业的部分岗位中，而对于一些岗位的需求则会增加，如对创新能力要求高的岗位、需要运用专业知识技能的岗位等。因此，有关部门应该打通岗位的流通渠道，促进劳动力在不同部门之间的横向流动。

②建立适应智能化发展的培训体系

政府应提供各种类型的培训，帮助劳动者提高技能，以适应技术进步带来的冲击。例如，通过数字化技术培训系统，为劳动者提供技术培训；积极培养"技术工匠"，尤其是掌握对人工智能设备的操控；对于受教育水平较低的劳动者，通过专业的教育和系统的培训，促使他们掌握机器的操作、协调、维修等新技术。

③完善公共就业服务

人工智能技术的发展首先取代了大量低端就业岗位，并释放了一支受教育程度较低的劳动力队伍。一部分劳动力因能力素质等原因，即使愿意通过刻苦学习来获得新技能，也会受到年龄、教育成本等各方面的约束，难以获得新的就业岗位。为解决这部分劳动力的就业问题，政府不仅需要完善社会保障制度，为其提供失业保险，保证生活最低标准；而且还可以通过完善公共就业服务的方式，为其提供就业机会。

④对"机器人"征税

机器人可以全天不间断工作，不需要休息时间，雇主使用机器人不需要缴纳额外的税费。因此，对于机器人使用范围较广的企业，可以对机器人的使用征税。所征得的税费可以部分用于被替代的劳动者，其中，一部分用于帮助他们提高技能重新就业，另一部分用于支付失业劳动者的基本生活费用等。然而，对机器人征税需要根据具体情况而定，并非绝对的最优解。

（2）高校的应对措施

①注重对新技术的使用

在教学过程中，高校应注重对新技术的运用和创新。一方面，学校应重视对教育机器人的开发，鼓励教师运用新技术重新设计教学内容，提升教学质量；另一方面，学校应降低新技术的运用门槛，为教师提供培训，促使教师能使用新技术平台与学生进行互动，提升教育质量。

②重新设计教育和职业培训系统

高校应完善当前的教育体系，尤其要加强普通教育和职业教育的联系，注重培养学生的数字化技能。例如，高校与企业合作开展数字化培训，设计优质的数字化技术课程；结合产业发展的需求和技术创新的趋势，优化中等教育和高等教育的结构，加强 STEAM 教育；职业教育培训机构可以充分发挥作用，加强对劳动者的职业技能培训。

③积极培育高端人工智能人才

对于高等教育机构来说，应增设人工智能技术方面的专业，积极培育高端人工智能人才，以便在人工智能研发上取得突破。当前，人工智能人才的供给与智能企业的需求无法达到平衡。另外，当前我国人工智能专家大多只集中在计算机视觉和语音识别领域，深度学习、智能机器人等领域的人才相对稀缺。因此，高校应对学生提出更高的数学和统计学要求，集中资源开展这一领域的全球前沿研究。

（3）企业的应对措施

①积极发展新兴产业和新型业态

围绕人工智能技术研究和应用的新兴产业和新型业态开始出现，因此人们对人工智能技术的培训需求急剧增加，也孕育出一批为企业量身定做自动化解决方案的公司。这些新兴产业和新型业态不仅直接创造了很多新的岗位，如工程、金融、培训等，扩大了劳动者的就业渠道，而且推动了人工智能技术相关企业的发展。

②更新人才战略，提高人力资本的利用效益

企业需要重新梳理人才需求，更新人才战略，提升数字化人才储备，以更快实现数字化转型；通过不同的人才获取渠道，获得稀缺的数字化人才，并提高人力资本的利用效应；通过内部制度的调整，提升自身的雇主品牌和价值，以提高对人才的吸引力。

当机器人替代劳动力后，势必涉及部分劳动力的重新部署，企业应该通过内部调动或外部消化等方式妥善处理，做到兼顾企业业绩和企业社会责任，通过各类培训，帮助员工平稳换岗。此外，企业应密切关注技术变化的趋势和市场需求状况，提高生产效率，并为员工提供人工智能等技术的操作和监管培训。

（4）劳动者的应对措施

①不断更新专业技能，保持终身学习

在技术不断变革的背景下，劳动力市场也随之发生变化。这些巨大的变革将不断挑战劳动力的知识结构，只有树立终身学习的观念，不断地更新知识结构，学习新的技能，才能引领技术的变革，成为劳动力市场的赢家。劳动者应该积极掌握人工智能技术，全面提升个人能力，适应时代的发展趋势。

②转型难以替代的工作岗位

劳动者应该努力学习不能被人工智能替代的岗位技能，争取从事人工智能难以替代的工作，如涉及专业咨询、社交、创新等领域的工作。对于面临职业选择的劳动者而言，应了解不同领域被人工智能替代的可能性，明确未来时代需要的核心技能，从职业生涯规划的角度，为自己未来在劳动力市场的发展提前进行谋划。

六、拓展训练与前沿文献

1. 拓展训练

"机器换人"是否真的会带来"失业潮"？如果会，在什么条件下会出现？如果不会，劳动力需求将会出现怎样的变化？

2. 前沿文献

[1] 曹守新，徐晓雯. 人工智能对劳动力就业的影响及其应对 [J]. 山东社会科学，2020（12）：153-159.

［2］陈秋霖，许多，周羿.人口老龄化背景下人工智能的劳动力替代效应：基于跨国面板数据和中国省级面板数据的分析［J］.中国人口科学，2018（6）：30-42，126-127.

［3］程承坪，彭欢.人工智能影响就业的机理及中国对策［J］.中国软科学，2018（10）：62-70.

［4］李舒沁，王灏晨.人工智能对老龄化背景下制造业劳动力的影响：来自中国的证据［J］.科学学与科学技术管理，2021，42（7）：3-17.

［5］隆云滔，刘海波，蔡跃洲.人工智能技术对劳动力就业的影响：基于文献综述的视角［J］.中国软科学，2020（12）：56-64.

［6］吕荣杰，郝力晓.人工智能等技术对劳动力市场的影响效应研究［J］.工业技术经济，2018，37（12）：131-137.

［7］王军，常红.人工智能对劳动力市场影响研究进展［J］.经济学动态，2021（8）：146-160.

［8］ZHOU G, CHU G, LI L, et al. The effect of artificial intelligence on China's labor market ［J］. China Economic Journal, 2020, 13 (1)：24-41.

第二节　案例 2-2：中国大城市的人才引进政策比较

过去我们在研究劳动力需求时，往往是从单个企业（微观）或者市场层面（宏观）两个维度来探讨的，而现在，我们发现城市之间的竞争最后都落脚到了对人才的竞争上，各个城市根据自己的产业结构争相出台了大量的人才引进政策，以吸引生产与发展的"第一要素"资源——人才，筑牢发展根基。因此，就中国各大城市的人才政策展开深入讨论，对深入理解我国区域劳动力需求和影响因素，以及如何制定和完善区域人才政策，具有重要的意义。

一、背景知识

在讨论案例之前，我们不仅需要了解到底哪些人被定义为"人才"、"人才"和"劳动者"的区别是什么，还需要系统性地掌握哪些因素会影响某一区域的劳动力需求，以此为后文的案例分析奠定理论基础。

1. 人才与劳动者概念的区分

劳动者是指达到法定年龄，具有劳动能力，以从事某种社会劳动获得合法收入的自然人。人才是指具有一定的专业知识或专门技能，能进行创造性劳动并对社会做出贡献的人，是能力和素质较高的劳动者。人才是拥有复杂劳动力的劳动者，人才与普通劳动者的区别可以看作复杂劳动力与简单劳动力之间的区别。按照劳动力市场分割理论，人才属于主要劳动力市场，工资薪酬较高，福利待遇较好，社会保障较为完备，工作环境较好；普通劳动者属于次要劳动力市场，工资薪酬较低，社会保障较为欠缺，福利待遇较低，工作环境较差。当前，每个城市对人才的判断标准是不一样的，有的是以学历为标准来划分，有的是以技能水平来划分。

2. 区域劳动力需求的影响因素

我们在探讨劳动力需求时，往往是从微观的角度，也就是从用工主体即企业的角度来讨论劳动力需求的数量、种类和价格等，这无疑是非常具体且具有针对性的。我国幅员辽阔，各个区域之间的经济结构、产业特征、市场规模具有较大差异，作为派生需求的劳动力需求，自然也存在较大差异。在中国，比较典型的区域劳动力市场就是以每一个城市为载体的劳动力市场，这和当前各城市间如火如荼的人才争夺战紧密相关。

那究竟哪些因素会影响区域劳动力需求呢？第一，经济增长规模。按照新古典经济理论，经济产出和增长主要是由资本增加、劳动力增长和技术进步带来的。在资本和技术一定的情况下，经济增长必然会带来就业的相应增长，即经济增长会促进劳动力需求的增加。当前，我国正在进行经济结构调整以实现经济高质量发展，那必然需要高质量的劳动者，即人才将会成为新一轮区域发展比拼中的关键要素。

第二，产业结构。区域劳动力需求总是与区域产业结构的变动密切相关。区域的主导产业往往会决定区域劳动力需求的种类，如果一个区域以农业为主，那么该区域所需的劳动力大部分都是农业方面的劳动力；如果一个区域要实行转型发展，即由第一产业为主转为大力发展第二产业，那将增加对第二产业劳动力的需求。此外，产业内部还分为资本密集型、劳动密集型和技术密集型产业，如劳动密集型产业所需普通劳动力比较多，而技术密集型产业所需的高端技术人才比较多，资本密集型产业则视情况而定。

二、案例内容

1. 导入视频

人才争夺战 基层靠啥留住人才（https://v.qq.com/x/page/a0026myfvkg.html）。

2. 案例材料

习近平总书记在党的二十大报告中指出，人才是第一资源。将人才视为突破地区发展瓶颈、提升城市竞争力的核心要素，这已成为国内众多城市的共识。近年来，各地相继推出了"人才新政"，掀起了激烈的"人才争夺战"。截至 2020 年年底，全国有 240 多个地级及以上城市陆续发布了"人才新政"，其中包括 4 个一线城市、15 个新一线城市和 30 个二线城市。成都作为新一线城市，更是在引才聚才方面出台了大量政策。

"成都今天温度适宜，空气质量优……"走进位于天府菁蓉大厦中的成都睿乐达机器人科技有限公司，"蓉宝"机器人正在热情地与参观者进行互动。"蓉宝"机器人不仅外形可爱，还身兼应急、问询、翻译、引领等功能，可谓"科技+颜值"的典型代表。

"蓉宝"机器人拥有"智能大脑"的背后，离不开一支由全球科技人才组成的技术研发团队。据了解，成都睿乐达机器人科技有限公司董事长张睿睿、CTO 罗振军都是伦敦大学国王学院机器人学博士，核心团队中近 50% 为博士及博士后，"海归"人才占比超 20%，先后为多个头部企业提供智慧城市各领域整体解决方案。

早在 2017 年，张睿睿就应导师邀约参加全国创新创业大赛（深创赛）并获得总冠军，在国内机器人行业初显风采。在这期间，他也感受到祖国对于高层次人才、新技术的巨大需求，以及为人才、技术提供了大量的场景和机会，因此他决定回国创业，并于 2018 年创立了成都睿乐达机器人科技有限公司。

对于成都的人才环境，早已在蓉扎根的张睿睿最近又有新的感受。"现在成都有了完善的人才政策体系，人才政策从 1.0 迭代升级到 3.0，大家都知道成都是个创新创业的好地方，也有越来越多机器人领域的高端科技人才想主动来蓉发展。"张睿睿说。

人才能留住，也离不开政策和资金的支持。"我是成都市级人才计划入选者、成都市大数据领军人才、四川天府新区'天府英才'计划认定的人才，企业获得了持续且数额可观的研发资金支持，我本人也拿到了落地安家费。"张睿睿告诉记者，在成都创新创业的这几年，他切身感受到了成都给予人才的温暖。

近年来，成都全力争创吸引和集聚人才平台、加快建设全国创新人才高地。在完善人才政策体系方面，成都出台人才新政"1.0""2.0""3.0"版，从"拼政策给优惠"向"搭平台给机会"再向"优平台营生态"迭代升级。当前，成都人才总量达622.32万人，居全国第4位。"特别是在引聚青年科技人才方面，我们在全国率先推出'先落户后就业''先安居后就业'政策，吸引落户青年人才近70万人。"成都市委组织部部务委员、成都市委人才办专职副主任阳夷介绍道。

据介绍，成都将围绕集聚科技领军人才，大力实施"蓉漂计划""蓉城英才计划""产业建圈强链人才计划"，给予个人最高300万元、团队最高1000万元资助。值得一提的是，针对青年科技创新人才的引育，成都出台博士和博士后支持政策，给予博士后最高76万元资助，建强博士后"两站一基地"，对新设站点给予20万元资助。

成都人才工作的相关负责人表示："一揽子支持青年科技人才引育政策的出台，是因为我们想面向全国乃至全世界引进高端科技创新人才和青年科技人才，在科技人才引育'赛道'上跑出'加速度'。"

近年来，各地相继出台了揽才政策（见表2-1）。各城市除继续加大在落户住房、薪资补贴等方面的投入外，更加注重在体制机制、服务保障、文化氛围等方面做出改进，以便更好地留住人才和发挥他们的作用。

表2-1　部分城市的引才政策

城市	人才引进工程	引才对象	相关政策
济南市	5150引才计划	具有领军作用的学科带头人和项目负责人；能够在电子信息、生物医药、先进制造、新能源、新材料、现代服务等重点产业领域和关键共性技术方面实现突破的高层次人才；掌握自主知识产权、有望形成新的经济增长点的创新创业人才和团队；具有金融管理和资本运作经验的高层次管理人才等	一、可以享受工商、税务、海关、银行、教育、卫生、户籍等方面的绿色通道待遇 二、子女择校 三、住房或租房补贴 四、用人单位安排工作、发放生活补贴 五、指定银行特殊业务 六、高层次人才在我市评聘专业技术职务的，不受单位编制、增人计划、专业技术岗位职数的限制 七、五险一金等社会福利 八、外籍优惠政策

表2-1(续)

城市	人才引进工程	引才对象	相关政策
武汉市	黄鹤英才计划	2019年以来到武汉发展的国内外顶尖人才,要求掌握关键核心技术、取得尖端成果、作出卓越贡献的世界级"高峰"人才及团队;创新创业人才,要求具有较强的产业创新能力,在武汉或即将来武汉领办、创办企业或依托企事业单位开展创新研究、创新成果转化和经营管理活动,为武汉市产业发展作出积极贡献;主要面向特别优秀的留武汉创业就业大学毕业生,要求政治素质过硬,有较大发展潜力、有真才实学、堪当重任,年龄在35周岁以下,已在武汉落户,在武汉各类企事业单位、高校院所全职工作,并已连续缴纳6个月以上的社保或个人所得税	一、为创新创业提供必要的资金支持 二、为创新创业提供工作条件和工作平台 三、多种形式的资金、股权等奖励和激励 四、各项任职优惠政策 五、提供住房保障、医疗福利、子女和配偶的相关福利
成都市	蓉漂计划	国际顶尖人才、国家级领军人才、地方高级人才	一、资金赞助 二、知识产权奖励 三、人才公寓 四、落户制度 五、申报高级职称渠道放松
南京市	宁聚计划	高校毕业生、专业技术人员、国家职业资格人员	一、提供创业场地扶持 二、提供创业担保贷款 三、发放创业见习培训补贴 四、发放开业补贴和创业成功奖励 五、开辟人才落户通道 六、发放面试补贴 七、发放住房租赁补贴
西安市	人才新政	高校毕业生、各行业人才	一、设立高校毕业生"就业奖""留才奖" 二、高校毕业生创业补贴、创业贷款、就业补贴 三、下放人才评审权,扩大人才认定范围 四、高水平硕士免笔试招聘 五、安居保障 六、搭建引才平台
广州市	人才新政	院士、专家等;青年后备人才、领军人才、高端人才;创业人才;有影响力的人才	一、购房补贴 二、租房补贴 三、子女教育优先 四、配偶就业 五、培训学习资源 六、景点免费

表2-1（续）

城市	人才引进工程	引才对象	相关政策
杭州市	人才新政	高层次人才、领军型创新创业团队、特聘专家、外国专家、青年人才、高技能人才	一、基金资助 二、职位保留、流通渠道 三、创业奖励 四、培养培训渠道
天津市	海河英才行动计划	高层次创新人才、高层次产业人才、高技能人才、紧缺专业人才、创新创业人才	一、奖励资助 二、经费资助 三、落户制度
上海市	人才新政	创新创业人才、海外人才、青年优秀人才、	一、完善居住证积分、居住证转办户籍、直接落户的人才引进政策体系 二、外国专家证和外国人就业证"两证合一" 三、自由贸易试验区、自主创新示范区 四、人才培养 五、基金资助 六、完善评价导向、推进人才分类评价、深化职称制度改革 七、科技奖励制度、科技成果转移转化的税收政策 八、创新成果知识产权保护 九、拓宽人才创新创业投融资渠道 十、宜居环境

纵观各地"人才新政"，我们发现有以下几个特点：

（1）参与人才争夺的城市不断扩围。2017年2月，武汉提出"百万大学生留汉计划"，成都、南京、西安等城市相继推出"人才新政"，深圳、杭州、广州等城市则纷纷加大人才政策扶持力度，2018年3月北京、上海也相继加入"人才争夺战"，2018年5月天津推出"海河英才行动计划"。据不完全统计，近年来，全国先后有20多个主要城市发布了"人才新政"以"争夺"人才，其中一线城市和新一线城市全部在列，并不断有城市加入"战局"。

（2）以户籍政策调整为主要特色。近两年主要城市的"人才新政"中无一例外都涉及"户籍新政"。户籍政策最大的调整和亮点是落户门槛大幅降低，覆盖范围大幅扩大，办理也更加方便快捷。武汉、成都、长沙、西安、天津等城市放宽学历、年龄、住房、就业等方面限制，几乎是"零门槛"落户，大学毕业生甚至在校生都可以提出申请。西安等地还推出"在线落户"服务，大学生足不出户就可以方便快捷地办理落户。

（3）一线城市竞相争夺"塔尖"人才。近年来，北京、上海、深圳、广州等城市对于科技、金融等新兴产业领域的海内外高层次人才的争夺加剧，纷纷开通高层次人才绿色通道。北京、上海严控城市人口规模，在2017年常住人口减少的背景下，更侧重于户籍政策支持；深圳、广州除户籍政策外，更侧重于推出各种财政支持政策，且随着竞争加剧，深圳、广州政策加码，财政支出力度加大。

（4）新一线城市重点瞄准"塔基"人才。杭州、武汉、南京及成都等新一线城市虽然也参与和一线城市争夺部分海内外优质"塔尖"人才，并瞄准自身产业优势和城市战略定位，引进相应的高层次人才，但是大量博士、硕士及大学毕业生才是新一线城市的青睐者，其政策着力点放在了毕业生最为关心的户口、住房、就业、收入、创业扶持等多种实际需求上，"零门槛"落户、购房租房补贴优惠、创业房租补贴、创投基金支持等政策组合支持方式成为各城市人才政策"标配"。相比一线城市对于高端人才的争夺，新一线城市主要将着力点放在了对大学毕业生等青年人才的争夺上。

（5）围绕城市战略定位制定人才政策。北京、上海、深圳、广州等一线城市紧密结合自身城市功能定位、产业发展方向，并制定相应的人才政策，如深圳和广州主要聚焦创新和商贸会展、金融保险、现代物流、文化创意等"高精尖缺"产业。武汉、成都、西安等中西部城市在确立新的国家中心城市战略地位之后，积极探索符合城市自身特色的转型升级发展之路。为真正走出"人才引领创新、创新驱动发展"的新路子，武汉于2017年起陆续实施"百万大学生留汉创业就业工程""百万校友资智回汉工程"，用招才引智和招商引资"两条腿"跑步前进，加快引进人才和产业，加速城市的转型升级。

（案例来源：根据论文《武汉等城市人才竞争政策比较分析及政策建议》以及各地人才办发布的政策整理而得，详细引用见本节前沿文献。）

三、案例学习目标

本案例的学习目标是使学生深入理解区域劳动力市场需求的影响因素以及劳动力市场政策的特征，重点理解基于劳动力市场需求的宏观因素如何影响人才政策的制定，并且能够灵活运用所学的理论知识为某一特定区域的劳动力市场提出具有针对性的人才政策建议。

四、案例讨论题

1. 结合劳动经济学理论，分析城市人才需求的影响因素有哪些。
2. 以劳动经济学理论为基础，结合案例材料以及自己的所见所闻，总结当前人才竞争政策的不足之处。

五、案例分析

1. 结合劳动经济学理论，分析城市人才需求的影响因素有哪些。

劳动力的需求是一种派生需求，是人们对产品和服务的需求所引致出来的需求。结合劳动力需求的影响因素，我们可以分析城市人才需求的影响因素。

一是经济总量。经济总量往往是城市经济发展水平的一个重要标志，经济总量的大小代表着一个区域对产品和服务的需求大小。

二是产业发展与产业规划。人才需求与产业结构密切相关，一般来说，城市的人才需求结构与产业结构一致，如第三产业占主导地位的城市，其对第三产业的人才需求较大。

三是先进生产方式即科技发展水平。城市的科技水平越高，其对劳动力的技能水平要求越高，如城市有较多高技术高科技公司，那它对高技术水平的人才需求较大。

四是政府政策。政策的重点倾斜区域往往具有更多的就业机会、更快的发展速度、更大的市场，如粤港澳大湾区、成渝地区双城经济圈、长三角、珠三角等国家战略区域，这些区域需要大量的人才。

2. 以劳动经济学理论为基础，结合案例材料以及自己的所见所闻，总结当前人才竞争政策的不足之处。

我们可以从不同的角度去挖掘当前人才政策的不足，如从人才政策的制定环节、政策内容、人才需求等角度，进行发散性思考，言之有理即可。以下是可能的分析思路：

第一，人才政策涉及引、育、留、用等各个环节，是一个上下衔接、左右贯通的闭环链条。当前，大部分城市的人才政策主要集中在"引才"方面，育才、用才、留才等方面的政策还比较少，如人才引进的资金补贴、放宽落户条件等方面的优惠政策比较普遍且力度也比较大，但人才引进以后，如何打造人才生态系统、如何激励人才不断创新等方面普遍缺少对应的政策措施，导致一些城市出现人才"引得进、用不好、留不住"的现象。

第二，政策内容"同质化"现象较为严重，即各地人才政策中的引才对象、引才方法、引才项目等比较相似。比如，各个城市人才政策的目标都是吸引高层次创新创业人才和青年人才等。再如，各个城市引进的特定产业的人才也比较相似，一般都是电子信息、生命健康、节能环保、高端装备、新材料等新兴产业和金融服务、文化创意等现代服务业的人才，重合度较高、区分度较低。

六、拓展训练与前沿文献

1. 拓展训练

请选择一个国内的三线城市，尝试为其制定一份人才政策。

2. 前沿文献

[1] 唐慧，王印红. 政策爆发的多重逻辑：基于中国地级市"人才新政"的事件史分析 [J]. 中国人力资源开发，2021，38（8）：115-128.

[2] 马双，汪怿. 人才政策对人才跨区域流动的影响：以长三角城市群为例 [J]. 中国人口科学，2023（1）：101-113.

[3] 穆荣平，廖原，池康伟. 杰出科学家支持政策比较研究：以科学家工作室和基础科学中心项目为例 [J]. 中国软科学，2022（11）：83-91.

[4] 赵峰，陈志芳，武国鑫. 基于政策工具视角的创新创业人才政策分析：以17个城市的相关政策为例 [J]. 科学管理研究，2022，40（4）：144-149.

[5] 杨勇，肖伟伟. 城市人才生态系统运行机理与政策仿真研究 [J]. 科学学研究，2023，41（7）：1197-1210.

[6] 李燕萍，梁燕. 人才之争拼什么？：人才城市居留意愿与行为影响因素及作用机制视角 [J]. 科技进步与对策，2018，35（12）：117-124.

[7] 陈莉莉，李灯强. 武汉等城市人才竞争政策比较分析及政策建议 [J]. 决策与信息，2018（11）：5.

第三章
劳动力供给

在劳动经济学的理论体系中，劳动力供给理论扮演着至关重要的角色，并被视为劳动经济理论体系的核心组成部分之一。劳动力供给理论涉及个体如何决定提供的劳动力的数量和质量，以及劳动力供给对经济体系产生的影响。它为我们理解劳动市场的运作机制、劳动力参与率的变化、劳动供给时长、劳动供给模式存在差异的原因等提供了重要的理论基础，也为政策制定者应对人口老龄化、促进就业、灵活用工、教育和培训等挑战提供了理论依据。本章将以三个极具时代特征的案例展开讨论：第一个案例是"世界各国如何应对人口老龄化"，讨论了人口老龄化对劳动供给带来的影响，以及从劳动供给的视角出发，探讨了有关部门应如何制定政策，以更好地应对人口老龄化。第二个案例是"中国女性劳动参与率为何高居世界前列"，探讨了中国女性劳动参与率的影响因素，以及目前推出的"三孩"政策究竟会给我国女性劳动供给带来什么样的影响。第三个案例是"灵活就业还是稳定就业"，分析了新经济形势下我国劳动者劳动供给模式的变化，以及随着新就业形态的不断发展，有关部门应如何更好地保障灵活就业劳动者的合法权益。

第一节　案例3-1：世界各国如何应对人口老龄化

人口老龄化是一个不可避免的趋势，它与劳动力供给有着密切的关系。随着医疗技术的进步和社会福利的提高，人口的平均寿命不断延长，老年人口比例逐渐增加。这种人口结构的转变导致劳动力供给的数量和质量发生变化，对劳动力市场和经济产生了重要影响。因此，我们需要进一步研究老龄化与劳动力供给之间的关系，并制定相应的政策和措施，以应对老龄化给劳动力带来的挑战，促进经济的可持续发展。

一、背景知识

探讨"世界各国如何应对人口老龄化"这一案例，首先，我们需要学习人口老龄化的概念，明晰老龄化的判断标准；其次，要基于劳动供给理论的分析框架，分析人口老龄化给劳动力供给带来的影响，为后文案例分析奠定理论基础。

35

1. 人口老龄化的概念界定

人口老龄化是指人口生育率降低和人均寿命延长导致的总人口中劳动年龄人口数量减少的现象，同时老年人口比例会相应增长。根据联合国在1956年的《人口老龄化及其社会经济后果》中确定的标准，当一个国家或地区65岁及以上老年人口数量占总人口比例超过7%时，意味着这个国家或地区进入了老龄化社会；若这一比例高于14%，意味着这个国家或地区进入了中度老龄化社会；若这一比例高于20%，意味着这个国家或地区进入了高度老龄化社会。1982年维也纳老龄问题世界大会提出另一标准，即一个国家或地区60岁及以上老年人口占总人口比例超过10%，就意味着这个国家或地区进入了老龄化社会。在研究中，以上两个标准都可作为人口老龄化的判断标准。

2. 人口老龄化对劳动力供给的影响

（1）人口老龄化对劳动力供给数量的影响

人口老龄化意味着老年人口在总人口中的比重较高，这将导致劳动力供给数量下降。第一，老年人口增加，其身体机能不再适合大部分劳动，只能退出劳动力市场，导致社会劳动参与率下降。第二，老年人口增加，劳动供给总量也会降低，这主要是由于15~24岁年龄段的人群仍处于学习阶段，他们大部分还在学校里未进入劳动力市场；而55~64岁年龄段的人群大部分已经离开工作岗位，没有计入劳动力供给总量。

（2）人口老龄化对劳动力供给质量的影响

人口老龄化会制约劳动力供给质量的提升。一方面，老年人口的劳动生产率、技能水平以及知识更新迭代的能力不及年轻劳动力，即使老年人的人力资本质量（受教育水平、生产力等）随着时代的推移会有所提升，但是仍落后于年轻劳动力。另一方面，在社会资源既定的情况下，人口老龄化必然会使得更多资源转移到与老年人相关的项目上，这在一定程度上会挤压政府财政对公共教育的支出，从而不利于社会劳动供给质量的提升。

虽然一些学者从劳动者受教育水平、劳动熟练程度、劳动强度及经济活动人口比重变化等方面分析了老龄化对劳动力供给的综合影响，发现劳动力质量的提升会弱化或延缓这一趋势。但总的来看，人口老龄化会导致人口生产性功能降低，影响劳动力市场的供求结构，不利于人力资源质量的提升，将对经济社会的发展产生负面影响。

二、案例内容

1. 导入视频

哪个国家人口老龄化最严重 中国老龄化人口逐年上升（1960—2018年）（https://www.bilibili.com/video/BV114411Z7qG/）。

2. 案例材料

进入21世纪以来，全球人口增长速度放缓，而全球老龄化发展趋势却在持续演进。按照60岁及以上老年人口占总人口比例来看，当前全球老龄化程度为16.4%

（见图 3-1），远超国际上 10% 的标准；按照 65 岁及以上老年人口占总人口比例来看，当前全球老龄化程度为 11.5%，远超国际上 7% 的标准（见图 3-2）。根据联合国的预测，到 2050 年，全球老年人口将增至 21 亿人，全球老龄化国家和地区数量将增至 129 个，且发达国家人口老龄化尤其严重。人口老龄化已是世界各国面临的共同难题，各国也在积极采取应对措施，试图缓解人口老龄化压力。

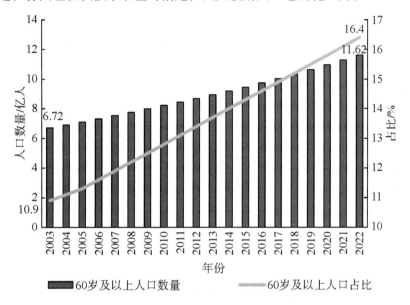

图 3-1　2003—2022 年全球 60 岁及以上人口数量以及占世界人口的比重
（数据来源：联合国《世界人口展望 2022》）

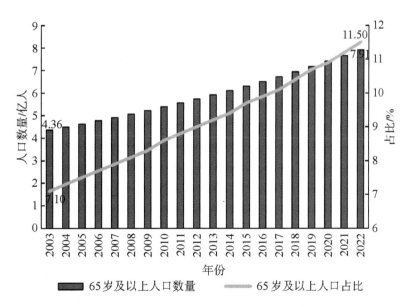

图 3-2　2003—2022 年全球 65 岁及以上人口数量以及占世界人口的比重
（数据来源：联合国《世界人口展望 2022》）

（1）日本：健全法律制度，建立众多养老设施

日本是进入发达国家阶段后才开始面临老龄化压力的。2003—2021 年，日本的老龄化率从 19.57% 增长到 29.79%，增加了约 10 个百分点（见图 3-3）。当前，日本的老龄化程度居全球第一。为了维护老年人权益，日本制定了多部法律，如《老人福祉法》和《老人保健法》，并建立了种类众多的养老设施。同时，日本认为老年人适当参与劳动不仅有利于他们的身体健康，还可以缓解养老金的压力。因此，日本鼓励开发老年人劳动力市场，并提供大量针对老年人的职业培训和再就业支持。例如，日本出租车司机的平均年龄为 58 岁，而 70 多岁的人仍然可以在一些餐馆担任服务员的工作。

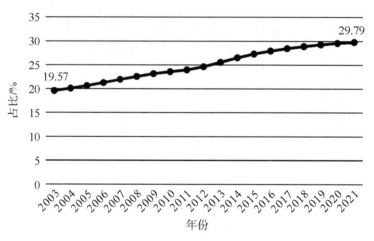

图 3-3　2003—2021 年日本老年人口（65 岁及以上）占总人口比重

（数据来源：日本总务省，https://www.soumu.go.jp/.）

（2）韩国：提高生育率与关怀老年人同步进行

法国从老龄化中的社会跨入老龄社会的时间大约为 115 年、瑞典为 85 年、美国为 75 年、英国和德国均为 45 年，当前老龄化程度居全球首位的日本用了 26 年进入老龄社会。而在现实中，韩国人口老龄化的速度比预期更快。根据韩国政府公布的数据，韩国进入老龄社会的时间约为 23 年。2022 年，韩国媒体认为，韩国可能在 4 年内"跑步"进入超老龄社会。面对日益紧迫的人口老龄化问题，韩国政府正在尝试通过提高出生率，从根本上缓解日益突出的人口结构矛盾。例如，提供生育奖励和福利措施，鼓励年轻夫妇生育；改善育儿环境，增加托儿设施和教育资源的供应，以减轻家庭压力。同时，韩国政府和民间企业也越来越注重老年人的服务保障，不断研发针对老年人的智能设备，推广针对老年人的智能服务，如医疗健康监测、远程医疗咨询和家庭照护服务等。

（3）英国：完善社区卫生服务养老体系等

英国是世界上第一个工业化国家，也是老龄化国家。英国进入老龄化社会的时间远比我们想象的还要早。有关统计数据显示，早在 1960 年之前，英国的 65 岁及以上人口就已经超过了 7%，也就是说英国在 1960 年之前就进入了老龄化社会，到 1975 年，英国进入了深度老龄化社会，其 65 岁及以上人口比例超过 14%。之后英

劳／动／经／济／理／论／与／公／共／政／策／案／例／解／析

国的老龄化速度比较平稳，大约到了 2008 年，老龄化速度才开始加快，截至 2021 年年底，英国 65 岁及以上人口比例已经接近 19%。英国在应对人口老龄化方面积累了丰富经验，并成功应对了人口老龄化带来的各种社会和经济问题。英国的有关部门采取了多项措施，如延迟退休、发展社区卫生服务、利用国际移民等。值得一提的是，英国在老年人社区照顾方面取得了显著进展。英国的老年人社区照顾模式非常完善，且覆盖了老年人各个方面的需要，除了日常生活的饮食、起居、打扫卫生、代购等支持，还提供广泛的心理支持。英国政府统计数据显示，每年约有 60 万老年人得到社区保健医生的服务。通过实施这些措施，英国有效地应对了人口老龄化所带来的挑战，为老年人提供了更好的照顾和支持。

（4）意大利：弹性延迟退休年龄

2023 年，《纽约时报》刊登的一篇有关意大利人口危机的报道，引起了意大利国内的持续热议。据报道，意大利是西方国家中人口老龄化和人口萎缩速度最快的国家，正位于全球人口老龄化趋势所带来的"银色海啸"的前沿地带。意大利著名人口学家罗西纳指出，如果意大利不认真应对这一问题，全力支持和鼓励年轻家庭和职业女性生育，它将永远是一个老龄化国家。意大利国家统计局于 2023 年 7 月发布的 2022 年度报告显示，意大利百岁老人人数已达 2.2 万人，创历史新高，仅 2022 年就增加了 2 000 人，其人口老龄化程度和发展速度仍高于欧盟平均水平。意大利国家统计局指出，未来几年意大利人口老龄化注定会加剧，将对人均 GDP 增长率产生负面影响，并预计到 2041 年，意大利 80 岁以上人口将超过 600 万人，90 岁以上人口将达到 140 万人。意大利政府为了减缓人口老龄化，采取了一系列促进生育的政策措施。其中包括向低收入家庭提供育儿补贴，为育儿家庭提供税收减免，延长生育假期，支持和鼓励建设学校、幼儿园和托儿所等育儿场所。除此之外，意大利政府还通过相关组织和机构进行宣传教育活动，以提高公众的生育意识。尽管意大利政府做出了精心设计的针对性举措，但遗憾的是，这些措施收效甚微，未能有效提高生育率。由于养育子女的负担较重，每个家庭都不得不考虑现实的压力，政府提供的各种补贴和优惠只是杯水车薪。因此，意大利政府面临老龄化带来的严峻挑战，不得不采取延迟退休的手段。具体来说，政府通过增加养老保险缴费年限来提高退休年龄。根据 1995 年的有关规定，参保人员只要缴费满 35 年，便可选择在 57 ~65 岁中的任一年龄提前退休，该规定的有效期截至 2035 年年底。2004 年，政府还规定男职工提前退休需要同时满足两个条件：养老保险缴费满 35 年并且达到最低年龄标准（2008 年为 60 岁、2010 年为 61 岁、2014 年为 62 岁）。这一政策虽然遭到众人的反对，但也算是减缓了老龄化带来的巨大的养老金支付压力。

（5）德国：接受移民，以补充劳动力空缺

在老龄化、少子化背景下，高福利社会成为德国财政的"双刃剑"，养老金入不敷出、代际负担加重。德国联邦统计局数据显示，尽管 2020 年德国人口死亡率受疫情影响而增加，但老年人的数量持续增长，80 岁及以上人口较上年增加了 4.5%，达到了 590 万人，这大大增加了养老金和医疗保健成本。从政府支出看，德国的公共服务、医疗卫生支出等随老龄化的加重而上升。根据 OECD 数据，1980—2019 年德国公共社会支出占 GDP 比重由 22% 增至 26%；1999—2017 年德国卫生支出占 GDP 比重由 9.9% 增至 11.4%。从养老金赤字看，自 20 世纪 80 年代之后，德国养老保险基金已经处于筹资与给付的两难困境，2020 年德国养老保险基金赤字 39 亿欧元。从财政收入看，1992—2017 年德国个人所得税的征收总额增速由 25% 降至 5.7%，劳动人口减少造成的税基短缺是根本原因。从移民数量看，2020 年德国境内约有 1 143 万外国人（包括无国籍人士、公民身份不明的人士以及有移民背景的人士）。2020 年德国境内的外国人口已经占总人口的 13.7%。1967—2020 年，德国境内的外国人口数量由 180 万人增至 1 143 万人，总值增加了 5.35 倍，年均复合增速为 3.5%，远高于同阶段德国人口的年均复合增速 1.4%。仅 2009 年德国人口中具有移民背景的人数就达到了 800 万，占当时总人口的 9.7%，移民、二代移民成为德国人口的重要组成部分，是带动人口增长的主要力量。2021 年 8 月，德国联邦劳动局局长德特勒夫·舍勒在《南德意志报》的专访中指出，由于人口老龄化程度不断加深，德国适龄劳动人口在 2021 年会减少近 15 万人，而未来数年内这一趋势将进一步凸显。为了解决这个问题，他强调必须引入规模比当前大得多的移民，但他同时强调，这里的移民指的不是难民，而是有针对性地引进能够填补就业市场劳动力缺口的移民。他指出，德国当前每年需要引进约 40 万名移民，但在过去几年里，每年新增移民的数量远远低于这一规模。他指出，德国恐将面临严重的劳动力短缺问题，从护理人员到空调维修工，再到物流人员，乃至学术人员，但人力资源短缺问题在各个行业普遍存在。

（案例来源：根据论文《人口老龄化对中国劳动力市场的影响及应对举措》以及其他材料整理而得，详细引用见本节前沿文献）

三、案例学习目标

本案例的学习目标是使学生深入理解人口老龄化对劳动力市场的影响，重点理解人口老龄化给劳动力供给带来的影响，并且能够灵活运用所学的理论知识为积极应对人口老龄化提出针对性的政策建议。

四、案例讨论题

1. 运用劳动经济学相关理论，分析延迟退休对劳动力供给的影响。

2. 根据我国老龄化的现实情况以及借鉴其他国家的相关经验，分析除延迟退休外，还有哪些措施可以有效应对人口老龄化对劳动力供给产生的冲击。

五、案例分析

1. 运用劳动经济学相关理论，分析延迟退休对劳动力供给的影响。

延迟退休对劳动力供给既有有利的影响，也有不利的影响。

（1）延迟退休会缓解当期劳动力短缺的情况

在劳动力需求不变的情况下，延迟退休会使得一部分本应该退出劳动力市场的人继续留在劳动力市场，这无疑增加了劳动力供给，缓解了人口老龄化带来的劳动力供给不足的问题。

（2）延迟退休会对劳动力市场带来巨大挑战

在劳动力需求一定的情况下，劳动供给不断增加，失业的人数也将增加，尤其是在经济紧缩、就业形势不容乐观的情况下，延迟退休无疑会使得就业形势雪上加霜。同时，延迟退休也需要考虑不同的行业对劳动力体质的要求，不是所有的工作都适合老年人做，如建筑、制造等行业对劳动力身体素质要求较高，不适宜老年人；教育、公共服务等行业的劳动强度不大，比较适宜老年人。因此，若有关部门实施强制延迟退休政策，企业将面临较大的用工和管理难题。此外，老年人和年轻人相比，在劳动力市场上不占优势，可能会形成新的劳动力市场歧视问题。

2. 根据我国老龄化的现实情况以及借鉴其他国家的相关经验，分析除延迟退休外，还有哪些措施可以有效应对人口老龄化对劳动力供给产生的冲击。

根据劳动供给的相关理论，有关部门可以采取政策释放生育潜力、提高劳动参与率和加大对 AI 的运用，以增加劳动供给数量。换言之，缓解劳动力供给数量方面的压力，可以加大人力资本投资，提高劳动力供给数量，进而提高劳动生产率。通过以上两种措施，可以缓解人口老龄化带来的劳动力供给不足的问题。

（1）释放生育潜力

有关部门通过鼓励生育，提高生育率，能够从长期增加我国的劳动力供给数量。具体来说，一方面，有关部门需要消除部分群体因为生活压力而产生的"能生不愿生"的顾虑，从而增加短期内的生育数量；另一方面，应该加强政策宣传并制定鼓励生育的相关政策措施，以激发人们的生育意愿。此外，有关部门还要做好教育、医疗等方面的资源配备，为生育友好型社会做好保障。

（2）提高劳动参与率

有关部门通过增加工资水平、改善工作环境、强化社会保障等措施提高劳动力参与率，将有助于增加整体劳动力供给数量。同时，有关部门还需要消除劳动力市场中的歧视现象，例如性别歧视、职业歧视等，确保劳动者待遇公平，并建立一个良性竞争的劳动力市场。

（3）技术创新，加大对 AI 的运用

对于人口老龄化造成的劳动力短缺问题，我们还可以通过技术创新，加大对 AI 技术的运用等，强化机械或者工业机器人在某些劳动力短缺领域的运用。

（4）加大人力资本投资

随着人口红利逐渐减弱，教育、人才和科技领域的迅速发展可以促进劳动生产率的提高，从而弥补劳动力绝对数量方面的缺口。科技实力和创新能力的提升，将为我国经济的可持续发展提供强大的动力，并创造更高质量的人口红利，即人力资源红利。

六、拓展训练与前沿文献

1. 拓展训练

结合相关理论和实际情况，分析如何有效开发老年劳动力市场。

2. 前沿文献

［1］朱超，王戎. 健康冲击下的劳动力供给：基于人口老龄化视角［J］. 现代经济探讨，2022（3）：1-13.

［2］张博，杨丽梅，陶涛. 人口老龄化与劳动力成本粘性［J］. 会计研究，2022（1）：59-69.

［3］方雯. 人口老龄化对产业结构服务化的影响和作用路径：来自全球 49 个国家的证据［J］. 产经评论，2021，12（6）：110-120.

［4］张桂文，邓晶晶，张帆. 中国人口老龄化对制造业转型升级的影响［J］. 中国人口科学，2021（4）：33-44，126-127.

［5］蒋同明. 人口老龄化对中国劳动力市场的影响及应对举措［J］. 宏观经济研究，2019（12）：148-159.

［6］张鹏飞. 全面二孩政策、人口老龄化与劳动力供给［J］. 经济经纬，2019，36（3）：134-141.

劳/动/经/济/理/论/与/公/共/政/策/案/例/解/析

第二节 案例3-2：中国女性劳动参与率为何高居世界前列

劳动参与率是劳动经济学中劳动力供给领域的一个基本概念，它是衡量和测度人们参与经济活动状况的指标。在过去的研究中，我们可以看到，男性在劳动力市场中的优势地位和女性的弱势地位构成了两性制度化的社会距离。而随着经济和时代的发展，中国女性越来越多地进入到劳动力市场，甚至女性劳动参与率稳居世界前列。那到底哪些因素会影响到女性的劳动参与率呢？以及生育政策的调整会给女性劳动参与率带来哪些影响呢？本节的案例将对此进行详细探讨和分析。

一、背景知识

探讨"中国女性劳动参与率为何高居世界前列"这一案例，首先，我们需要明晰劳动供给与劳动参与率的概念和关系；其次，要理解劳动供给理论的主要组成部分，包括个体劳动供给理论和家庭劳动供给理论，以为后文案例分析奠定理论基础。

1. 劳动供给与劳动参与率

劳动供给，是指在一定市场工资率水平的条件下，劳动供给决策主体（一般为个人或家庭）愿意并且能够提供的劳动力数量。劳动参与率，是一个与劳动供给相关的重要概念。劳动参与率，是指经济活动人口（包括就业者和失业者）占劳动年龄人口的比率，其计算公式：劳动力参与率 = ［（有工作人数+目前正在找工作人数）/劳动年龄人口］×100%。其中，劳动年龄人口是指在一定年龄范围内具有劳动能力的人口数量，我国将劳动年龄范围界定为男性16~59岁、女性16~54岁，国际劳工组织将劳动年龄范围界定为15~64岁。

2. 劳动供给理论

（1）个体劳动供给理论

个体劳动供给决策的目标是实现自身效用的最大化。新古典经济学认为，个体劳动供给决策是对消费和闲暇的权衡，即个体在既定的时间预算约束下，通过在消费和闲暇间分配时间资源来达到自身效用的最大化，以此确定最优的闲暇需求，并进一步确定最优的劳动供给。个体的劳动供给决策涉及三个方面的内容：第一，个体是否进入劳动力市场进行劳动供给的决策；第二，在可支配时间既定的情况下，个体劳动供给数量的决策；第三，个体对就业的区域、行业和职业等的选择。

劳动供给理论指出，工资和收入水平的变动会对个体的劳动供给决策产生两种效应，即替代效应和收入效应。具体而言，替代效应是指当工资率上涨时，劳动者单位时间内所获得的收入增加，劳动者将放弃一部分闲暇时间，投入更多的时间用于工作，以增加工资收入。收入效应是指当工资率提高时，劳动者以较少的工作时间就可获得同样的收入，劳动者将减少劳动供给时间。这两种效应是此消彼长的关系，当收入效应大于替代效应时，劳动者将降低劳动供给时间；当收入效应小于替代效应时，劳动者将增加劳动供给时间。

（2）家庭劳动供给理论

个体劳动供给理论假设只有一位决策者，并且该决策者追求的目标是个人效用的最大化。然而，当前有关劳动力供给的研究一般都会以家庭为背景展开，每个家庭成员都需要在家庭预算约束下，确定各自的最优劳动供给，并最终实现家庭联合效用最大化。

当前主要有两类家庭劳动供给模型。一类是家庭单一决策模型，这类模型认为家庭成员的偏好相同，所有的决策由其中一人来完成即可。另一类是家庭复杂决策模型，这类模型认为家庭的各个成员偏好不一，家庭在进行决策时要经过一个谈判过程，要综合协调每一个成员的偏好和效用，实现家庭效用最大化。

二、案例内容

1. 导入视频

哪国女性最独立？[G20 各国女性劳动力参与率排行可视化]（https://www.bilibili.com/video/BV1it411o7re/）。

2. 案例材料

关于女性劳动参与率，需要注意有两种统计口径，第一种是 15 岁以上女性劳动参与率，第二种是 15~64 岁女性劳动参与率。本案例采用第一种统计口径。

根据世界银行的数据（最新数据是 2019 年的，如果没有特别说明，本案例的女性劳动参与率数据均来源于世界银行），中国女性劳动参与率为 60.57%，确实超过六成，但并非世界第一。例如，安哥拉女性劳动参与率为 76.11%，埃塞俄比亚为 73.31%，喀麦隆为 71.3%，均高于中国。另外，同属东亚国家的朝鲜，女性劳动参与率为 73.55%，也高于中国。在欧洲国家中，瑞典女性劳动参与率为 61.19%，稍高于中国。

2019 年世界各国的女性劳动参与率平均是 47.29%。从上述数据可以看出，虽然中国女性劳动参与率高于世界平均水平，但并非世界第一。不过，在世界主要经济体中，中国女性劳动参与率几乎是最高的（仅次于加拿大）。图 3-4 展示了世界主要经济体 2019 年的女性劳动参与率。女性劳动参与率最低的国家是印度，仅为 20.79%。

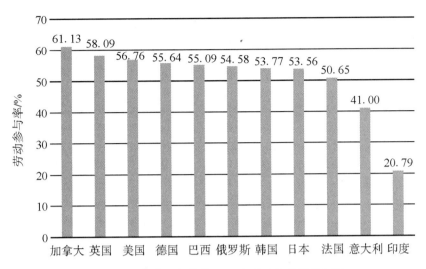

图 3-4　世界主要经济体 2019 年的女性劳动参与率

中国女性劳动参与率较高的原因有以下两方面：其一，中国长期倡导男女平等，特别是新中国成立以来，女性的社会地位快速提升；其二，受教育的女性人数快速增长，使得女性的职场竞争力大幅提升，对于大多数家庭而言，妈妈有工作对小孩子的成长有利。

与此同时，女性在职场中的角色和地位也正在改变。根据世界经济论坛发布的《2018 年全球性别差距报告》，中国的性别差距有所扩大，但在女性参与政治方面取得了显著进步。此外，在担任高级白领职位方面的性别差距也进一步缩小。同时，中国在专业技术职位和高等教育方面实现了性别平等，这表明中国女性进入白领职场的前景乐观。

图 3-5 展示了 1990 年以来部分年份中国 15 岁以上女性劳动参与率的变化趋势，可以看出，1990 年以来，中国女性劳动参与率的大趋势是逐年下降的。

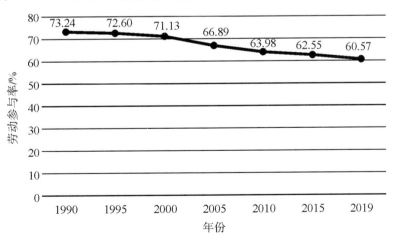

图 3-5　1990 年以来中国 15 岁以上女性劳动参与率

女性劳动参与率下降的原因主要包括以下两个方面：

第一，女性受教育年限普遍延长，参加工作的时间也推迟了。根据 1990 年全国人口普查数据，20~24 岁女性人口共有 5 578 万人，其中受过大学本科教育的只有 50.3 万人，占比仅为 0.90%；受过大学专科教育的只有 82.5 万人，占比仅为 1.48%。而根据 2020 年全国人口普查数据，20~24 岁女性人口共有 3 527 万人，其中受过大学本科教育的有 1 009 万人，占比为 28.6%；受过大学专科教育的有 920 万人，占比为 26%。

第二，女性平均寿命提高了，但退休年龄并没有相应提高。1990 年全国人口普查数据显示，中国人均预期寿命为 68.6 岁，其中男性为 66.9 岁，女性为 70.5 岁。根据《2021 年我国卫生健康事业发展统计公报》，我国人均预期寿命为 78.2 岁，女性平均预期寿命突破 80 岁。女性平均寿命提高，意味着退休女性占比提高，从而拉低了 15 岁以上的女性劳动参与率。

（案例来源：根据《劳动报》及其他材料整理而得）

三、案例学习目标

本案例的学习目标是使学生深入理解劳动供给的影响因素，重点理解女性劳动供给的影响因素，并且能够灵活运用所学的理论知识为促进女性就业提出政策建议。

四、案例讨论题

1. 结合案例材料，分析有哪些因素会影响女性劳动参与率。
2. 运用所学劳动经济学理论，分析我国"三孩"政策给女性劳动供给带来的影响。

五、案例分析

1. 结合案例材料，分析有哪些因素会影响女性劳动参与率。

影响女性劳动参与率的因素除国家政策、养老保险、社会福利以及社会观念等宏观方面的因素影响外，还有一些微观因素：

（1）工资。社会工资水平越高，尤其是在女性工资水平与男性工资水平差距缩小的情况下，女性劳动参与率越高。

（2）生育。家庭中孩子的存在是降低女性劳动参与率的关键因素，因为照顾子女需要花费母亲较多的时间，从而挤占其工作时间。同时，相比于年长的孩子，年幼孩子对母亲劳动参与率的影响更大。子女数量与女性劳动参与率成正比，因为家庭子女数量越多，照料费用越高，生存压力越大，女性为了子女生存或者为子女提供更好的教育，会更多地参与劳动。

（3）受教育程度。女性的受教育程度越高，其劳动参与率越高。

（4）年龄。随着女性受教育程度的提高，15~25 岁的女性大部分还在接受教育，其劳动参与率较低。同时，育龄阶段的女性劳动参与率有所下降。此外，年龄越大的女性，尤其是 50 岁以上的女性，其劳动参与率较低。

（5）家庭状况。家庭有较大固定资产或者有较多的代际财产转移等，女性劳动参与率较低。在有子女的家庭中，如果父辈能提供照料子女的服务，也可增加女性劳动供给，提高女性劳动参与率。

（6）其他因素。

2. 运用所学劳动经济学理论，分析我国"三孩"政策给女性劳动供给带来的影响。

"三孩"政策给女性劳动供给带来的影响有以下三个方面：

第一，对于30岁以下的女性，"三孩"政策会进一步加大其找工作的难度。企业在招人用人时，会考虑到育龄女性因生育或者养育子女而分散一部分精力或者耽误一定的时间，从而加剧了劳动力市场的性别歧视。对于年龄为31~35岁的女性来说，工作时间受到明显的负面影响，因为在这个阶段，女性正面临家庭负担和职业发展的关键时期。

第二，"三孩"政策会减少受中低教育水平女性的劳动供给。相较于受较高教育水平的女性，受中低教育水平的女性的工作时间、正规就业概率以及工资水平呈现更明显的弹性变化，其由于生育子女而影响劳动供给的概率更大。

第三，"三孩"政策对年长女性劳动供给具有一定的收入效应。"三孩"政策可能增加子女数量，从而增加家庭消费支出，这使得部分年长女性迫于生计压力而参与劳动。

六、拓展训练与前沿文献

1. 拓展训练

结合相关理论和其他各国的实际情况，分析如何有效提高女性劳动参与率。

2. 前沿文献

［1］康传坤，刘阳. 工作—家庭冲突缓解效应研究新进展：隔代照料的视角［J］. 山东财经大学学报，2022（4）：111-120.

［2］张海峰. 生育政策调整对女性劳动供给的影响：基于DID-PSM方法的证据［J］. 西北人口，2022，43（3）：13-27.

［3］鄢伟波，安磊. 中国女性劳动供给为何降低：来自流动人口的证据［J］. 世界经济，2021，44（12）：104-130.

［4］方颖，蓝嘉俊，杨阳. 性别身份认同对女性劳动供给和家庭收入结构的影响：教育与城乡差异的视角［J］. 经济学（季刊），2021，21（5）：1711-1730.

［5］詹鹏，毛逸波，李实. 城镇女性劳动供给长期趋势研究：来自教育扩张和生育行为的解释［J］. 中国工业经济，2021（8）：56-74.

［6］谷晶双. 女性生育二孩的影响因素及其劳动供给效应［J］. 经济与管理研究，2021，42（3）：83-96.

［7］程瑢，郑逸芳，许佳贤. 抚养负担对已婚青年女性劳动供给及家务分配的影响研究：基于Heckman两阶段选择模型的实证检验［J］. 南方人口，2017，32（5）：16-26.

第三节 案例3-3：灵活就业还是稳定就业

以往我们在探讨劳动力供给时，往往以正规劳动力市场为对象，对于非正规劳动力市场的劳动供给，我们往往不予讨论。而随着新一代技术革命的冲击，数字经济、平台经济以及新就业形态，如灵活就业、独立承包商、零工经济等，正在改变传统劳动力市场的格局，给劳动力供给带来了新的挑战和机遇。因此，我们也需要深入研究灵活就业与传统的稳定就业之间有什么差别？灵活就业又有什么优势？灵活就业到底还存在哪些挑战？并进一步理解当前经济形势下的新就业形态。

一、背景知识

在分析案例"灵活就业还是稳定就业"之前，我们需要系统地掌握灵活就业的含义、特征及其分类等理论知识，以深入理解和分析案例。

1. 灵活就业的含义

灵活就业是一种非传统的就业形式，它与传统的全职、长期雇佣关系有所不同，灵活就业提供了更多选择和自主性，使劳动者能够根据自身需求和情况来安排工作时间、地点和方式。灵活就业是指劳动者根据自己的意愿和需要，选择不同类型的工作方式和雇佣关系，包括兼职、临时工、自由职业者、独立承包商、零工经济以及远程工作等形式。

2. 灵活就业的特征

灵活就业作为一种非传统的就业形式，具有一系列独有的特征，使劳动者在工作选择和雇佣关系上有更大的自主权和灵活性。灵活就业的主要特征有以下几个方面：

（1）工作时间较灵活。灵活就业允许劳动者根据自身需求和情况，自由选择工作时间。劳动者可以根据个人生活阶段、家庭需求或其他因素，灵活地安排工作时间，以更好地平衡工作和生活。

（2）工作地点较灵活。灵活就业使劳动者不再受限于固定的工作地点。随着信息技术和互联网的发展，劳动者可以选择远程办公，在家中、咖啡店或其他任何地点完成工作。

（3）雇佣关系具有多样性。灵活就业涉及多种雇佣关系，如兼职、临时工、自由职业者、独立承包商等。这些关系允许劳动者以不同的形式参与就业市场，从而根据自身意愿和需求选择适合的就业形式。

（4）工作形式多元化。灵活就业提供了多样化的工作形式，包括独立创业、平台经济中的零工经济、自由职业等。这些形式使劳动者能够从事不同类型的工作，并适应个人技能和兴趣。

（5）工作具有一定的自主性和自由度。灵活就业让劳动者在工作中拥有更大的自主权和自由度。劳动者可以根据个人意愿选择工作项目和客户，自行决定工作方式和流程。

（6）薪资和报酬方式多样化。灵活就业的薪酬方式多样，可以是按小时、按项目、按成果或者其他形式。这种灵活的薪酬形式使劳动者可以更好地掌控自己的收入。

3. 灵活就业的分类

（1）兼职：劳动者在一周或一个月内只工作一部分时间，从而有更多时间处理其他事务。

（2）临时工：劳动者在短期内为特定项目或任务而被雇佣，一旦任务完成，雇佣关系也随之终止。

（3）自由职业者：劳动者作为独立的个体提供专业技能或服务，不与特定企业签订长期合同，他们可以同时为多个客户提供服务。

（4）独立承包商：劳动者与企业签订特定项目的合同，独立完成项目，并根据项目结果进行薪酬支付。

（5）零工经济：劳动者通过在线平台（如 Uber、TaskRabbit、Upwork 等）接受各类零散任务或项目，按任务完成数量或质量获得报酬。

（6）远程工作：劳动者不需要到公司或固定地点上班，可以通过互联网远程工作，具有更大的地理灵活性。

二、案例内容

1. 导入视频

灵活用工是什么？有哪些优势？（https://v.qq.com/x/page/p3345gqvp9n.html）。

2. 案例材料

以前一提到"灵活就业"，人们往往会认为是找不到工作只能"打零工"。然而，随着数字化经济和新业态的发展，灵活就业的内涵和外延正不断被重新定义。

"灵活就业成为新的就业趋势和就业渠道。相较于那些长期稳定的工作，灵活就业的人可以随时选择工作，也可以随时停止工作。对于企业来说，使用哪些人、如何使用、使用多久，都更加灵活。"这是东北师范大学就业创业教育研究院教授、全国高校就业创业指导教师培训特聘专家李亚员的看法。

在采访中，记者发现很多选择灵活就业的学生实际上在上大学期间就已经有了"单干"的打算，甚至不少人在大学期间就开始接"私活"。例如，从大连艺术学院动画专业毕业一年多的虞海认为，就业不一定要追求"稳定"的工作，因为现在各种机会有很多。为了赚取一些零花钱，虞海从大二开始就在网店兼职做动画设计。他能熟练使用 Maya 软件（一款三维建模和动画软件），因此他在网上直接与客户对接具体需求，并逐渐积累了经验。到了大三，虞海已经自己开了网店。毕业后，他在学校的产业园注册了公司，开始创业。

与虞海同龄的艾海音也有类似的想法。她毕业于北京城市学院，学的是珠宝鉴定与经营专业。因为她的家人都从事珠宝相关行业，所以从进入大学校门那天起，她就打算将来要自主创业。她说："学我们这个专业且最后真正能留在本行业的人并不多。如果留在大企业，开始几年很难接触到真正的专业，但如果自己创业，前期需要的资金又比较多，比如囤石头、出鉴定书等都需要前期投入资金。我们班有40多个人，留在行业里的是少数。"为了顺利进入行业，艾海音和合作伙伴多次前往深圳水贝（被称为"珠宝之都"）进行调研。毕业后，艾海音开了自己的"微店"。对于艾海音来说，选择灵活就业是因为了解到这种工作方式能够迅速提升个人能力。她说："职业没有高低贵贱之分，而取决于个人的能力。"

一些学生选择灵活就业也因为知道这将是未来就业的主流。在大连艺术学院学生工作部部长任思斌看来，相较于其他类院校，艺术类院校的灵活就业比例一直偏高。他举例说，该校灵活就业的学生占当年毕业生的四分之一左右。在这些学生中，有些人会进入剧组、演出团体等，有些人会开设自己的工作室，从事雕塑等艺术创作，也有像虞海一样选择注册公司，开始创业。

除了个人的准备，专家指出，随着智能化时代的到来，更多有着高度知识储备的大学生也有了灵活就业的机会。"很多人说中国的人口红利正在减少，但人力资源红利还将持续很长时间。"全国就业创业指导委员会新就业形态与创业专家组副组长、全球青年创新领袖共同体促进会会长孙焱指出。在她看来，新的就业形态具备数字化、即时化、智能化等特点，带来了海量的资源，因此对不同类型的海量资源进行高效匹配的能力显得尤为重要，这就需要大量高附加值的人力资源，其中包括很多大学毕业生。

孙焱说："过去，很多大学生愿意选择到外企或大型企事业单位工作，追求获取更多资源，而现在平台能提供这些资源。"无论是个体还是小型工作室，只要拥有协调整合的能力，就能在平台上获得大量资源。这一点也得到了许多大学毕业生的认同。例如，北京交通大学的毕业生杨亚洲是一名自由职业者，从事英语笔译工作。他在本科和研究生期间一直做与此相关的兼职工作，现在，他所有的工作都是通过互联网找到的，而且订单主要来自国外。他说："收入稳定，时间自由，为什么一定要每天去一个固定的地点上班呢？"

在采访中，记者也感受到许多大学生选择灵活就业背后除了理性的逻辑链外，还强烈表现出95后"爱自由"的气息。95后与上一代和上上代相比，在职业选择上有很大的不同。他们除了关注薪资水平，更注重职业发展潜力、工作与个人兴趣爱好的匹配度、职业自由度、工作带来的自尊和成就感等因素。有人甚至将自由放在更重要的位置上。浙江传媒学院的毕业生李娜（化名）说，选择自主创业的一部分原因是想逃避朝九晚五、统一规制化的生活，这样的生活对很多大学生来说不是理想的选择。

除这些必然选择外，还有一些大学生的灵活就业选择更具偶然性。浙江万里学院党委副书记王伟忠表示，有些学生选择灵活就业只是为了过渡期，可能在为考研做准备，有些为了准备"考编"。之后，他们可能会走上创业的道路，也可能通过考研实现稳定就业。

总的来说，灵活就业为大学生带来了更多选择和机会，无论是自由职业还是创业，都能让他们发挥自己的优势并实现自己的理想生活方式。

（案例来源：根据中华人民共和国国家发展和改革委员会发布的"灵活就业成大学生就业新形态"整理而得）

三、案例学习目标

本案例的学习目标是使学生深入理解劳动供给的主要模式，重点理解数字经济发展下的灵活就业模式，并且能够灵活运用所学的理论知识为规范灵活就业提出政策建议。

四、案例讨论题

1. 灵活就业和传统就业模式相比，具有什么优势？
2. 当前灵活就业面临的挑战是什么？

五、案例分析

1. 灵活就业和传统就业模式相比，具有什么优势？

传统就业模式通常指的是传统的全职、长期雇佣关系。在传统就业模式下，劳动者与雇主签订长期合同，按照固定的工作时间和地点，每周工作一定的小时数，享受一系列的福利和社会保障。传统就业模式在工业化时代逐渐形成，并在相当长的一段时间内成为主要的就业形式。

灵活就业模式是相对于传统就业而言的，它是一种非传统的就业形式。灵活就业允许劳动者根据自身需求和情况，在工作时间、地点和方式上具有更大的选择权。劳动者可以选择兼职、临时工、自由职业、独立承包商、零工经济等形式参与就业市场，或者通过远程工作等方式实现更加灵活的就业。

两种就业模式在工作时间和地点、雇佣关系、福利和社会保障、自主性和灵活性等方面存在差异：

（1）工作时间和地点。在传统就业模式下，劳动者需要在固定的时间和地点工作。而在灵活就业模式下，劳动者可以自主选择工作时间和地点，包括远程工作或在家工作。

（2）雇佣关系。传统就业模式通常是长期雇佣关系，劳动者与雇主签订长期合同。而灵活就业模式则可能涉及短期合同、项目合作或零工经济，雇佣关系较为灵活。

（3）福利和社会保障。传统就业模式通常提供全面的福利和社会保障，例如医疗保险、养老金等。而在灵活就业模式下，劳动者可能面临较少的社会保障和福利，需要自行解决这些问题。

（4）自主性和灵活性。灵活就业模式赋予劳动者更大的自主权和灵活性。劳动者可以选择工作项目和客户，自行决定工作方式和流程，自主性较强。

综上所述，相较于传统就业模式，灵活就业模式是一种更加灵活、多样化的就业形式，允许劳动者更自主地选择工作时间、地点和雇佣关系，深受更加追求个性化、自由度和个人价值的群体的青睐。

2. 当前灵活就业面临的挑战是什么？

当前灵活就业面临一些挑战，这些挑战可能对劳动者、企业和社会产生影响。

（1）政策层面：灵活就业缺乏充分的劳动保护和相关政策供给。现行标准劳动法以标准工时制为基础，不太适用于灵活就业，因此，针对灵活就业的劳动保障制度仍在不断探索中。

（2）员工感受层面：不同规模的企业在阻碍灵活就业发展的因素上存在差异，其中之一就是"员工归属感差"。对于灵活就业者来说，他们可能会觉得自己只是向企业提供劳动或服务，因此缺乏对企业的认同感。要改变这种情况并非一蹴而就的。

（3）社会保障层面：灵活就业人员的社会保险参与率较低。我国现有的社会保险制度在计费年限、缴费方式和待遇享受等方面是根据正规就业情况设计的，不太适合灵活就业的情况和特点。灵活就业形式具有人员范围广、流动性较大、劳动关系不稳定、工作岗位不固定、工作时间灵活、收入偏低且差异较大等特殊性。当前约有1亿灵活就业人员尚未参加社会养老保险，大多数人仍未得到相应的社会保障。

（4）权益方面：灵活就业人员在工伤方面面临调查取证和认定的困难，工伤权益难以得到保障。《工伤保险条例》规定，工伤的认定需要同时满足工作时间、工作场所和工作原因这三个条件。对于灵活就业人员来说，其工作时间和工作场所非常灵活多变，可能有专门的办公场所，也可能在家办公或流动工作。工作场所和生活场所之间容易混淆，因此很难明确受伤是因工作原因还是非工作原因，尤其对于灵活就业人员，如滴滴司机、外卖骑手等。此外，灵活就业人员通常单独工作，因此难以进行工伤调查取证，也难以判断其是否是因工受伤的。

六、拓展训练与前沿文献

1. 拓展训练

请尝试分析如何规范灵活就业，让灵活就业者有更多的保障。

2. 前沿文献

[1] 王坚，郭洪锦，李静娴. 新业态背景下灵活就业现状及对策研究：以杭州市为例 [J]. 中国人力资源社会保障，2022（6）：22-24.

[2] 张寅凯，薛惠元. 灵活就业人员基本养老保险参与、地位认同与公平感：来自CLDS数据的证据 [J]. 保险研究，2022（4）：99-110.

[3] 王伟进，王天玉，冯文猛. 数字经济时代平台用工的劳动保护和劳动关系治理 [J]. 行政管理改革，2022（2）：52-60.

[4] 戚聿东，丁述磊，刘翠花. 数字经济时代新职业发展与新型劳动关系的构建 [J]. 改革，2021（9）：65-81.

[5] 魏国学. 灵活就业兴起的动因及其对宏观经济运行的影响研究 [J]. 经济学家，2021（8）：22-30.

[6] 汪敏. 新业态下劳动与社会保险政策的检视与选择 [J]. 社会保障评论，2021，5（3）：23-38.

第四章
人力资本投资

　　人力资本是一种非物质资本，它是体现在劳动者身上并能为其带来永久性收入的能力，也是影响劳动力供给质量的重要因素。人力资本的概念最早由亚当·斯密提出，他认为劳动者的技能及对人力资本的投资会对个体的收入产生影响。20 世纪50 年代左右，随着西方发达国家出现了经济总量增长速度大于资本积累和劳动力增长速度之和的现象，学者们对人力资本理论的研究开始兴起。在当今时代的背景下，人的知识和智力已经成为推动生产力发展的最核心因素之一，同时也是能够带来高回报的关键要素。因此，对人力资本的认识和了解变得越来越重要。

　　本章将通过三个具体案例来加深人们对人力资本投资的理解。第一个案例"最难离职的行业：飞行员"，关注培训这一重要的人力资本投资形式，重点分析航空公司在飞行员离职时要求高额赔偿的原因，探讨如何解决飞行员离职难问题。第二个案例"如何看待'考研热'"，探究了"考研热"背后的原因，并试图提出缓解"考研热"的措施。第三个案例"'双减'政策下子女的人力资本投资何去何从"，从"双减"政策所带来的变化入手，分析"双减"政策对家庭人力资本投资的影响，并对家庭未来如何进行人力资本投资进行探讨。

第一节　案例 4-1：最难离职的行业：飞行员

　　本节聚焦飞行员离职难的现实问题，并以此为例探讨人力资本投资中的培训问题。培训是重要的人力资本投资方式，对员工和组织都具有重要的现实意义，它既可以提升员工绩效和生产率，也可以推动组织可持续发展。因此，有必要深入研究和讨论培训的重要性及如何最大限度地发挥其潜力，并且能够运用理论知识来解决现实生活中与培训相关的实际问题。

一、背景知识

　　培训是指通过一系列正式与非正式的学习活动，以促进员工的个人成长。在职培训作为人力资本投资的重要形式之一，是劳动者获取工作所需技能的主要方式。由于外部环境快速变化，来自正规教育（学校教育、职业教育）的人力资本迅速贬值，以内部培训的形式边做边学，是继续积累前沿知识的另一种方式。在培训的概念中，正式培训仅占培训内容的一小部分，而较大一部分则与从经验中学习有关，即非正式培训，如"干中学"以及向老同事请教等。为了更好地理解飞行员离职难背后的原因，本节重点介绍培训的成本与收益构成、普通培训与特殊培训的异同。

1. 在职培训的成本与收益

在职培训与正规教育类似，也存在相应的成本与收益，培训的性质、内容的差异是影响企业在职培训费用的重要因素。在职培训的费用分为直接成本和机会成本。直接成本包括员工在培训期间的薪酬以及企业组织培训的开支，如聘请教师和租用场地的费用等。机会成本主要有：①员工在接受培训期间导致的生产率下降；②利用有经验的员工和机器从事培训活动造成的一定损失。但既然员工和企业都愿意接受培训，那么，培训所能带来的效益必然要比成本高。对企业来说，培训能够提升员工的生产率，进而提高公司的盈利能力，而员工也可以随之获得更高的收入。

2. 一般培训与特殊培训

培训作为重要的投资方式被大家接受以来，谁应该为培训付费的问题就一直争论不休。

贝克尔在 1962 年提出企业的在职培训应该分为一般培训和特殊培训。一般培训是指对所有企业均有用的技能和知识方面的培训，如沟通能力、计算机应用能力；特殊培训是指仅对特定企业或特定工作才有用的技能和知识方面的培训。他认为培训成果的受益者应当为培训付费，即企业不必要为了一般培训付费。

为了更好地理解在职培训的成本与收益是如何在企业和员工之间分摊的，我们假设劳动力市场是完全竞争市场，劳动力能够自由流动于企业之间，同时假设员工在接受培训之前，其边际劳动产品价值是 VMP_1，工资是 W_1，两者在竞争性的劳动力市场环境中是相等的。经过一段时间的培训后，员工的边际劳动产品价值提升至 VMP_2。由于市场充分竞争，一般培训的技能又适用所有企业，那么其他企业为了"挖"走这些培训过的员工，就会抬高工资直到与其边际劳动产品价值相等。提供培训的企业为了挽留员工，支付的工资必须等于 VMP_2，也就是说培训的收益几乎全部被员工得到了，正因为如此，企业不愿意为员工的一般培训支付费用，这类培训往往由学校来完成。如果由企业提供一般培训，则需要员工通过在工作期间领取更低工资的方式来承担培训成本。由图 4-1 可知，在培训时间 t 内，由于员工接受培训，其边际劳动产品的价值下降至 VMP^*，此时企业支付工资 W^*，差额部分（$W_1 - W^*$）即为培训的成本，由员工承担。

图 4-2 展示了特殊培训的成本与收益情况。由于特殊培训仅针对特定企业才能发挥作用，员工一旦更换工作就无法从培训中获利，因此员工不愿意为特殊培训付费。因此，在培训过程中，公司要按同等薪酬，即 W_1 支付给员工。在培训之后，由于该员工所拥有的专用人力资本对于其他公司来说毫无用处，因此，公司无须把薪水提高至 W_2，而仅仅需要支付 W_1。但是按照这样的方式，如果员工在培训结束后出现流动情况，员工并没有损失，但企业承担的培训成本将无法收回。

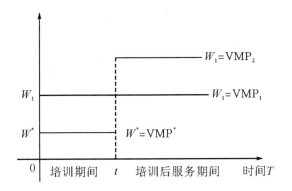

图 4-1　一般培训的成本与收益

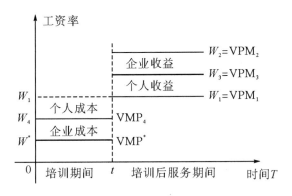

图 4-2　特殊培训的成本与收益

为了留住员工，企业往往会采取以下工资设计方案：在培训期间，支付员工 W_4 的工资，则 W_1-W_4 即为员工个人承担的成本，W_4-W^* 是企业承担的成本；培训结束后，企业向员工支付 W_3 的工资，W_3-W_1 即为员工个人预期的培训收益，W_2-W_3 即为企业预期的培训收益。在这样的设计之下，员工和企业共同分担了特殊培训的成本和收益。除此之外，企业还会规定员工在接受培训后至少为企业工作多长的时间，以此留住员工，如果提前离开则需要缴纳违约赔偿金。

二、案例内容

1. 导入视频

34 岁机长辞职被索赔 1 066 万元，国航称培养机长最少要花 600 万 ~ 800 万元（https：//haokan.baidu.com/v？pd＝wisenatural&vid＝79701378822231834044）。

2. 案例材料

从 2008 年开始，陆续有新闻报道指出航空公司飞行员离职困难的问题，时至今日，该问题仍然没有得到解决。

秦某曾是山东航空公司的一名机长，其于 2018 年 7 月向航空公司提交了辞职报告，按照《中华人民共和国劳动法》（以下简称《劳动法》）的规定，员工提交报告后一个月即可自动离职。然而，包括秦某在内的几名欲辞职飞行员，并未按时收到公司的离职批准，于是他们向法院提起了诉讼，但山东航空公司不愿让飞行员轻易离职，为此要求每人支付 600 多万元的赔偿金；飞行员不愿接受高额赔偿，双方陷入僵局。其实，这并不是山东航空公司第一次陷入飞行员离职的法律纠纷。中国执行信息公开网发布的信息显示，山东航空公司由于未执行飞行员离职案法院判决，已经多次被列入失信被执行人的名单。不仅是山东航空公司，包括三大国有航空公司和其他地方航空公司在内，飞行员普遍存在离职难的问题。不时有媒体爆出航空公司向飞行员索赔上千万元的消息，但这都算是较好的情况，至少这些公司还愿意谈离职赔偿的问题。海航系的航空公司针对离职的飞行员甚至都不会开价，只是拖着员工。此类离职纠纷最后均会对簿公堂，时间长的甚至会拖上三五年。而即使法院判决支持了飞行员的诉求，也可能出现像山东航空这样宁愿被列入失信人名单也拒不执行的情况。

（1）离职难难在档案

按照《劳动法》的规定，劳动者提前三十日以书面形式通知用人单位，即可解除劳动合同，进入下一家公司。但飞行员除劳动合同之外，还有一系列的档案保管在航空公司。民航局规定，飞行员入职下一家航空公司必备的资料包括：现实表现材料（安保评价）、飞行技术档案（包括飞行记录簿）的复印件、飞行执照关系、空勤登机证、体检鉴定档案（健康记录本）和民用航空人员体检合格证关系等。其中，安保评价需要原单位出具，飞行技术档案也保存在原单位。如果原航空公司不配合转移相关资料，飞行员就算解除了劳动合同，也无法入职新公司。

（2）民航对飞行员的培训费用较高

民航飞行员培训涵盖院校学习和上岗后每年两次的复训。仅院校培训费用就高达 60 万~100 万元。飞行员从航校毕业后，还必须接受公司大量的专业培训，培训周期通常为 7~10 年。要成为合格的机长，他们必须经历"第二副驾驶—第一副驾驶—正驾驶—机长"的层层训练和考核。一般情况下，培养一名飞行员约需要 200 万元的投资。当然，若是有"基础"的飞行员（例如空军飞行员转业），费用会有所降低。

整理现有新闻采访不难发现，飞行员离职的主要原因之一是对工资报酬不满意。地方性航空公司机长的年收入普遍在 150 万元左右，最高甚至能达到 180 万元，但上述案例中的山东航空公司的机长只有 90 多万元。除此之外，长期驻外飞行不能和家人团聚、不能解决子女上学问题、公司内部晋升缓慢、对公司的管理要求不满意等各种因素，都是飞行员离职的理由。

航空公司为了招到优秀的飞行员，一般都愿意为飞行员承担这笔培训费用。此外，飞行员在入职下一家航空公司时一般会收到一笔安家费，额度与上述赔偿额度相差无几。但如果这笔安家费少于赔偿额，多余部分则需要由飞行员自己赔付。而且考虑到离职期间还会损失原有收入，飞行员一般不愿接受过高的赔偿费。

为了解决飞行员离职难的问题，2014 年，中国航空运输协会和中国民航飞行员协会共同组织，在北京举行了《航空公约》签署仪式。参与签署的有两家协会、四家航空集团以及来自 38 家国内航空公司的代表，还有 4 名飞行员代表。但是在该公约的规定下，能够在航空公司有序流动的人，年纪应该都在 50 岁以上；而实际上，有流动需求的大多是 30~45 岁的人群，因此，该规定在实际实施中不能为飞行员的流动提供太多保障。

（案例来源：根据界面新闻、澎湃新闻、搜狐新闻等资料整理而得）

三、案例学习目标

本案例的学习目标是使学生深刻理解企业人力资本投资的内涵、特征，重点理解企业一般培训和特殊培训的成本收益应如何合理分配的问题，并且能够灵活运用所学的理论知识，为现实生活中遇到的人力资本投资困境设计合理可行的应对方案。

四、案例讨论题

1. 结合案例内容，从企业人力资本投资角度分析，航空公司为什么要对离职的飞行员进行高额索赔？

2. 结合人力资本投资相关理论，谈谈如何解决飞行员离职难问题。

五、案例分析

1. 结合案例内容，从企业人力资本投资角度分析，航空公司为什么要对离职的飞行员进行高额索赔？

从培训的成本—收益角度来看，航空公司在培训过程中付出了很大的成本。

（1）直接成本

飞行员培训时间长，培养一名合格的飞行员至少需要 10 年的时间；飞行员培训费用高，飞行员需要在校不断学习，费用大约为 100 万元，毕业以后还要进行 7~10 年的专业培训，其间所花费的培训费、养护费、学习费用等大约为 200 万元。一般来说，这些费用都由航空公司承担。

（2）间接成本

如果航空公司轻易让飞行员离职，很可能会对后面的飞行员产生"示范效应"，从而造成大批核心人力资源的流失，且当前市场中飞行员的人才供给远远小于需求，飞行员不像其他行业一样可以通过加班弥补劳动力缺口，每名飞行员一年只能飞行 900 小时，所以行业缺口是刚性的，一旦核心人才流失，在短期内想要弥补是很难的。新入职公司的飞行员需要考核和培训才能上岗，也会产生成本，加上飞行工作本身的安全需要，相较于普通的劳动者，飞行员队伍的稳定性要求更高，因此，飞行员的离职会破坏其所在团队的配合，而新加入的队员和老队员的磨合适应所需的时间较长。除此之外，人员的流动可能带来一定的管理成本。

2. 结合人力资本投资相关理论，谈谈如何解决飞行员离职难的问题。

要解决飞行员离职难的问题，需要从成本—收益分摊制度设计、人才流动制度创新、企业内部管理完善等多个方面入手。

（1）重新设计飞行员与航空公司之间的成本—收益分摊方案

从一般培训和特殊培训的视角来看，飞行员这个行业不同于简单的一般培训，其培训的技能并不是针对所有企业的，但是他们又可以更换不同的航空公司任职，因此也不是绝对的特殊培训。现有的成本—收益分摊方式往往是航空公司承担绝大部分必要的费用，在飞行员可以上岗后与其签订无限期合同，以此保障飞行员的服务时间，达到留住人才的目的。部分航空公司还会通过压低员工工资的方式，来保证公司的收益。案例中显示，对工资报酬的不满意是飞行员离职的主要原因之一，这就导致飞行员想要离职，却无法离职的问题产生。

为了解决这一离职难的问题，有关人员可以重新设计成本—收益分摊办法，如让学员在培训期间按照比例承担一部分的费用，然后根据比例的不同，规定其在该航空公司的最低服务期，在这期间，可从每年的工资中合理地扣除一部分作为培训费用。同时，在培训后，提供给飞行员有竞争力的薪酬，让飞行员也能享受培训带来的收益，以达到飞行员和航空公司共同承担培训成本且共同享受培训收益的目的。

（2）结合飞行员"人力资本"特性进行人才流动的制度创新

飞行员的培养时间长、特异性强、稀缺性高，且对组织影响较大，这些人力资本的特征与职业球员类似。当前，部分地区针对职业球员已经制定出了一套相对完善的人力资本流动规则，民航业可以借鉴其现有的人力资本流动规则，比如美职篮（NBA）的球员转会和"工资帽"制度，以及欧足联的球员转会规定和衍生出的"博斯曼法案"规定。

NBA中的两支队伍在进行球员交易时，一方的球员工资不得高于另外一方球员工资的125%+10万美元；NBA所有球队当年的预算资本为NBA前一年整体收入的48%，"工资帽"是指一支球队支付给球员的薪水上限，即每支球队向球员支付的薪水总数不能超过"工资帽"规定的数值；将NBA所有球队当年的预算资本除以30（NBA上赛季球队总数）后得出的平均数就是当年每支球队的"工资帽"。在欧足联的培训赔偿条款中，规定了球员在第一次以职业球员身份完成签约以及在23岁生日所处赛季结束之前的任何一次转会，不管合同是否到期，新球队都需要向训练过球员的俱乐部支付培训补偿费用。"博斯曼法案"规定，拥有欧盟公民资格的球员，在与俱乐部的合约到期后，可以自由前往其他欧盟国家踢球，而无须缴纳任何费用。如果球员在合同期限内要求转会离开，那么新的俱乐部必须向原俱乐部缴纳转会费；且在一个赛季内，球队必须在规定的转会期之内进行转会操作，其余时间不可以进行球员的流动；球员合约的最长期限为五年。

中国航空运输协会和中国民航飞行员协会可以借鉴以上规定，针对国内不同航空公司飞行员薪酬差距大的问题，统一设置飞行员的"工资帽"，且规定飞行员流动时新航空公司支付的工资的上限标准；针对飞行员当前与航空公司签订的无期限合同问题，需要规定飞行员的最长合约期限；针对飞行员随意流动导致的飞行员队伍不稳定问题，可以每年设置飞行员流动期，要求飞行员的流动日期为民航相对淡季的时期；针对飞行员离职带来的人才流失和培训成本损失问题，可以借鉴欧足联的转会制度。其一，由新航空公司支付给原航空公司违约赔偿金；其二，飞行员首次以副机长或机长等身份签订合同时，以及飞行员在固定年龄之前的每一次跳槽，新航空公司都需要支付一定比例的培训补偿给培训过飞行员的航空公司，所有培训过该飞行员的航空公司（包括晋升机长前的培训）均可从其因跳槽而支付给原航空公司的补偿费中获得相应比例的联合机制赔偿。以上举措均为借鉴 NBA 或者欧足联的相关流动规定，且均为飞行员离职中较为细碎的内容。此外，飞行员与职业球员之间还是存在较大差异的，飞行员整体的流动制度以及具体的细节仍然需要更为细致地考量。

（3）航空公司应降低公司内部因素造成的飞行员离职意愿

现有相关研究显示，航空公司飞行员离职的内部原因主要有三个：薪酬制度以及考核制度不合理；企业文化认同不足；职业规划缺失。针对这三个问题，航空公司可以从以下三个方面进行完善，以减少飞行员的离职率：

①调整薪酬标准，重视人力资源部门职能建设，制定合理的考核制度

当前国内外、国有、私有航空公司飞行员的工资各有不同，甚至在有的航空公司内部，本土和外籍飞行员的工资标准都有不同，工资水平差距较大促使飞行员向工资水平更高的公司流动。国内航空公司需要在保证市场化的前提下，一方面根据市场与公司经营状况及时调整薪酬标准，并确保其公平性；另一方面，在飞行员的工资已经能够满足需求的前提下，可以采取颁发荣誉，为其定期举行家庭心理辅导与交流活动等其他激励方式。

当前，我国航空公司未能将公司目标与个人目标有机结合起来，部分航空公司的考核机制流于形式，甚至出现"权责分离"的状况，即"表彰归领导、问题归员工"。航空公司需要积极反省公司的考核制度并及时调整，让公司目标能够与个人目标相结合，重视内部分配的公平性，坚持"权责一致"的原则。

②加强飞行员的企业文化认同

部分航空公司的企业文化并未形成体系，对内宣传停留在开会宣讲层面，缺乏感染力，并且工作氛围与企业文化脱节。企业文化认同较弱导致飞行员个人意识强而集体意识弱，团队缺乏凝聚力。航空公司需要从管理层开始以身作则，自上而下地贯彻企业文化，有效践行企业文化的核心。

③注重飞行员个人的职业生涯规划

当前，我国航空公司普遍强调飞行员要服从组织安排，却忽略了飞行员个人的职业生涯规划。航空公司对于飞行员的培训更是仅仅停留在技术层面，飞行员的职业生涯也经常受到领导班子更换等外部变化的影响。虽然当前飞行员的工资已经处于较高水平，能够基本满足飞行员的物质需求，但航空公司还需要关注飞行员精神层面的需求，积极开展飞行员的职业生涯规划，定期围绕核心目标制定具体措施，确保飞行员的职业生涯规划能够实现。

随着我国经济的快速发展，中国航空运输业年均增长速度保持在10%左右。预测数据显示，中国在未来仍需要大量飞行员。波音公司预测，在2035年以前，中国将需要11万名新飞行员。因此，我国仍然需要进一步增加飞行员的数量，加快培养国内飞行员人才。缓解我国飞行员的紧缺问题，才是解决飞行员离职难问题的根本所在。

六、拓展训练与前沿文献

1. 拓展训练

随着飞行员需求的上升，飞行员的流动性必然会加大，有关部门应该如何建立行业规则以保护当事各方的利益？

2. 前沿文献

［1］CALIENDO M, COBB-CLARK D A, OBST C, et al. Locus of control and investment in training ［J］. Journal of Human Resources, 2022, 57 (4)：1311-1349.

［2］RAHAYU M, RASID F, TANNADY H. The effect of career training and development on job satisfaction and its implications for the organizational commitment of regional secretariat (SETDA) employees of Jambi provincial government ［J］. International Review of Management and Marketing, 2019, 9 (1)：79-89.

［3］YOO S, LEE S, KIM S, et al. Training and development investment and financial performance：The bidirectional relationship and the moderating effect of financial slack ［J］. Human Resource Development Quarterly, 2022, 33 (2)：115-136.

［4］李健, 俞会新. 企业人力资本投资影响企业绩效的路径研究 ［J］. 中国人力资源开发, 2016, (12)：48-56, 72.

［5］李静, 刘霞辉, 楠玉. 提高企业技术应用效率 加强人力资本建设 ［J］. 中国社会科学, 2019 (6)：63-84, 205.

［6］庞子瑞. 德国企业培训师制度的实践及启示 ［J］. 教育与职业, 2022 (12)：73-79.

第二节　案例4-2：如何看待"考研热"

"考研热"作为当今社会的热点话题，反映了大学生在人力资本投资方面的选择与决策。通过考研获取更高学历，个人的人力资本水平会得到提升，进而在就业市场中具有更强的竞争力，并有望获得更高的回报。因此，深入研究"考研热"问题有助于我们理解和探索人力资本投资的决策机制，为大学生的职业发展提供指导和建议。

一、背景知识

从根本上讲，人力资本投资是一种投资行为，可以利用经济学的成本—收入法对该问题进行分析。在进行投资决策时，个人需要权衡考研所带来的成本和收益。总体来说，当上大学的总收益超过其总成本时，人们会选择继续进行教育投资。

1. 成本

以继续攻读研究生为例，人力投资的总成本分为两部分。第一部分是货币成本，货币成分又分为直接成本和间接成本。直接成本是指接受教育所需要花费的实实在在的费用，如学杂费等。间接成本又称机会成本，是指为了攻读研究生而放弃工作可能获得的最大收入。第二部分是非货币成本，一般指心理成本。科研是一件艰苦且相对枯燥的事情，研究生可能会承受较大的心理负担，但由于它是一种主观感受，不可量化，因此在下面的分析中我们将主要探讨货币成本。

2. 收益

以继续攻读研究生为例，人力资本投资的收益包含两个方面：经济收益和非经济收益。从终身收益角度来看，经济收益是指个人通过继续读研获得的终身收益与没有读研获得的终身收益的差额。而非经济收益则涵盖了学历提高带来的社会地位提升、知识面扩展和更广泛的生活兴趣等。同样因为非经济收益很难计算，我们主要分析经济收益。

3. 模型分析

图4-3展示了一个简单的人力资本投资模型，曲线 Ma 代表接受研究生教育的工资性报酬流，曲线 Ha 代表未接受研究生教育的工资性报酬流。由图4-3可知，只有当增加的收入高于间接成本和直接成本时，理性人才会选择继续接受研究生教育。

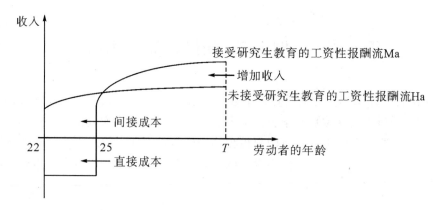

图 4-3　人力资本投资模型

因为货币具有时间价值，未来一元钱的购买力和现在的一元钱可能并不相等，因此对于成本收益的比较，一般要将未来的收益值按照某一贴现率进行折现，如公式（4-1）所示。

$$V = \sum_{i=1}^{T} \frac{Y_i^C - Y_i^H}{(1+r)^i} \qquad (4-1)$$

其中，V 表示继续读研所获得的净收益现值，T 表示工作年限，Y_i^C 和 Y_i^H 分别表示继续读研究生和直接工作所获得的净收入流；r 为贴现率，体现一个人对时间的偏好的主观指标，通常人们对未来的贴现率与利率成正比，贴现率越大，说明人们对现在的偏好程度更高。利率较低同时意味着其他投资方式的回报率下降，这会使得教育投资的未来收入贴现值升高，从而促使更多的人在教育上进行投资。

二、案例内容

1. 导入视频

"考研热"下的冷思考　研究生有就业优势吗？（https://haokan.baidu.com/v？pd=wisenatural&vid=4423908670611057212）。

2. 案例材料

近年来，关于考研的话题频繁登上热搜，从"考研国家线"到"考研淘汰率或超八成你还会考吗"，从"女生回应 8 战考研均未上岸"到"2023 考研报录比约 6 比 1"，几乎每个有关考研的新闻或话题，都能掀起一阵讨论的热潮。

"考研热"确实愈演愈烈，从考研的报名人数可见一斑。教育部的宏观数据显示，2017 年以来，我国考研人数不断突破新高，上涨趋势明显。由图 4-4 可知，2005—2009 年，我国考研人数稳定在 120 万人左右。2011—2016 年人数大致为 170 万人，在这期间，考研人数虽然总体一直在增加，但是变动幅度始终维持在 10% 以内。然而，自 2017 年开始，我国考研人数持续增加，不仅突破了 200 万人的大关，并一直保持超过 10% 的年增长率。到了 2022 年，考研人数的增幅更是超过 21.22%，突破了 400 万人的纪录。2023 年考研人数仍未出现下降趋势。

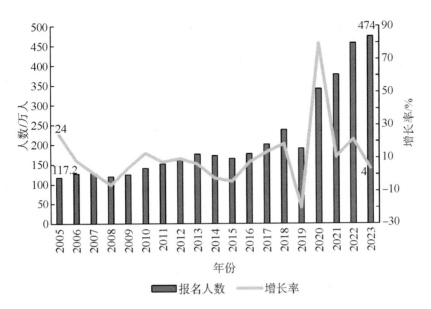

图 4-4　2005—2023 年考研报名人数及增长率

（数据来源：教育部网站）

小明是一名即将毕业的财经类院校的本科生，和众多毕业生一样面临选择直接就业或参加考研的重要抉择。在经过多方考虑之后，小明最终决定考研。在做出这个决定之前，小明首先了解了就业市场的基本薪资水平，他发现相较于研究生，本科生的平均起薪点较低。2023 年全国毕业生起薪点如表 4-1 所示。可以发现，毕业生的薪酬水平与其受教育程度呈正相关关系。研究生毕业的学生的薪酬大部分高于本科毕业生，且差距较大。其次，他发现自己专业对口的行业或职位对研究生学历有较高的要求，因此只有通过考研，他才有更多的机会进入自己理想的行业，并开启更具挑战性和发展潜力的职业道路。小明经过深思熟虑和对整体宏观数据进行分析，最终做出了参加考研的决定。他考虑的因素不仅代表了他个人的选择，也反映了当前考研学子的普遍考量。

表 4-1　2023 年全国毕业生起薪点

单位：元/月

受教育程度	国有企业	外商独资企业	外商合作企业	民营企业
博士及以上	9 469	13 101	12 182	10 461
硕士	6 855	9 636	8 366	7 755
本科	5 416	6 638	6 353	4 842
专科	5 078	5 888	6 253	4 842
高中及以下	4 384	4 829	4 698	4 061

数据来源：中国薪酬网。

麦可思研究院发布的《考研"二战"比例持续上升》报告（以下简称"报

告"）显示，学历的提升不仅对于起薪点有提升作用，而且随着毕业时间的推移，还可使人们获得更好的经济回报和就业感受。以 2016 届本科毕业生为例，图 4-5 展示了进行过学历提升的人群与未进行学历提升的人群在五年后的月收入对比，结果发现，有过学历提升的人群的月收入比学历未提升人群平均高 878 元。其中，在"双一流"院校中进行学历提升带来的影响更大。

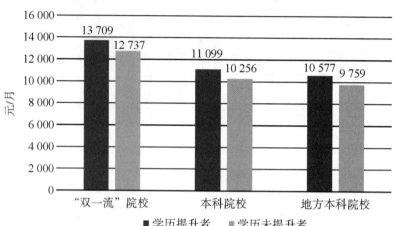

图 4-5 2016 届高校本科毕业生工作五年后的薪资对比
（数据来源：麦可思 2016 届大学毕业生培养质量跟踪评价）

然而，在当前阶段，攻读硕士学位是否能对就业产生巨大帮助还存在疑问。根据麦可思研究院的数据，2022 届硕士毕业生的起薪点较 2021 届仅增长了 6%，相比于 2018 届 8% 的增长率，已呈下降趋势；从事与专业相关的工作比例也从 2018 届的 74% 下降到了 2022 届的 69%。近五年来，应届硕士研究生的就业满意度与应届本科生的差距在缩小，就业满意度已不再占据明显优势。综合考虑应届硕士研究生的就业满意度和工作与专业相关度指标，可以看出研究生就业的压力开始显现。

（案例来源：根据网易新闻、搜狐新闻、才汇云网新闻整理而得）

三、案例学习目标

本案例的学习目标是使学生深刻理解人力资本投资的成本和收益，重点理解当前社会现状对个人人力资本投资决策的影响，并且能够运用所学的劳动经济理论分析现实生活中的相关问题。

四、案例讨论题

1. 请围绕人力资本投资理论，分析"考研热"的原因。
2. 根据案例和现实情况，探讨应该如何缓解"考研热"。

五、案例分析

1. 请围绕人力资本投资理论，分析"考研热"的原因。

　　人力资本投资理论指出，通过获取更高的学历和技能来提升个人的人力资本，可以增加其在就业市场中的竞争力和薪资待遇。因此，"考研热"现象出现的原因可能既涉及个人因素，又包括外部环境的影响。

　　（1）自身因素方面，包括个人追求更好的薪资待遇、追求社会地位以及对知识的追求

　　①追求更好的薪资待遇：考研可以被视为一种人力资本投资行为，学生通过投入时间、精力和金钱来获取更高的学历和技能。这样的投资很大概率能够增加他们的人力资本价值，从而为他们创造更好的就业机会和薪资待遇。在上述案例的数据中可以发现，研究生学历与本科学历之间存在明显的薪酬差距。

　　②追求社会地位：目前社会对于高学历的人才较为重视和尊重，因此，通过提高学历，个人可能会获得一定的社会地位和他人的尊重。在信息时代的浪潮下，有识之士，尤其是精英阶层，更明白知识与教育在社会分层中的重要作用，并认识到未来不断发展的信息社会，对他们在教育与知识方面的要求将不断提高。因此，会有更多的大学生选择考研，这一选择既是为了个人的发展与提升，也是为了适应社会的发展趋势，满足用人单位的需求，并更快地向精英阶层迈进。

　　③对学术和知识的热爱：部分学生继续深造是渴望进一步提升自己，钻研学术领域，追求知识的深度和广度。

　　（2）外部环境包括高等教育扩招、就业压力增加以及职业准入门槛提高

　　①高等教育扩招。在很多发达国家，研究生教育属于精英教育，只有有志于学术研究的学生才会选择继续深造。然而，在我国，由于大学扩招和研究生扩招的影响，高等教育出现了供需不匹配的问题，高等教育的"过度"开展是影响"考研热"的重要因素。

　　②就业压力增加。随着大学生人数的不断增加，就业市场的竞争变得更加激烈。根据麦可思研究院发布的报告，增强就业竞争力是本科生选择读研的主要原因。在2021届本科毕业生中，读研群体因就业前景好选择深造的比例达到55%，相比2019届上升3个百分点。这表明学生们希望通过考研来延缓就业并增加未来的竞争力。此外，一些高校为了破解就业难题，将考研作为提高就业率的重要途径，甚至从大一就开始向同学们灌输考研的目标，教学过程也全面围绕考研展开，间接助推了大学生考研增加的趋势。

　　③职业准入门槛提高。某些行业或职位对学历有较高的要求，例如医学、法学、金融学等领域，继续读研可以满足这些行业的就业要求。然而，随着研究生数量的增多，用人单位也不断提高就业门槛，越来越多的企业将自己核心岗位的招聘条件从本科调整为研究生学历，进一步激发了大学生提升学历的意愿。

　　2. 根据案例和现实情况，探讨应该如何缓解"考研热"。

　　要缓解"考研热"，让学生理性选择是否考研，需要国家、社会、高校、企业和学生等多方主体的共同努力。

　　（1）国家大力发展职业教育，让职业教育适应社会发展需求。同时，社会应树立正确的职业观，消除职业歧视。从国家层面来看，国务院发布的《国务院关于大

65

力发展职业教育的决定》指出，当前我国的职业教育院校还处于发展不平衡、投入少、办学条件相对落后的阶段，办学机制及人才培养的规模、结构、质量尚不能满足经济社会发展的需要。因此，我国应加强对高职院校的组织领导，各级党委、政府要更加重视推进高职教育的高质量发展，提高高职院校的办学水平；应强化制度保障，加快职业教育法的修订进度，地方需要结合实际，制定和修改相关地方性法规，增加用于职业教育的教育经费；要优化发展环境，实现技术人才与普通高校毕业生享受平等的就业和人才激励制度，提升技术人才的社会地位。

从社会层面来看，人们把职业教育视为"失败者的教育"，认为"不能考上大学的人才会接受职业教育"，这种看法是错误的，并且已经对社会分工的效率产生了很大的影响。社会应该纠正职业歧视观，树立平等职业观，让人们认识到职业没有高低贵贱之分，从事不同的职业只是接受了不同的社会分工。只有从社会风气上解决了对于技术职业、职业教育的歧视，才能真正推动职业教育的健康发展，缓解"考研热"的问题。

长期来看，大力发展职业教育、全社会范围内接受职业教育，有利于增加职业技术人员的数量，减少过剩的高校毕业生，让社会范围内的劳动力供给与岗位需求更加匹配，是解决结构性失业问题的长期有效机制。

（2）高校更新课程设置，使其更加符合市场需求。高校就业指导应以学生为中心，向科学化、合理化发展。出现"就业难"的问题，在很大程度上是因为高校毕业生无法满足市场岗位的需求，从而导致结构性失业。要想解决结构性失业问题，就必须解决高校毕业生与岗位需求不匹配的问题。一些专业被戏称为"天坑"专业，即学生"毕业即失业"，侧面反映出部分高校存在专业设置与市场需求脱节的问题。当前，我国部分高校仍存在体制老旧、学科设置不合理等问题，部分专业设置和课程开设是根据高校现有资源进行的，缺乏时效性和科学性，脱离了市场的需求。此外，部分高校的就业指导工作不足，还停留在传达信息、整理资料的粗线条阶段，这在一定程度上导致高校学生对于就业信息的闭塞和不对称。更有甚者，某些高校为了提高就业率，在大一学生对于职业生涯没有任何规划和想法时，就开始无差别地向学生灌输考研目标，课程设置也以考研为导向，这种行为间接催化了"考研热"问题。

针对以上问题，高校首先应该及时了解就业市场的变化，合理分配资源，及时调整修读计划和课程设置。再者，应该转变政绩观，以学生为本，科学合理地规划就业指导工作，以解决信息不对称问题为目的，改变当前高校就业指导工作的缺位现状。

（3）用人单位应减少对于学历的盲目追求，重视人岗匹配。当前我国的就业市场是卖方市场，劳动力供过于求，因此许多单位比较青睐高学历名校毕业生，但是很多岗位本身是不需要高学历名校毕业生的，这就导致部分本科毕业生因招聘门槛太高，找不到工作而选择考研，加剧了"考研热"问题。用学历设置招聘门槛的行为不仅造成了人才资源的浪费，也侵害了求职者的合法权益。因此，让用人单位在招聘时应着眼于岗位需求，重视人岗匹配，而不是一味追求高学历。在招聘过程中为了招到高学历名校毕业生，而放弃学历稍低却更加匹配岗位的候选人，不利于企业效益。用人单位停止学历歧视，是解决"考研热"问题的重要手段。

（4）大学生减少盲目从众行为，树立职业生涯规划意识，做出理性选择。有研究指出，当前较多大学生在选择考研以及工作的问题上具有盲目性，只有24.3%的学生认为自己"对就业已有所准备"，75.7%的同学认为自己对于就业没有准备；在计划直接就业的同学中，超过90%的人无任何与将来就业相关的工作经历。部分大学生对于就业的准备相对较为滞后，缺乏职业生涯的规划，因此在选择考研上存在盲从心理。

因此，大学生应当尽早进行职业生涯的规划，转变"找工作是大四的事"的观念，可从大学一年级开始就寻求高校职业生涯规划指导老师的帮助，或是借助互联网上专业职业生涯规划从业者的帮助，尽早结合自身职业规划，在大学四年中进行有目的的准备，避免考研盲从心理，进行理性选择。

六、拓展训练与前沿文献

1. 拓展训练

从成本收益角度探讨如果未来就业不从事科研活动，大学生应该直接就业还是继续读研。

2. 前沿文献

［1］ANGRIST J D，KRUEGER A B. Does compulsory school attendance affect schooling and earnings？［J］. The Quarterly Journal of Economics，1991，106（4）：979-1014.

［2］DUFLO E. Schooling and labor market consequences of school construction in Indonesia：Evidence from an unusual policy experiment［J］. American economic review，2001，91（4）：795-813.

［3］陈技伟，冯帅章. 高校扩招如何影响中等职业教育？［J］. 经济学（季刊），2022，22（1）：21-44.

［4］李彬，白岩. 学历的信号机制：来自简历投递实验的证据［J］. 经济研究，2020，55（10）：176-192.

［5］李仲飞，杨小欣，包特. 名校学历：求职敲门砖还是升职踏脚石?：基于中国公募基金行业的实证研究［J］. 管理科学学报，2021，24（5）：1-25.

［6］张东海. 人力资本抑或身份符号：研究生就业匹配质量影响因素的实证研究［J］. 高等教育研究，2019，40（1）：68-75.

［7］周敏丹. 人力资本供给、工作技能需求与过度教育［J］. 世界经济，2021，44（7）：79-103.

第三节 案例4-3："双减"政策下
子女的人力资本投资何去何从

对于"双减"政策下子女的人力资本投资问题的探讨，需要从家庭人力资本投资的视角进行分析。家庭层面的人力资本投资区别于传统个人层面的人力资本投资，强调家庭在人力资本投资决策中的重要性。该案例可以帮助我们更好地理解现实生活中人力资本投资存在的问题。因此，探讨"双减"政策下子女的人力资本投资，对人力资本理论的学习具有重要意义，能从家庭人力资本投资的角度，深化对家庭因素的认识。

一、背景知识

"双减"政策针对的是正处于义务教育阶段的学生，在这个阶段，子女的人力投资决策主要由父母决定，与家庭人力资本投资密切相关。因此，本节将介绍人力资本投资的相关概念和形式，并重点概述家庭人力资本投资的现有研究结论。

1. 人力资本投资的概念和形式

人力资本投资与一般投资行为十分相似，它是以个体的知识和技能为对象，以生命周期作为预期回报周期的投资行为。贝克尔提出人力资本投资是通过增加人的资源，而影响未来的货币和物质收入的各种活动。

一般认为，人力资本投资包括六个方面：①各级正规教育；②在职培训活动；③健康水平的提高；④对孩子的培养；⑤寻找工作的活动；⑥劳动力迁移。

2. 家庭人力资本投资

儿童以及青少年成长最重要且最基本的环境是家庭。家庭社会经济地位（socio-economic status，SES）是指一个家庭的社会地位或社会等级，衡量维度包括父母受教育水平、家庭收入和父母职业，SES是影响孩子各个层面良好发展的最主要的环境影响因素。一般认为，生活在具有较高社会地位和经济水平家庭的孩子，其学习成绩通常较好。SES、子女的智力水平、子女的内部动机与创造性存在显著的正向关系。SES能够直接影响子女的创造性，也能够通过子女的智力水平间接影响创造性。Conger与Donnellan认为，SES之所以能够提高子女的学习成绩，主要是因为随着家庭社会经济地位的提高，家庭对其成员的教育投资能力显著增强。

用来衡量SES的三个维度均会对子女的人力资本投资产生影响。父母的受教育水平和所处阶级与子女的受教育水平和阶级显著正相关，其原因包括：①文化水平较高的父母更愿意在子女的学习设施上进行投资，同时文化水平较高的父母与子女的互动时间与文化水平较低的父母相比较多；②接受了更高水平教育的父母与文化水平较低的父母相比，更了解学校教育的规则。因此，受教育程度更高的父母更加注重对子女进行人力资本投资，如注重孩子的全方面综合发展，以及强调对孩子教育期望的培养，能够更好地帮助孩子获得优异的成绩。父母的收入水平较高，在子女接受高等教育的数量和质量方面都存在明显的积极效应；而父母的收入水平较低，则会制约子女学习成绩的提升，且收入的制约效应主要发生在孩子成长早期，即子女在儿童阶段的家庭经济条件对其学习成绩的影响更为显著，如在控制了子女自身能力因素的前提下，子女的大学入学率与入学时期家庭收入水平的相关性较小，大学入学率在一定程度上依赖于孩子成长早期的家庭收入水平。父母的职业与子女的学习表现也有一定的相关性。

二、案例内容

1. 导入视频

"双减"政策发布近百天，究竟带来了啥变化？（https://haokan.baidu.com/v?pd=wisenatural&vid=11901024000247240672）。

2. 案例材料

中共中央办公厅、国务院办公厅于 2021 年 7 月 24 日印发的《关于进一步减轻义务教育阶段学生作业负担和校外培训负担的意见》指出，要有效减轻义务教育阶段学生过重的作业负担和校外培训负担（"双减"政策）。这一政策的实施对我国很多家庭产生了较大的影响，其中包括陈女士一家。

作为一个五年级孩子的母亲，陈女士深切感受到了"双减"政策带来的新局面及其对孩子的学业和未来发展所产生的影响。在政策实施之前，陈女士为了给孩子提供更好的教育资源，投入了大量的时间和金钱，让孩子参加各种培训班和竞赛。从幼儿园开始，孩子就参加了主持、书法、舞蹈等培训班，小学后又加入了英语和数学的学科辅导班以及编程培训班，每周平均需要花费 12 个小时，一学期的支出大致为 12 000 元，这占据了家庭 2020 年总收入的 20%。

现有调查结果显示，在"双减"政策实施之前，2021 年春季学期有 48.1% 的小学和初中生参加了学科类校外培训，包括培训班和家教。从小学到初中，随着年级的增长，学生参加学科类校外培训的比例也持续增加。在支出方面，2020 年全年，拥有小学生或初中生的家庭，在子女校外培训方面的支出平均为 21 487 元，支出中位数为 10 000 元，校外培训支出占家庭 2020 年总收入的 15.3%。其中，有 25.1% 的家庭，其子女校外培训支出达到或超过了家庭总收入的 20%；有 10.3% 的家庭，其子女校外培训支出达到或超过了家庭总收入的 30%。

然而，随着"双减"政策的实施，国家对校外培训进行了严格监管，禁止了学科类培训，校外培训机构的数量大幅减少，原有的 12.4 万个线下校外培训机构减少到 9 728 个，减少了 92%；原有的 263 个线上校外培训机构减少到 34 个，减少了 87%。现在除了学校提供的"5+2"课后服务，陈女士的孩子几乎没有了其他学科类校外培训，并且每天回家后也基本没有书面作业。陈女士对此表示欣慰，她相信这减轻了孩子的压力，有助于他们更好地享受童年，以及全面发展身心。不过，她也担心这些政策可能会导致对孩子的人力资本投资不足，减少了课外培训的机会可能会影响孩子的学科水平、综合素质和竞争力。此外，随着大学生就业竞争的加剧，拥有高水平的人力资本对于未来的职业发展至关重要。

面对这种情况，陈女士不禁有些迷惑：未来应该如何进行人力资本投资？在现有的政策框架下，如何给予孩子足够的学习机会和培养空间，使他们能够充分发展个人潜力和才能？

（案例来源：根据光明网新闻整理而得）

三、案例学习目标

本案例的学习目标是使学生深刻理解人力资本投资的方式，重点理解"双减"政策对人力资本投资的影响和家庭人力资本投资的未来变化趋势，并且能够运用所学的劳动经济理论分析现实生活中的人力资本投资的问题。

四、案例讨论题

1. 请结合我国劳动力市场的现状，分析"双减"政策对家庭人力资本投资的影响。

2. "双减"政策之下，我们应该如何进行人力资本投资？

五、案例分析

1. 请结合我国劳动力市场的现状，分析"双减"政策对家庭人力资本投资的影响。

"双减"政策的实施促使家庭对子女的人力资本投资进行更加理性的思考，一方面削弱了非正式教育投资，加强了正式教育投资；另一方面促使家长加入教育行列，更重视对子女素质能力的投资。

（1）教育投资分为正式教育投资和非正式教育投资两类。正式教育投资包括有形投资和无形投资。有形投资指家庭为其成员提供教育所花费的财力、人力等，如学费、书本费，无形投资是指学生因上学不得不放弃工作的机会成本。非正式教育投资的范围更为广泛，包含对各种学习形式进行的投资（除了正式教育投资），例如读书、看报等一切能够获得信息、增长见识的方式。

（2）"双减"政策强调要让教育回归学校和家庭，让人力投资方式变为正式教育投资，同时对个人的素质能力投资提出了更高的要求，在这方面可能有以下影响：

第一，改变教育孩子是学校的责任的观念，增强家庭教育投资意识。家庭教育水平与子女的学业成就具有显著的正向关系，但长期以来，不少家庭认为教育仅是学校的责任。"双减"政策的推行，一方面，可以从国家层面促使家庭转变观念；另一方面，增加了家庭教育的时空条件优势，使得家庭教育的重要性得到凸显。

第二，改变"唯分数论"的观念，重视素质教育方面的投资。"双减"政策减轻了学生的课业压力，并且强调素质教育。一方面从意识层面上纠正了"唯分数论"的观念，另一方面缩短学生完成课业的时间，并减少了家庭对辅导班的投资，使素质教育发展具备时间和金钱的条件。

第三，提高家庭对于健康投资的重视。过去很多家庭为了孩子有更好的考试成绩，而减少了孩子的课外活动，忽视了孩子的身心健康问题。"双减"政策推行之下，家长的观念逐渐转变，孩子有了更多的运动时间，有利于孩子身体素质的增强和身心健康的发展。

2. "双减"政策之下，我们应该如何进行人力资本投资？

"双减"政策之下，家长应该从过度关注教育投资转向加大健康投资，同时重视家长言传身教的作用，为孩子提供个性化的家庭支持。

（1）加大健康投资

健康投资对于提高我国人力资源的质量和扩大我国未来的劳动力规模具有重要意义。健康投资与其他形式的人力资本投资（特别是教育投资）是相互补充的，良好且有效的健康投资能够提高其他形式人力资本投资的效率。中共中央办公厅、国务院办公厅发布的《关于全面加强和改进新时代学校体育工作的意见》指出，要强化体育训练，学生需要掌握跑、跳、投等基本运动技能和足球、篮球等专项运动技能，需要保障学生每天在校内、校外各有 1 个小时参加体育活动。此外，体育总局和教育部联合印发的《关于深化体教融合 促进青少年健康发展的意见》明确指出，要将体育科目纳入初、高中学业水平考试范围，纳入中考计分科目，科学确定并逐步提高分值，启动体育素养在高校招生中的使用研究。因此，家长们可以将目光转向对健康的投资，注意加强孩子的身体素质，提高孩子的体育运动能力。

近年来，青少年心理问题频发。根据腾讯企鹅辅导发布的《2020 青少年心理健康报告》，当前约有 50% 的青少年有考试压力，22.85% 的青少年表示有过抑郁情绪，尤其随着年级的增长，压力会逐步上升。而家庭教育对于心理健康的重要性不容忽视，报告显示在青少年心情不好时，45.69% 的受访者会选择与父母沟通，占比仅次于和朋友聊天，是青少年非常重要的心理调试手段。因此，父母需要关注孩子的身心健康，维护子女良好的身心健康也是人力资本投资的重要手段。

（2）注重言传身教，营造适合孩子成长的家庭氛围

父母的言行举止会对孩子未来的认知能力产生重大的影响。顾红磊等研究了家庭社会经济地位对小学生阅读自主性的影响指出，家庭社会经济地位会通过强化父母鼓励这一外部因素和增强阅读动机这一内部因素，进而促进小学生的阅读自主性。张玲玲和张文新指出，家庭社会经济地位、父母教养、亲子沟通对青少年在成就领域（教育和职业）对未来规划的影响程度高于在人际领域（婚姻/家庭）对未来规划的影响程度。因此，在课外培训班被取缔的情况下，教育理应回归最重要的学校和家庭两个主场。父母应该为孩子营造有爱的、包容的家庭氛围，使孩子养成读书、运动等自我学习和自我投资的好习惯。

（3）结合孩子的特征，提供个性化的家庭支持

在信息化时代高速发展的今天，网络教育是缓解教育资源分布不均匀问题的重要手段。在国家中小学网络云平台和国家教育资源公共服务平台上，有全国顶级名师录制发布的从小学到高中免费的公开课、省优课，可以供老师、家长和孩子学习。因此，家长应该善用网络资源和国家资源来实现教育投资。

"双减"政策为家庭育人和课后育人提供了更多的时空条件。家长应多与孩子沟通，了解孩子的发展意愿，在保证孩子"德智体美劳"全面发展的基础上，满足

孩子的个性化发展需求。每个孩子的智力倾向不同，"双减"政策给予了家庭足够的时间和空间来发掘孩子的智力倾向，也为家庭人力资本投资提供了新的路径。同时，国家也在大力发展职业教育，让那些并不擅长学术研究、不擅长学习理论知识的人，能有更多、更好的职业道路选择。因此，家长也应该尽快转变职业观念，寻找更适合自己孩子的道路，找到适合的人力资本投资方向。

六、拓展训练与前沿文献

1. 拓展训练

从家庭人力资本投资的角度来看，"双减"政策会给人力资本积累带来怎样的影响？对于经济增长会造成什么影响？

2. 前沿文献

[1] CUI Y, LIU H, ZHAO L. Mother′s education and child development：Evidence from the compulsory school reform in China［J］. Journal of Comparative Economics，2019，47（3）：669-692.

[2] EPSTEIN J L. Theory to practice：School and family partnerships lead to school improvement and student success［M］School，family，and community interaction. Routledge，2019：39-52.

[3] HENRY D A, BETANCUR-CORTÉS L, VOTRUBA-DRZAL E. Black-White achievement gaps differ by family socioeconomic status from early childhood through early adolescence［J］. Journal of Educational Psychology，2020，112（8）：1471.

[4] 单志艳. 少子化时代家校共育的制度设计［J］. 教育研究，2021，42（1）：22-26.

[5] 李佳丽，张民选. 收入不平等、教育竞争和家庭教育投入方式选择［J］. 教育研究，2020，41（8）：75-84.

[6] 刘文杰，宋弘，陈诗一. 教育财政如何影响家庭人力资本投资：事实，机制与政策含义［J］. 金融研究，2022，507（9）：93-110.

[7] 王春超，林俊杰. 父母陪伴与儿童的人力资本发展［J］. 教育研究，2021，42（1）：104-128.

[8] 王伟同，周洪成，张妍彦. 看不见的家庭教育投资：子女升学压力与母亲收入损失［J］. 经济研究，2021，56（9）：73-89.

第五章
劳动力流动

劳动力流动是劳动力市场的重要内容，它有利于人力资源的充分利用。劳动力流动理论包括劳动力流动的决策、劳动力流动的决定因素及其影响效应、劳动力流动的具体理论，这为我们理解劳动力流动的原因、劳动力流动方向的变化、劳动力流动的意义以及劳动力流动模式的差异等提供了理论基础，也为应对人才外流、城乡劳动力流动障碍、全国统一劳动力市场的形成等挑战提供了理论依据。本章将对两个极具特色的案例进行讨论：第一个案例是"如何看待发展中国家的人才流动"，讨论了发展中国家人才外流的原因，以及由此对输入国和输出国带来的影响。第二个案例是"中国城市化路径及农村劳动力流动障碍"，分析了在当前中国城市化加深的背景下，城乡劳动力流动的现状和流动的原因，以及城乡劳动力流动存在的问题。

第一节　案例 5-1：如何看待发展中国家的人才流动

人才流动是劳动力流动的重要内容，它与地区劳动力供给和地区经济发展有着密切联系。随着全球化进程的加速推进，各地区、各国经济发展的差异逐渐凸显，这势必会促使发展中国家的人才向经济更发达的地区流动。这种人才的国际流动会对人才输出国和输入国的劳动力市场和经济发展都产生重要影响。因此，具体探讨发展中国家人才流动的现状及产生的影响，有利于发展中国家采取措施，以应对本国人才流失的挑战，促进本国未来的可持续发展。

一、背景知识

探讨"如何看待发展中国家人才流动"这一案例，首先需要学习劳动力流动的概念和劳动力流动的形式，明晰发展中国家人才流动的类型；其次要了解劳动力国际迁移的决策，分析影响个人迁移决策的因素；再次需要熟悉劳动力流动理论的具体内容，以及各理论之间的异同；最后探讨移民对输入国和输出国的具体影响，为后文案例分析奠定理论基础。

1. 劳动力流动的概念和形式

劳动力流动（或劳动力迁移）是指劳动力以工作为目的，从一份工作转换到另一份工作，或者从一个区域转换到另外一个区域的行为。按照流动边界，劳动力流动可以划分为国际流动和国内流动。国内流动又可分为城乡流动和工作流动。其中，发展中国家的人才外流是指人才的国际流动。

2. 劳动力国际迁移的决策

劳动力的国际迁移即劳动者的跨国流动，经济学家常用成本—收益框架分析个体的迁移决策。具体而言，劳动力国际迁移的成本包括直接成本和间接成本。直接成本又可分为工作搜寻的交通费用、食宿费用等物质成本和背井离乡、工作不确定性等带来的心理成本。国际迁移的远距离特点，导致其不确定性增大。因此，国际迁移的总成本在理论上高于国内流动的总成本。间接成本主要指劳动力放弃原有社会资源导致的间接损失。劳动力选择国际迁移主要是为了追求更高的收入，更好的工作机会、生活环境或后代更优良的教育质量等。基于理性人假设，只有当国际迁移的总收益高于迁移总成本时，劳动力才会选择国际迁移。

3. 劳动力流动的具体理论

（1）推拉理论

推拉理论认为人口迁移是两种不同方向的力相互作用的结果，一种是促使人口迁移的力量，另一种是阻碍人口迁移的力量。在人口流出地存在一种起主导作用的"推力"把原居民推出其常住地，在人口流入地存在一种起主导作用的"拉力"把外地人口吸引过来。产生"拉力"和"推力"的原因在于，流出地和流入地在经济、文化、生活环境、教育、医疗等方面存在差异。此外，在流出地和流入地之间还有一个因素起着重要作用：中间障碍因素，主要包括移民限制、迁移距离、语言文化差异等因素。综合起来，人口流动是流出地、流入地、中间障碍三个因素综合作用的结果。

（2）新劳动迁移模型

新迁移经济学认为，劳动力迁移是在不完全市场条件下，家庭为了克服资金约束或农业收入不确定性风险而进行的劳动供给联合决策。该理论强调迁移决策不是个人做出的最优化决策，而是更大单元的相关群体做出的联合决策，并且迁移的目标是实现家庭风险的分担和自我融资。体现到对移民决策动因的分析上，该理论认为移民决定由家庭成员共同做出。移民决策不是简单地由两国间的工资差距决定的，还取决于家庭的经济收益最大化或者家庭风险最小化。因此，个体的迁移决策不仅是个体预期收入的函数，还受到家庭预期收益的影响。

4. 移民对输入国和输出国的影响

在劳动力国际流动领域，一个至关重要的问题是：移民对输入国和输出国劳动力市场的影响如何？各国政府对这一问题的看法直接决定了对与移民相关政策的制定。

（1）移民对输入国的影响

对于输入国而言，分歧的观点主要集中在移民是否挤占了本国劳动力的就业机会。从直观上来看，假如劳动力流入前后，输入国的劳动力需求保持不变，移民的确挤占了本国劳动力的就业机会。然而，如果更严谨地思考该问题，上述观点则显得十分单薄。首先，对于高技能移民而言，高技能人才往往能带动输入国的就业增长，即高技能人才的迁入能够为输入国创造新的就业机会。其次，对于低技能移民而言，移民与本国劳动力也并非替代关系。劳动力市场分层理论将劳动力市场分为两个部门：第一个部门是稳定、高工资高福利的"好"的劳动力市场；第二个部门是不稳定、低工资低福利的"坏"的劳动力市场。本国劳动力通常不愿意从事第二个部门的工作，因此流入的低技能劳动力可以弥补第二部门中的劳动力短缺。最后，即使移民与本国劳动力属同质劳动力，严格控制或清退移民的政策也不能1∶1增加本国就业，其原因在于，清退移民政策会导致劳动力市场上的劳动力供给减少，根据劳动力市场均衡理论，劳动力供给减少将引发工资的上升，从而导致市场对劳动力的需求随之下降。

（2）移民对输出国的影响

对于输出国而言，不同于移民对输入国经济的促进作用，移民对输出国的影响存在较大争议。如果劳动力市场是完全竞争性的，移民对输出国就不会有影响。具体而言，如果劳动力工资与其边际产品相等，那么移民既没有为本国提供劳动，又没有获取相应收益，因此不影响输出国。然而，劳动力市场通常是非完全竞争性的，高技能人才市场的非竞争性使得高技能劳动力的边际产品通常大于其收入，因此不利于输出国。此外，有学者考虑到外汇带来的影响，认为外流劳动力在国外获得的高收入，部分会以外汇的形式流入输出国，从而促进输出国经济发展。从交流学习的角度来看，劳动力跨国流动促进了国际的文化、技术等交流，可能为输出国带来示范效应。然而，从人力资本积累的角度考虑，人力流失不利于输出国的人力资本积累，而人力资本是经济发展的重要因素。综上所述，移民对输出国的影响需要根据各国的实际情况进行考量。

二、案例内容

1. 导入视频

30年流失千万人，印度人进军全球：改变不了国家，就移民吧（https://www.bilibili.com/video/BV1ra411F7Zk/? share_source=copy_web&vd_source=1756d870d46179ab903e0075d9f5cbdf）。

2. 案例材料

人才是一个国家发展的底气和潜力，然而印度却面临着严重的人才外流问题，并且自20世纪60年代起，该问题日益严峻，这引起了印度政府的高度重视。为应对严重的人才流失问题，印度政府不断采取积极措施以挽留本国劳动力。

世界银行数据显示，2021年印度人口总数超13.9亿人，是世界上第二位人口大国。同样乐观的是印度培养出的IT人才数量，这在很大程度上归功于印度理工学院（IIT），该学院被誉为"印度科学皇冠上的瑰宝"。印度理工学院每年的录取率仅为3%~4%，并借此登上了"2015年最难考大学排行"榜首。然而，这所汇聚了印度最有能力的年轻人的高校，却没有为印度自身的发展做出多大贡献。IIT的学生约有80%都流向了国外，其中大部分学生的目的地为美国，他们聚集在硅谷等高科技聚集区。这些外流的 IIT 工程师们往往凭借着技术优势，逐渐成为许多知名企业的 CEO。《哈佛商业评论》曾报道一组数据：美国 500 强企业的 CEO 中，接近 30% 是印度裔，其中包括 IBM、Alphabet、Twitter、微软等多家著名企业。加州大学副教授萨克斯恩对硅谷移民企业家的一项调查指出，硅谷约有 2 000 家新成立的企业，其中四分之一由印度裔创办，而这些印度裔中有一半曾接受过 IIT 的教育。美国《商业周刊》更是将 IIT 毕业生誉为"印度生产的最畅销的出口产品"。

从整体上来看，印度整个国家的外流人才数据，仍是居高不下。当前，印度是国际移民的最大输出国，约有 1 800 万印度裔生活在国外，更糟糕的是有许多高技能劳动力外流。美国智库安全与新兴技术中心（CSET）2021 年发布的数据称，印度留美博士中获得科学、技术、工程和数学教育的博士有 87% 选择留在美国。CSET 指出，印度人在美国的崛起是一个不争的事实。至今美国约有 300 万印度人，印度人也占据了硅谷工程师的三分之一。2014 年的有关数据显示，在获得美国工作签证的计算机人才中，印度裔的比例高达 86%。

严重的人才外流，给印度带来了巨大的损失。相比于印度的人口数据，其经济数据表现得不尽如人意。截至目前，印度仍有四分之一的人温饱问题没有得到解决。联合国贸易和发展会议给出了更直观的数据：假如一名印度医生选择移居美国，印度将损失 33 万卢比，而美国会获利 517.5 万卢比；假如一名印度科学家决定移民美国，那么印度将损失 17.2 万卢比，而美国将获利 187.5 万卢比。面对大量人才流失导致的严重经济损失，印度媒体更是讽刺地将印度人才流失现象喻为"奶牛现象"，即培养人才的大部分费用由印度承担，但"产奶"收益却被美国获取，更甚的是印度还需高价购买这些印度裔企业家、科学家、工程师为美国贡献的知识专利。

为应对严峻的人才外流形势，印度政府采取积极措施以促使人才回流，包括为科技人员提供资金的政府基金和国家风险基金。印度政府采取优先支持归国定居的科技人员，并为归国科技人员创办企业提供优惠的税收政策。在吸引海外人才上，印度政府也加大了科研投入资金和政策倾斜。在积极措施的干预下，印度人才回流趋势在初步形成。

（资料来源：根据《哈佛商业评论》《商业周刊》《人才战争 2.0》《中国组织人事报》等整理而得）

三、案例学习目标

本案例的学习目标是使学生深刻理解劳动力跨国流动的原因及带来的影响，重点理解发展中国家人才流失对国家发展的影响，并且能够运用所学的劳动力流动相关理论分析劳动力跨国流动相关的现实问题。

四、案例讨论题

1. 请结合案例和劳动力流动的相关理论，思考促使发展中国家人才外流的原因。

2. 请结合我国劳动力市场的现状和劳动力流动的相关理论，分析人才外流对发展中国家的影响。

五、案例分析

1. 请结合案例和劳动力流动的相关理论，思考促使发展中国家人才外流的原因。

根据推拉理论，发展中国家人才外流的原因可以从发达国家的拉力、发展中国家的推力和中间障碍因素三个方面考虑。

（1）发达国家的拉力强

①发达国家的工资水平较高。2022 年，美国、德国、日本的人均 GDP 分别为 7.6 万美元、4.8 万美元、3.4 万美元，而印度的人均 GDP 仅为 2 460 美元，两者的经济发展水平存在巨大差异。发展中国家工资水平不高，不能完全体现出人才的价值，致使部分人才做出移民的选择。

②发达国家的教育质量较优。发达国家的小学教育、中学教育和高等教育质量优于发展中国家，而教育对人才的吸引力体现在两个方面：对于人才本人而言，其移民后能够继续深造，享受发达国家的教育资源；对于人才的后代而言，随着对子女教育的重视，人才移民能够让子女获得更好的教育资源。

③发达国家的医疗水平较高。美国在医疗技术和设施上保持领先地位，加拿大拥有完善的医保体系，北欧国家拥有优质和全覆盖的医疗待遇，这些发达国家的医疗水平优于发展中国家。人才移民到发达国家之后能够享受这些高质量的医疗资源。

（2）中间障碍因素少

①发达国家的移民政策具有吸引力。各国的移民政策是影响劳动力跨国流动的重要因素。以美国为例，其移民政策和高等教育政策在吸引人才上具有举足轻重的作用，特别是对高科技技术人员的优惠政策，为美国人才引进提供了重要的助推力。

②发达国家的文化包容开放。文化作为移民的中间障碍因素之一，在移民决策中起着重要作用。发达国家包容的思想、意识、认知、观念等，能够容纳来自不同文化背景的移民。

2. 请结合我国劳动力市场的现状和劳动力流动的相关理论，分析人才外流对发展中国家的影响。

人才外流对发展中国家的影响包括正面影响和负面影响。具体分析如下：

（1）人才外流对发展中国家的正面影响

①促进外汇流入

首先，移民获得的部分收入会以外汇的形式流入输出国，提高了输出国家庭的收入水平。部分家庭使用汇款增加健康保健费用、子女的教育费用等，有利于输出国的人力资本积累。其次，移民的汇款大部分流向消费领域，增加了对输出国商品和服务的需求，直接带动了输出国的经济增长并具有一定的减贫效应。最后，部分外汇流向了生产投资领域，被投资于创建中小企业或改善生产技术，直接带动了输出国的经济发展。

②加快知识交流

首先，对于归国移民而言，熟练工人或者高技能人才本身就属于优质劳动力，会对经济发展产生促进作用。其次，由于知识存在溢出效应，国外先进的技术、管理理念等被归国移民带回输出国，会对输出国产生更广泛的影响。最后，对于未归国的移民而言，依托于人际交流也可以促进两国间文化、思想、技术等方面的交流，输入国的优秀思想和技术等可以对输出国产生辐射和示范效应。

③降低投资风险

移民可以促进输出国与输入国的经贸往来。移民更加了解输入国的相关信息，有助于降低输出国的投资风险。例如，有研究指出，中国外流移民数量与对外经贸水平呈正相关关系。

（2）人才外流对发展中国家的负面影响

①不利于人力资本积累

移民不利于输出国的人力资本积累和教育投资效率。以印度理工学院为例，其培养的大部分优秀学生流向美国，导致印度承担了学生的教育费用却没有享受到应有的教育回报，最终呈现出低水平教育投资回报率。虽然移民收入部分会以外汇的形式流回输出国，但并非总能增加家庭的教育投入。例如错误的移民预期，即认为受教育水平与移民没有直接关系，将会抑制家庭对教育的投资，因为在错误的移民预期下，家庭成员相信即使是没有接受过高等教育的人，也能通过移民获得较高的收入。

②不利于输出国内部的知识交流

移民不利于输出国内部的知识交流和学习。人才外流阻断了移民与本国居民的直接沟通，特别是移民以高技能劳动力为主，他们的知识不能通过日常工作和生活传授给其他本国居民，这在一定程度上减少了本国居民学习知识的途径，特别是在内部劳动力市场中，在"师徒制"等内部培训机制的影响下，人才外流减少了知识的人际传递，不利于输出国居民在日常工作中积累知识和技能。

③降低了生产要素利用率

移民降低了输出国的生产要素利用率。移民以高技能劳动力为主，低技能劳动力无法替代高技能劳动力，两者间的互补性大于替代性。高技能劳动力的外流降低了与其互补的生产要素的利用率，导致输出国经济产业发展滞后。此外，发展中国家劳动力市场往往是非竞争性的，高技能劳动力获得的工资要低于其边际劳动产品，因此人才流失带来的损失大于其节约的成本。

六、拓展训练与前沿文献

1. 拓展训练

发展中国家应如何应对人才外流？以及如何更好地推动"人才外流"向"人才回流"进行转变？

2. 前沿文献

［1］蒋佩晔，黄繁华. 中国人口国际流动对贸易的影响研究［J］. 现代经济探

讨，2020（9）：54-62，97.

[2] 姜海宁，张文忠，张建珍，等. 21 世纪以来非洲跨国移民空间格局及其对 FDI 影响 [J]. 地理研究，2021，40（3）：725-742.

[3] 马凌，谢圆圆，张博. 跨国主义视角下高校海归知识移民的回流与地方嵌入 [J]. 地理学报，2022，77（6）：1430-1445.

[4] 王颖，姚宝珍. 国际移民对母国经济的影响：基于汇款中介效应的实证分析 [J]. 经济问题，2021（1）：23-31.

[5] DUMEIGNIL C. The impact of cross-border labor mobility on real estate price trends：A natural experiment [J]. International Regional Science Review，2022，45（1）：108-132.

[6] WASANTHA R. Determinant factors of labor turnover：A new perspective [J]. Journal of Economics，Management and Trade，2021：19-35.

第二节 案例5-2：中国城市化路径及农村劳动力流动障碍

城市化是经济发展的必然趋势，它与人口流动密切相关。我国东南沿海地区在改革开放的春风中，以其独特的优势，率先走在中国经济发展前列，创造出大量就业机会，吸引了大量劳动力从农村流向城市，从内陆流向沿海。人口开始在城市大量集聚，使城市内部形成了规模经济。农村劳动力的流动对于提高农民生活水平、缩小城乡差别、合理配置劳动力资源、促进社会公平与进步均有积极作用。然而，农村劳动力在为城市发展做出贡献时，却也面临各种各样的流动障碍和不公平待遇。因此，我们需要进一步了解中国城市化路径中城乡劳动力流动的现状，以制定相应的政策，减少城乡劳动力流动的障碍，从而促进经济发展，让社会更加和谐。

一、背景知识

探讨"中国城市化路径及农村劳动力流动障碍"这一案例，首先需要学习城市化的概念，了解城市化的内涵和城市化的发展阶段；其次要了解刘易斯二元经济模型，以帮助我们构建中国工业化进程和城市化进程的初步框架，并结合中国的现实情况修正刘易斯模型；再次还应该理解劳动力流动的影响因素；最后分析城乡间的劳动力流动对城市发展的有利影响，为后文案例分析奠定理论基础。

1. 城市化的概念

城市化是指随着一个国家或地区社会生产力的发展、科学技术的进步以及产业结构的调整，其社会由以农业为主的传统乡村型社会向以工业（第二产业）和服务业（第三产业）等非农产业为主的现代城市型社会逐渐转变的历史过程。城市化的概念不尽相同，国内外学者对城市化的概念界定主要从人口学、社会学、经济学等角度予以阐述：人口学把城市化定义为农村人口转化为城镇人口的过程；社会学家从社会关系与组织变迁的角度定义城市化；经济学上从经济模式和生产方式的角度来定义城市化。

城市化的内涵包括人口城市化、经济城市化、地理空间城市化和社会文明城市化四个方面。城市化的发展阶段包括城市化、郊区城市化、逆城市化、再城市化。我国现在正处于城市化和郊区城市化的阶段。

2. 刘易斯二元经济模型

刘易斯将经济部门分为传统部门和现代部门，其中传统部门指农业，主要在农村发展；现代部门指工业和服务业，主要在城市发展。在工业化进程中，工业和服务业在经济中的占比持续上升，城市迅速发展，不断创造出新的劳动力需求，促使农村的部分剩余劳动力向城市流动，因此一国的工业化进程加速，必然会促使城市化进程加快。然而，当农村剩余劳动力全部流向城市后，若农村劳动力继续向城市转移，为保持农业产量不变，只有用资本替代继续转移的农村劳动力。因此，工业和服务业必须提高工资才能雇佣到新的劳动力。在此阶段，工业和服务业将出现劳动力短缺的现象，城市部门的劳动力工资将持续提高。

值得注意的是，在理解中国农村劳动力向城市转移的过程中，我们需要修正刘易斯模型。中国因户籍制度等原因产生的城乡劳动力市场分割，并不符合刘易斯模型中所隐含的完全竞争市场假设。二元分割理论为我们理解劳动力市场分割提供了理论视角。劳动力市场可分为一级和二级劳动力市场：一级劳动力市场提供"好"的岗位（包括工资、环境、社会保障等），而二级劳动力市场提供的是"差"的岗位。同时，一级劳动力市场上的岗位，会优先提供给该劳动力市场内部的劳动力，进而形成一个内部劳动力市场，造成不同劳动力市场的流动障碍。

在中国的实践中，不拥有本地户籍的农村劳动力往往难以进入具有较高收入的行业，无法与本地户籍的劳动力一样享有公共服务，且城乡社会保障体制割裂，使得农村劳动力的转移存在额外的成本，例如子女教育不均等。因户籍制度的限制，许多公立学校招收流动农村劳动力子女时，会收取借读费、赞助费等额外的费用，使农村劳动力举家迁移变得困难。中国社会科学院与腾讯联合发布的《留守儿童调查报告》显示，中国大约有2亿人口有过留守经历；2018年民政部数据指出，全国约有697万名留守儿童。

3. 劳动力流动的影响因素

整体而言，劳动力的流动会受到内部因素和外部因素的相互影响。

（1）内部因素

内部因素主要是指劳动力的个体特征，包括劳动力的性别、年龄、受教育水平、婚姻状况等。

①性别。基于中国家庭传统观念，男性更多地承担家庭的经济负担，女性更多地肩负照顾家庭的责任。在城乡工资差距较大的情况下，农村的男性劳动力更有动力留城务工，而女性为照顾老人和小孩更愿意留在家乡。

②年龄。古典劳动力流动理论指出，年轻的农村劳动力对新生事物有着更高的接受能力，流动之后获得更高收入的可能性更大，同时对土地的依赖性较弱，因此更愿意外出务工。

③受教育程度。受教育程度更高的人选择工作的范围更广，小地方不能为专业分工很强的人才提供令人满意的工作。不同地区之间同类工作的工资差异，也会促使高素质人才更愿意流向工资高的地方。

④婚姻。劳动力流动的成本会随家庭规模的扩大而成倍增加。单身劳动力尚未组成家庭，其流动不会受到配偶、子女等家庭因素的影响，因此更愿意流动。

（2）外部因素

外部因素主要是指除劳动力个体以外的其他特征，包括流动距离、经济发展水平、制度、产业等。

①流动距离。流动距离与流动成本呈正相关关系。流动的距离越远，交通成本越高，再加上因背井离乡产生的心理成本，会使得劳动力更不愿意流动。

②经济发展水平。劳动力做出流动决策最重要的原因就是工作。经济发展水平更高的地方，工资水平更高，劳动力往往会流向收益更好的地方。

③制度。城乡二元分割增加了农村劳动力在城市生活的成本，使得农村劳动力

的社会保障力度、子女受教育程度等与城市劳动力存在显著差异。因此，宽松的落户政策和完善的社会保障政策等能够吸引劳动力流入。

④产业。借助互联网发展的春风，农村劳动力可以学习互联网技术，在农村发展新兴的乡村业态，乡村直播带货、网店等形式的兴起，使得农村劳动力不用外出务工也能有不错的收入。

4. 城乡劳动力流动对城市发展的有利影响

城乡间的劳动力流动在规模经济效应、人力资本外部性和技能互补性三个方面，对城市化进程和经济发展产生了有利影响。

首先，经济聚集降低了货物运输、知识传播、劳动力匹配等方面的成本，由此形成规模经济。对于生产者而言，经济的聚集使生产者可以获得更多的投入品，更好地匹配各生产要素，从而降低生产成本；对于劳动力而言，企业的聚集使劳动力有更多的选择，更可能找到合适的雇主，实现人岗匹配。

其次，人力资本的外部性使得人口聚集加快了社会学习进程，有利于提高劳动生产率。经济学家认为，通过社会学习，个体可以从其他人那里获得知识增益，也就是说知识在社会互动的过程中产生了外溢，从而形成知识的社会回报（收入的提高）。因此，劳动力由农村向城市转移的过程，也就是由低教育水平地区向高教育水平地区流动的过程，根据人力资本的外部性，这部分流动的农村劳动力将获得更高的收入。

最后，农村劳动力与城市劳动力技能的互补性，使得城市需要低技能劳动者。由于劳动分工的进一步细化，不同岗位需要不同技能的劳动力。例如在家务劳动中，由于其存在机会成本，高技能劳动力会减少家务劳动时间，从而增加对家政服务等低技能劳动力的需求。

二、案例内容

1. 导入视频

空心村现象不用怕 劳动力回流是趋势（https://www.bilibili.com/video/BV1SC4y1W7pt/？share_source＝copy_web&vd_source＝1756d870d46179ab903e0075d9f5cbdf）。

2. 案例材料

随着中国城市化进程的推进，农村劳动力的流动呈现出"强外流"和"弱回流"并存的趋势。

得益于地理位置、政策条件等多方面的优势，我国沿海地区在改革开放的浪潮中首先得到发展，并带动了全国经济的发展，因此城市对劳动力的需求不断增加。与此同时，城乡收入差距逐渐加大，促使大量农村劳动力选择进城务工。20 世纪 80 年代后期，我国兴起"民工潮"。1995 年，农民工规模已超过 5 000 万人。首先，从总量规模上看，2008 年，中国农民工规模达 22 542 万人，农民工总量庞大，到 2022 年，中国农民工规模已经高达 29 562 万人，即将突破 3 亿人（见图 5-1）。除 2020 年受疫情影响外，农民工规模每年都保持增长的趋势，但是增速呈现出先快后慢的态势。

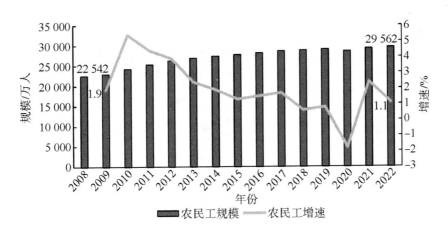

图 5-1　2008—2022 年农民工规模和增速

（数据来源：国家统计局发布的农民工监测调查报告）

其次，从性别分布来看，男性农民工占比一直高于女性，男女比例基本保持在 2∶1，但是男女占比差距有缩小的趋势（见图 5-2）。从年龄结构来看，农民工的平均年龄呈现出不断增长的趋势（见图 5-3），从 2010 年的 35.5 岁一直持续增长到 2022 年的 42.6 岁；并且 40 岁及以下农民工的占比持续减少，50 岁以上农民工的占比持续增加。无论是从平均年龄来看，还是从具体的年龄结构分布比例来看，农民工都在逐渐老去。从受教育程度来看，大专及以上学历的农民工占比持续增加，从 2011 年的 5.3%增长到 2022 年的 13.7%，农民工的受教育程度在不断提升（见图 5-4）。

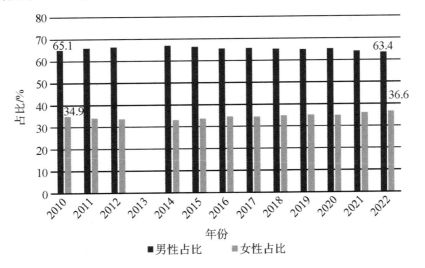

图 5-2　2010—2022 年农民工性别分布

（数据来源：国家统计局发布的农民工监测调查报告，其中 2013 年数据缺失）

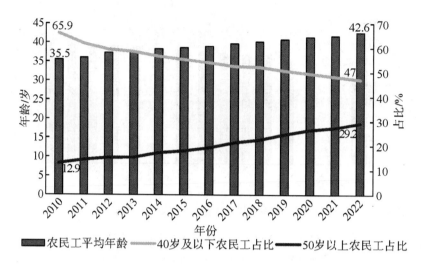

图 5-3　2010—2022 年农民工年龄结构分布

（数据来源：国家统计局发布的农民工监测调查报告）

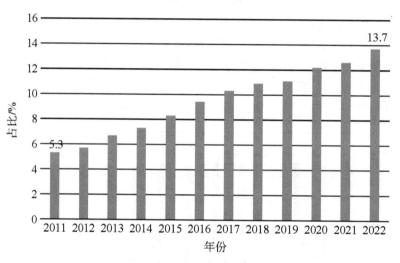

图 5-4　2011—2022 年大专及以上学历农民工占比

（数据来源：国家统计局发布的农民工监测调查报告）

劳/动/经/济/理/论/与/公/共/政/策/案/例/解/析

最后，从就业行业分布来看，农民工群体的就业主要集中在第二产业和第三产业，并且农民工在第三产业的就业比例已经大于在第二产业的就业比例（见图 5-5）。受"民工潮"热浪的冲击，中国城镇化率得到了显著提升。中国统计年鉴数据显示（见图 5-6），2021 年，中国常住人口城镇化率为 64.72%，并且近 10 年一直保持增长的趋势。然而，城镇化率并不意味着农村人口融入了城市。2021 年，中国户籍人口城镇化率为 46.7%，远小于常住人口城镇化率，两者间存在一定差距，表明仍有部分农村进城人员处于"半城市化"状态。

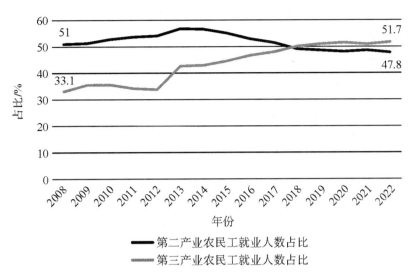

图 5-5 2008—2022 年第二产业和第三产业农民工就业人数占比
（数据来源：国家统计局发布的农民工监测调查报告）

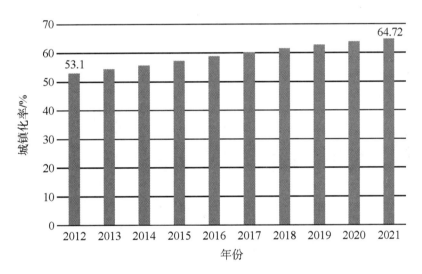

图 5-6 2012—2021 年中国常住人口城镇化率
（数据来源：国家统计局发布的中国统计年鉴）

张树源是进城务工大军中的一员，他是一名典型的农民工。1995 年，只有初中学历的他从河南老家来到珠海，因未找到工作，一度在街头流浪了 3 个多月，后进入格力公司筛选分厂做了一名机修工。和很多人一样，刚进厂的张树源格外珍惜来之不易的工作机会，平时最担心的就是被"炒鱿鱼"。他把这种担心化为学习动力，白天在生产线上磨炼手艺、钻研技术，虚心向有经验的师傅请教，晚上常常参加各种培训班，并查找书籍资料自学。就这样，张树源从一名不懂技术的普通工人，逐步成为一名高级技工。1998 年，张树源迎来了他的第一个创新成果——电缆线线芯排序通断检验设备；2000 年他又研制发明出一种氟利昂回收机。2002 年，张树源荣获"中国青年五四奖章"，2007年更是当选为中共十七大代表。成为党代表的张树源很关注自己所在的群体，他曾在接受媒体采访时提到，现在很多农民工进城不仅是为了赚钱，从生存到发展，他们更想获得提升自己的机会和空间，因此平等的就业环境很重要。

与此同时，受乡村振兴战略等政策因素的影响，农村劳动力也存在"回流"的趋势。一方面，农村外出劳动力在城市难以享受到应有的福利保障，但他们在农村有宅基地或土地承包经营权；另一方面，乡土情结使中老年农村人口选择回到农村，新型互联网技术也为返乡人员提供了就业机会。农民工监测调查报告显示（见图5-7），外出农民工规模较大，占比超过50%，但是外出农民工占农民工总数的比例近年来一直在下降，反映出劳动力回流的趋势。具体来看，外出农民工的流向分为跨省流动和省内流动（见图5-8），省内流动的规模和比例一直在增加，跨省流动的规模和比例在逐渐减少。农业农村部统计数据显示（见图5-9），2022年我国返乡创业人员累计1 220万人。返乡创业项目中有55%运用了互联网技术，以网店、直播带货等形式催生农村新业态。阿里研究院《中国淘宝村研究报告（2018）》显示，2018年中国共有3 202个"淘宝村"，年销售额超过2 200亿元。返乡创业人员给当地带来了资金和技术，挖掘了乡村资源禀赋，推动了当地经济发展和消费潜力。各方面的数据都充分表明，农村劳动力确实存在回流的趋势，并且这个趋势随着互联网技术的发展表现得愈发明显。

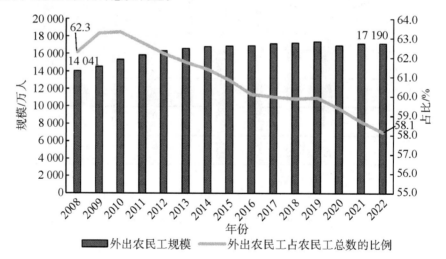

图5-7　2008—2022年外出农民工规模和比例

（数据来源：国家统计局发布的农民工监测调查报告）

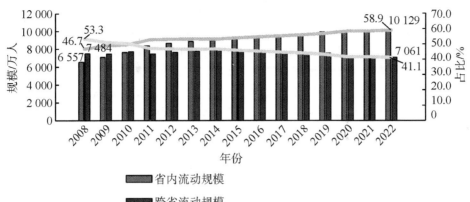

图 5-8 2008—2022 年外出农民工流向和比例

（数据来源：国家统计局发布的农民工监测调查报告）

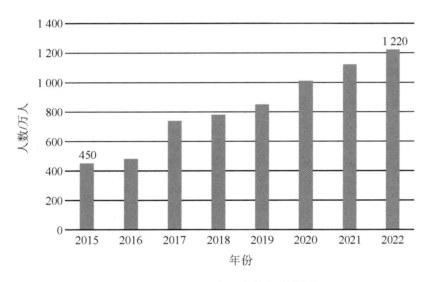

图 5-9 2015—2022 年返乡创业累计人数

（数据来源：中华人民共和国农业农村部）

　　周高粱是返乡创业大军中的一员，大学毕业后他选择回到家乡创业，投身农业发展。他了解到返乡创业有各项惠农扶持政策，于是，经过深思熟虑，周高粱回乡跟着父亲流转了 800 多亩（1 亩≈666.7 平方米）土地种植粮食，建立了家庭农场。随着高标准农田等项目落地，以前田间道路不畅、大型农机下不了地的情况没有了，现在地平整、路成网、渠相连。周高粱本人还自学农机操作和维护，带动乡亲们进行机械化种田。他先后购置了拖拉机、收割机、无人机等 30 多台（套）各类农机设备，累计投入超过百万元。以前通过人工打药，一人一天最多作业 10 亩地，而现在无人机一天能作业几百亩地，并且还能节水减药，算下来一亩地还能省好几十块钱。在周高粱的努力下，家乡农业发展用上了各种新技术，高粱家庭农场种植的粮食也成了面粉厂的"香饽饽"。农作物产量高、效益好，吸引了越来越多的乡亲主动上门，周高粱也成了乡亲们的"田保姆"，他的农机服务辐射周边四五个村子。如今靠着种植小麦、玉米、大豆、花生等作物，高粱家庭农场年产值超过200万元。

[资料来源：国家统计局、网易新闻、光华网、《中国经济周刊》、农民工监测调查报告、中国统计年鉴、国民经济和社会发展统计公报、中华人民共和国农业农村部、《中国淘宝村研究报告（2018）》]

三、案例学习目标

本案例的学习目标是帮助学生理解中国城市化进程及劳动力流动问题，重点理解中国城市化进程中的劳动力市场分割，特别是城乡劳动力市场的二元分割，并且能够运用所学的劳动力流动相关理论分析中国的现实问题。

四、案例讨论题

1. 请结合案例讨论农村劳动力向城市转移的原因是什么。
2. 请结合案例和实际情况分析，针对劳动力回流的趋势，回流地应该采取什么样的应对策略。

五、案例分析

1. 请结合案例讨论农村劳动力向城市转移的原因是什么。

农村劳动力向城市转移的影响因素可从内部因素和外部因素两个角度出发进行考虑：

（1）内部因素

①性别。农民工监测调查报告显示，男性农民工比女性农民工多，二者大致保持二比一的比例，说明农村劳动力中男性是外出务工的主力军。在中国家庭的传统观念中，男性更多地承担家庭的经济负担，女性更多地肩负照顾家庭的责任，因此农村的男性劳动力更有动力进城务工。

②年龄。农民工监测调查报告显示，近十年来，农民工的平均年龄在增长，但是总体仍处于中青年水平，并且40岁以下农民工占比处于领先地位，说明年轻的农民工进城务工的意愿仍然强烈。同时，年轻的农村劳动力对新生事物有着更快的接受能力，流动之后能获得更高的收入，因此更愿意外出务工。

③受教育程度。农民工监测调查报告显示，农民工的受教育程度在不断提升，而受教育程度高的人选择工作的范围更广。小地方不能为专业分工很强的人才提供令人满意的工作，因此高素质人才更愿意流动到大城市。

（2）外部因素

①经济发展水平。城市的经济发展水平高于农村，有更多的工作机会，工资收入也更高，因此劳动力会选择流向城市。张树源是初代农民工，他从河南老家来到珠海这座大城市，成功找到工作，并在岗位上坚持多年，实现了自己的人生价值。

②制度。珠海走在改革开放的前列，有良好的落户、社会保障等政策，能充分保障农民工的权益。因此，劳动力会选择流向类似珠海这种有宽松政策的城市。

③产业。农业现代化使一部分劳动力从农业中分离出来，而城市内部新兴产业的发展给农村劳动力带来了更多就业机会，因此劳动力会从农村流向城市。张树源抓住了珠海发展的契机，从农村走向大城市，投入到工业产业的建设中。

2. 请结合案例和实际情况分析，针对劳动力回流的趋势，回流地应该采取什么样的应对策略。

根据农民工监测调查报告和农业农村部公布的数据可知，当前劳动力已经存在回流趋势。为了更好地应对劳动力回流的现状，回流地可以从信息收集、政策支持、公共服务等方面采取应对策略：

（1）掌握回流劳动力的基本情况

政府通过搭建返乡劳动力信息平台，可以第一时间掌握返乡劳动力的数量、年龄、技能状况等基本信息，了解回流人员的就业意愿、岗位意愿、家庭收入等情况，有序推进回流劳动力重返岗位。

（2）鼓励回流劳动力创业就业

在创业方面，回流地政府应做好资金、技术或管理经验等扶持准备工作，为想要创业的劳动力提供支持。在就业方面，一方面，回流地政府要充分利用阳光培训、转岗惠农培训等扶持政策，提高回流劳动力的技能水平；另一方面，回流地政府要利用人力资源市场、就业服务中心、自媒体等资源，积极推送岗位信息，组织专场招聘会，动员本地企业提供更多就业机会。

（3）做好回流劳动力的服务工作

回流地政府应利用劳动力在元旦、春节返乡过节的时机，广泛开展送岗位、送培训、送政策等活动，让想要回流的劳动力充分了解当地政策和工作信息。在劳动力回流后，回流地政府不仅要做好劳动力的工作衔接、资金支持、技术支持等服务工作，而且要切实保障回流务工人员的合法权益，争取将服务工作做到让回流劳动力无后顾之忧。

六、拓展训练与前沿文献

1. 拓展训练

请问您如何看待北京、上海等大型城市出台的限制外来人口的相关政策？有哪些因素影响着劳动力"用脚投票"？

2. 前沿文献

［1］盛亦男，杨旭宇. 中国三大城市群流动人口集聚的空间格局与机制［J］. 人口与经济，2021（6）：88-107.

［2］魏东霞，陆铭. 早进城的回报：农村移民的城市经历和就业表现［J］. 经济研究，2021，56（12）：168-186.

［3］于潇，陈叙光，梁嘉宁. 空气污染、公共服务与人口集聚［J］. 人口学刊，2022，44（3）：88-99.

［4］于潇，徐英东. 流入城市对流动人口居留意愿的影响：基于家庭生命周期理论的分解［J］. 人口研究，2021，45（1）：50-67.

［5］张吉鹏，黄金，王军辉，等. 城市落户门槛与劳动力回流［J］. 经济研究，2020，55（7）：175-190.

［6］周颖刚，蒙莉娜，卢琪. 高房价挤出了谁？：基于中国流动人口的微观视角［J］. 经济研究，2019，54（9）：106-122.

第六章
工资水平和内部劳动力市场

在劳动经济学理论体系中，工资和内部劳动力市场往往同时出现，并作为影响企业人力资源配置的关键因素。其中，工资水平会显著影响企业对劳动力的吸引力，合理的工资制度是优化内部劳动力市场的必要条件，会直接影响企业的健康有序发展。企业内部工资水平的确定主要基于两个方面：一方面，内部劳动力市场的建立不能完全独立于外部劳动力市场，内外部劳动力市场的工资水平应该保持适度一致，国家政策也会在其中起到适度的干预作用；另一方面，合理的工资制度作为企业内部的激励机制，会影响员工在内部劳动力市场中的流动和发展。本章将围绕政府、高校和企业较为典型的案例展开讨论：第一个案例是"中国各地最低工资标准及其调整"，从国家政策层面讨论最低工资标准对我国劳动力市场的重要影响，以及探讨如何平衡最低工资标准的设定与内部劳动力市场的需求，以维护劳动力市场的公平性和稳定性。第二个案例是"高校教师的'终身教职'制度"，探讨实行终身教职制度的深层原因和实行终身教职制度带来的影响。第三个案例是"央企高管的薪酬改革"，探讨为何对央企["中央管理企业"的简称，是指由中央人民政府（国务院）或委托国有资产监督管理机构行使出资人职责，领导班子由中央直接管理或委托中央组织部、国务院国资委或其他等中央部委（协会）管理的国有独资或国有控股企业］高管进行"限薪"，以及薪酬改革会带来哪些影响。

第一节　案例6-1：中国各地最低工资标准及其调整

最低工资标准是政府为保障劳动者权益和促进社会公平所采取的重要手段，对企业制定工资制度具有一定的指导作用，同时又是一个涉及广大劳动者切身利益的重要标准。但最低工资标准的上升也可能会增加用人单位的成本，导致失业率上升，甚至可能会对企业的经济效益造成一定的影响。因此，我们需要综合考量最低工资标准的调整所带来的影响，探讨最低工资制度在中国国情下实行的必要性。同时，我们需要进一步讨论如何确定合理的调整幅度，以确保最低工资标准调整的公正性、合理性和可行性。

一、背景知识

本节主要探讨"中国各地最低工资标准及其调整"这一案例，并分析最低工

91

标准的调整如何影响劳动力市场。首先我们需要了解最低工资制度的起源及中国在最低工资标准调整上进行的探索和尝试，从整体上了解中国最低工资制度的发展现状。其次，学会用新古典模型和垄断模型对最低工资标准的影响效应进行理论分析，更客观地看待最低工资标准对劳动力市场中的工资水平和就业水平的影响。最后，了解最低工资标准制定的影响因素，为科学调整最低工资标准提供理论支持。

1. 最低工资制度的起源与中国最低工资制度的调整

最低工资制度起源于新西兰和澳大利亚，其作用是维护劳动者取得劳动报酬的合法权益，保障弱势劳动者个人及其家庭成员的基本生活。改革开放以后，中国才开始在社会主义市场经济体制下对这一制度进行探索。1993 年出台的《企业最低工资规定》，是由地方政府主导的对最低工资制度的初步尝试。一直到 2004 年 3 月，《最低工资规定》才正式颁布并全面推广，同年 11 月，西藏自治区正式推行相关规定，这标志着中国大陆全面进入最低工资制度时代。中国人力资源和社会保障部对最低工资标准有明确的定义，它是指劳动者在法定工作时间或依法签订的劳动合同约定的工作时间内提供了正常劳动的前提下，用人单位依法应支付的最低劳动报酬。

在《劳动法》《中华人民共和国劳动合同法》及《最低工资规定》的指导下，由各省（区、市）自行建立的地方性最低工资标准的相关法规进行了多次调整。中国人力资源和社会保障部要求最低工资标准每两年至少调整一次。2005—2017 年，我国 31 个省（区、市）的最低工资标准的统计数据显示，在这 13 年间，31 个省（区、市）的最低工资标准共计调整 255 次，平均调整 8 次。其中，北京、天津、上海 3 地调整频次最高（均为 12 次），而调整地区数最多的年份为 2010 年（30 次）、最少为 2009 年（0 次）。

2. 最低工资标准影响效应的理论分析

学术界对于最低工资制度是否有效这一问题产生了分歧。当前，学者们主要基于新古典模型和垄断模型两种理论，阐述了最低工资标准调整可能带来的影响，这种影响主要集中在就业问题上。

（1）新古典模型

新古典模型主要在劳动力是同质的假设下，依据最低工资是否覆盖到劳动力市场中的所有个体，将其进一步分为完全竞争模型和两部门模型。

①完全竞争模型

完全竞争模型假设劳动力市场是完全竞争的，所有经济部门皆适用最低工资标准，厂商和劳动者都是理性的，以及劳动者的技能和努力程度相同且是外生给定的。此时，必然存在一个工资的均衡点，以对应市场最佳就业量。当最低工资标准等于或低于该均衡点时，不会对劳动力市场产生影响，而一旦最低工资标准高于该均衡点，该标准可以视为政府的价格管制，会导致原有的均衡被破坏，带来失业。

最低工资标准的完全竞争模型如图 6-1 所示，如果不存在最低工资制度，在完全竞争的劳动力市场中，当就业水平达到均衡点 E 时，劳动力的供给等于需求。此时，均衡就业水平为 E^*，均衡工资率为 W^*。如果存在最低工资制度，当最低工资标准 W_m 比均衡工资水平高时，就业水平将由劳动力需求决定，即为 E_m。因此，社会的劳动力供给会多出 $S(W_m)-E_m$，而就业水平相比原本的均衡水平会减少 E^*-E_m，此时部分劳动力将在劳动力市场上继续寻找工作或退出劳动力市场。如果最低工资标准等于或小于完全竞争的均衡工资水平 W^* 时，劳动力市场将不受影响①。

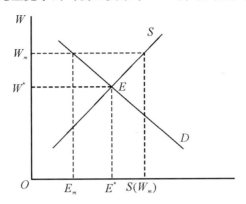

图 6-1 最低工资标准的完全竞争模型

②两部门模型

两部门模型的提出是由于最低工资制度没有完全覆盖所有劳动者。两部门模型将市场中的部门以是否被最低工资制度覆盖为界限分开，认为劳动者在最低工资制度覆盖到的部门时，将获得高于最低工资标准的薪酬，而在最低工资制度未覆盖到的部门的劳动者，将获得市场均衡时的工资。被最低工资制度覆盖的部门会产生失业，失业的员工只能退出劳动力市场或转移到没有被该制度覆盖到的部门就业，使得市场上劳动力供给增加，均衡工资水平下降，就业量增加。市场中的就业量取决于未被该制度覆盖到的部门对劳动力的需求量，只有当未被覆盖部门能提供足够多的就业机会时，才不会产生大量的失业，但整体上会降低劳动者的工资水平。

如图 6-2 和图 6-3 所示，如果不存在最低工资制度，两个部门均会达到均衡点 E。当其中一个部门实行最低工资制度后，会使得 E^*-E_m 的就业量减少。此时，这部分人被迫转向没有被该制度覆盖的部门就业，使得该部门劳动力供给增加，劳动供给曲线由 S_1 移至 S_2，劳动力需求曲线不变，新的市场均衡使得工资水平从 W^* 降低至 W_q。因此，实行最低工资制度的部门的工人收入增加，未实行最低工资制度的部门的工人收入减少，社会不公平现象加剧。

---

① 姚先国，王光新. 最低工资对就业影响的理论研究 [J]. 重庆大学学报（社会科学版），2008，14 (1)：17-22.

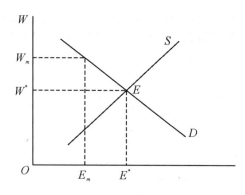

图 6-2　被覆盖部门

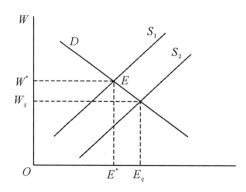

图 6-3　未被覆盖部门

（2）垄断模型

当劳动力市场为买方垄断市场时，如果没有其他干预，垄断企业所雇佣的劳动力的边际成本必定高于其供给价格。垄断模型又分为无歧视的买方垄断和完全歧视的买方垄断。当企业处于无歧视的买方垄断市场时，其在雇佣新劳动力时，必须给原有相同技能的劳动力加薪，以确保他们的工作积极性不降低。在这种情况下，劳动者的技能将是决定工资的唯一标准，因此最低工资标准必须把握得当。最低工资标准较低对就业没有影响，最低工资标准适宜时能够促进充分就业，最低工资标准较高会造成失业。当企业处于完全歧视的买方垄断市场时，其在雇佣新劳动力时不会给原有劳动力加薪，最低工资标准越高，劳动者收入越高，对就业不产生影响。

如图 6-4 所示，当劳动力市场为买方垄断市场时，劳动力的雇佣数量为边际成本（MC）和边际收益的交点，即 E_0。如果存在最低工资标准，此时雇佣水平为 S (W_m)。当 $W_0 < W_m < W^*$（完全竞争下的工资水平）时，就业水平会提高；当 $W_m = W^*$ 时，就业水平提高至完全竞争下的均衡水平；当 $W_m > W^*$ 时，就业水平会下降。

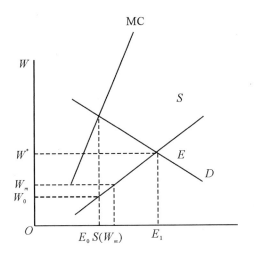

图 6-4　最低工资的垄断模型

3. 最低工资标准制定的影响因素

中国的最低工资标准依据当地的收入性因素、支出性因素及市场性因素的变动进行调整。首先，收入性因素包括社会平均工资及当地经济发展水平。社会平均工资是某地区一定时间内全部劳动者的总工资与总人数的比值，按照国际惯例，一般最低工资标准要达到该地区社会平均工资的 40%～60%，而当前我国绝大部分地区未达到这一标准。当地的经济发展水平可以从规模（存量）和速度（增量）两个方面进行测量，最常用的指标是国内生产总值（GDP）。随着社会平均工资和当地经济发展水平的提高，人们的基本生活成本也会增加，因此对应的最低工资标准也要相应地调整。其次，支出性因素是指除社会保险费和住房公积金外，能够保障劳动者及其赡养人口的最低生活费用。最后，市场性因素表现在劳动力市场供求方面，主要是指失业率，因为失业率越高，劳动力市场的就业压力越大，工资下行压力越大。

二、案例内容

1. 导入视频

最低工资标准越高越好？（https://m.v.qq.com/x/m/play？vid＝r1400twq0kz&cid＝&url_from＝share&second_share＝0&share_from＝copy）。

2. 案例材料

我国全面建成小康社会是"起点"，而不是"终点"。党的二十大报告指出，要增加低收入者收入，扩大中等收入群体，同时要规范收入分配秩序，规范财富积累机制，保护合法收入，调节过高收入。从现实情况来看，我国的中等收入群体占比较大，但一部分中等收入群体就业稳定性不足、存在"掉队"风险。此外，还有大部分农村人口尚未进入中等收入群体。"推动更多低收入人群迈入中等收入行列"，仍是我们一以贯之的改革方向。因此，最低工资制度在保障低收入人群的基本生活方面显得尤为重要，从中央到地方，有关部门都在加快谋划调整最低工资标准。几十元至几百元的上调幅度，不仅保障了企业中低收入群体的劳动所得，而且让灵活就业群体大大受益。

截至 2022 年 4 月 14 日，第一档月最低工资标准在 2 000 元及以上的地区已经增加到 13 个，上海以 2 590 元位居榜首，而且上海的月最低工资标准"含金量"也更高，因为上海的月最低工资标准不含劳动者个人依法缴纳的社会保险费和住房公积金，由用人单位另行缴纳。从小时最低工资标准来看，北京地区的小时最低工资标准为 25.3 元，为全国最高。除北京之外，上海等 11 地的小时最低工资标准在 20 元及以上，具体情况如表 6-1 所示。

表 6-1　全国各地最低工资标准情况　　　　　单位：元

地区	月最低工资标准				小时最低工资标准			
	第一档	第二档	第三档	第四档	第一档	第二档	第三档	第四档
北京	2 320				25.3			
天津	2 180				22.6			
河北	1 900	1 790	1 680	1 580	19	18	17	16
山西	1 880	1 760	1 630		19.8	18.5	17.2	
内蒙古	1 980	1 910	1 850		20.8	20.1	19.5	
辽宁	1 910	1 710	1 580	1 420	19.2	17.2	15.9	14.3
吉林	1 880	1 760	1 640	1 540	19	18	17	16
黑龙江	1 860	1 610	1 450		18	14	13	
上海	2 590				23			
江苏	2 280	2 070	1 840		22	20	18	
浙江	2 280	2 070	1 840		22	20	18	
安徽	1 650	1 500	1 430	1 340	20	18	17	16
福建	2 030	1 960	1 810	1 660	21	20.5	19	17.5
江西	1 850	1 730	1 610		18.5	17.3	16.1	
山东	2 100	1 900	1 700		21	19	17	
河南	2 000	1 800	1 600		19.6	17.6	15.6	
湖北	2 010	1 800	1 650	1 520	19.5	18	16.5	15
湖南	1 930	1 740	1 550		19	17	15	
广东	2 300	1 900	1 720	1 620	22.2	18.1	17	16.1
其中：深圳	2 360				22.2			
广西	1 810	1 580	1 430		17.5	15.3	14	
海南	1 830	1 730	1 680		16.3	15.4	14.9	
重庆	2 100	2 000			21	20		

表6-1(续)

地区	月最低工资标准				小时最低工资标准			
	第一档	第二档	第三档	第四档	第一档	第二档	第三档	第四档
四川	2 100	1 970	1 870		22	21	20	
贵州	1 790	1 670	1 570		18.6	17.5	16.5	
云南	1 670	1 500	1 350		15	14	13	
西藏	1 850				18			
陕西	1 950	1 850	1 750		19	18	17	
甘肃	1 820	1 770	1 720	1 670	19	18.4	17.9	17.4
青海	1 700				15.2			
宁夏	1 950	1 840	1 750		18	17	16	
新疆	1 900	1 700	1 620	1 540	19	17	16.2	15.4

(注：本表数据截至 2022 年 4 月 1 日，来源：中华人民共和国人力资源和社会保障部官网)

从总体上看，中国最低工资标准的特点是调整幅度较小，调整频率较慢；从分布上看，相比于内陆城市，沿海城市的最低工资标准往往设立得更高且调整频率更快。其原因在于，最低工资标准是在综合考量不同地区经济发展水平、工资水平、当地居民年消费水平、职工缴纳社保和住房公积金水平、失业率等因素的基础上得出的，而由于各地经济发展水平、物价水平、收入水平都有较大差别，因此各地区最低工资标准也存在较大差异。此外，各省（区、市）会根据自身情况进行进一步划分，使最低工资标准更契合当地实际情况。

最低工资上调引起了劳动者、企业和人社部门等不同群体的广泛关注与讨论。不同类型的劳动者对最低工资标准有不同的感受。对于企业的合同工来说，最低工资标准的制定，能够强有力地保障他们的基本生活。一位来自重庆一家机械制造业的一线技术工人表示，虽然他的工资高于重庆市的最低标准，但是每次最低工资标准上调时，企业为了留住熟练工人，都会涨薪。但是对于灵活就业的员工和处于实习期的学生来说，最低工资制度并没有那么容易得到落实。西南某省中职学校的一名学生表示，学校要求学生去电子厂实习，实习期间底薪为 1 300 元，12 小时工作制，时薪不到 4 元，而且没有假期，这份实习工作的时薪不如最低工资标准所规定的一半。

企业宁愿在招聘上花更多的钱，也不想频繁上调最低工资标准。在上海市的春季招聘会上，一家电子厂的经理表示，现在上海的制造业招工需要花费的成本，几乎都在最低工资标准的一倍以上，因此最低工资标准的上调会给企业带来极大的影响。不管一线技术工人的工资是多少，只要最低工资标准上调，他们就要求涨薪。由最低工资标准上调带来的总体用工成本的增加，会比其本身的上调幅度高得多。重庆一家制造业的老板表示，最低工资标准每上涨 200 元，他们的用工成本至少增加 300 元。

人社部门认为，最低工资标准的调整是为了平衡劳资双方的利益和区域间的经济差异。陕西省人社厅的一名副处长表示，最低工资标准是"底线"，而不是"标准线"，需要防止一些企业只按照最低工资标准这条"红线"发放工资。同时，西部某省人社厅相关工作人员表示，最低工资标准也会影响区域间的招商引资和劳动力的流动，调整最低工资标准也是基于缩小区域间差距的重要考量。

（案例来源：根据央视网新闻、北京青年报、腾讯网、南方网、北方新报等网站新闻综合整理而得）

三、案例学习目标

本案例的学习目标是使学生深刻理解最低工资制度的影响因素，重点理解最低工资制度对劳动力市场的影响及其机制，并且能够灵活运用所学的理论知识分析政府干预劳动力市场的利弊。

四、案例讨论题

1. 结合理论和案例内容，你认为最低工资标准对我国劳动力市场会产生怎样的影响？

2. 你认为可以如何优化最低工资制度？

五、案例分析

1. 结合理论和案例内容，你认为最低工资标准对我国劳动力市场会产生怎样的影响？

虽然中国的劳动力市场并不是完全竞争的，但我们仍可以结合新古典模型分析最低工资标准对我国劳动力市场的影响。在新古典模型中，最低工资标准通过影响劳动力的供给和需求来决定市场均衡时的就业状况和工资水平。

（1）最低工资标准对就业的影响

最低工资标准可能会增加就业，也可能会减少就业，具体而言：

①增加劳动力供给，就业增加。根据新古典模型，最低工资标准的提高会直接影响低收入劳动者的工资水平，激励更多的人参与劳动力市场，尤其是那些之前因为低薪而选择退出或非正式就业的人。同时，对于我国劳动力市场而言，农民工进城务工是我国劳动力市场的特点之一。提高最低工资标准可能会吸引更多的农民工前往城市就业，以寻求更高的工资和福利待遇，从而增加城市的劳动力供给。

②减少劳动力需求，就业减少。最低工资标准的提高也会增加企业的用工成本，在新古典模型中，这会导致劳动力需求曲线向左移动，劳动力需求量减少。这是因为对于某些劳动密集型行业或利润空间较小的企业来说，最低工资标准上调可能导致其用工成本大幅度增加，所以他们会尽可能地减少对劳动力的需求。同时，为了降低劳动力成本，企业可能会投资资本密集型行业或自动化技术，导致劳动力需求减少。

因此，最低工资标准对就业的影响具有双重性。一方面，当企业劳动力需求较大时，最低工资标准能够激励劳动者参与劳动力市场，增加劳动力供给，进而增加就业；另一方面，当企业对劳动力需求较小时，最低工资标准的提高可能造成企业对劳动力的需求减少，进而导致劳动力市场的就业数量下降。劳动力供给量的增加可能不足以抵消劳动力需求量的减少，这可能导致一部分工人失业，尤其是低技能劳动力。

（2）最低工资标准对工资水平的影响

最低工资标准对不同收入群体的工资水平的影响存在差异，具体而言：

①低收入工人。最低工资标准的提高对低收入工人的工资水平的影响可能是复杂的。虽然他们的供给增加，但需求减少可能导致工资增长有限甚至有所下降，这取决于劳动力市场的弹性和企业的用工决策。但是最低工资制度在一定程度上保障了不被淘汰的低收入工人的基本工资待遇，并有助于提高他们的收入水平。

②中等收入工人。从供给层面看，中等收入工人通常拥有一定的技能和经验，在最低工资标准提高后，他们的机会成本可能会上升，这可能促使一部分中等收入工人寻求更高薪资的机会。从需求层面看，虽然提高最低工资标准会增加企业的用工成本，但对于一些中等收入工人，企业可能会选择留下他们并支付更高的工资，以利用他们的技能和经验。因此，最低工资标准的提高也可能提高中等收入工人的工资水平。

③高收入工人。提高最低工资标准对高收入工人的供给和需求的影响都较小，因为他们的工资已经远高于最低工资标准。

因此，最低工资标准的提高对我国劳动力市场中的低收入工人、中等收入工人和高收入工人的工资水平的影响是不同的。它可能对低收入工人的工资水平有积极影响，也可能对一部分低收入工人和中等收入工人的就业产生消极影响，还可能倒逼劳动者提高自身技能水平，从而提高劳动力的质量。

2. 你认为可以如何优化最低工资制度？

依据新古典模型，我们可以从最低工资标准对劳动力供给和需求的影响方面进行优化：

第一，注重最低工资标准的区域差异化，合理分配劳动力供给，促进就业均衡发展。依据新古典模型，劳动者可能会依据不同地区的不同最低工资标准有选择地进行流动，为防止劳动力流动造成的区域间经济差异的进一步扩大，最低工资标准应该根据地区实际情况进行差异化调整，以确保其与当地的经济水平和生活成本相匹配。这将有助于减少区域间过度的人力资源流动，促进就业均衡发展，以及尽可能地减少由此带来的"空巢老人""留守儿童"等社会现象。

第二，针对不同的企业提供相应的配套措施，防止企业因用工成本增加而减少劳动力需求。依据新古典模型，最低工资标准的提高会增加企业的用工成本，从而使其减少劳动力需求。因此，针对不同规模和不同行业的企业，应有相应的配套措施，例如针对小微企业，政府可以通过税收减免和提供用工补贴或社会保险补贴等方式，增加其经营灵活性和竞争力；为小微企业提供更多的融资渠道和金融支持，降低它们的融资难度。

第三，强化执行和监督机制。最低工资标准的制定只是第一步，更重要的是加强对其执行和监督的力度。政府部门应加强对企业的监督检查，确保企业按照最低工资标准支付工资，防止低工资现象的出现。同时，有关部门应建立有效的申诉机制，以保障劳动者的权益，并及时解决劳动争议。

六、拓展训练与前沿文献

1. 拓展训练

提高最低工资标准是否会削弱我国人工成本低的劳动优势，从而影响企业竞争力？

2. 前沿文献

[1] 刘金焕，万广华. 互联网、最低工资标准与中国企业出口产品质量提升 [J]. 经济评论，2021（4）：59-74.

[2] 刘巍，何威风. 最低工资影响企业风险承担吗？[J]. 管理评论，2020，32（11）：196-207.

[3] 刘子兰，刘辉，杨汝岱. 最低工资制度对企业社会保险参保积极性的影响：基于中国工业企业数据库的分析 [J]. 经济学（季刊），2020，19（4）：1267-1290.

[4] 张世伟，杨正雄. 最低工资标准能否促进农民工工资持续增长 [J]. 财经科学，2019（11）：95-108.

[5] 刘行，赵晓阳. 最低工资标准的上涨是否会加剧企业避税？[J]. 经济研究，2019，54（10）：121-135.

[6] 王欢欢，樊海潮，唐立鑫. 最低工资、法律制度变化和企业对外直接投资 [J]. 管理世界，2019，35（11）：38-51，230-231.

第二节 案例6-2：高校教师的"终身教职"制度

引入"终身教职"制度是优化高校内部学术劳动力市场的一次重要尝试，旨在促使学术劳动力市场在市场竞争中实现学术劳动力的最优配置。它将改变高校教师原有的薪酬和晋升同步调整的刚性联系，形成在教师考核评价竞争体系下的选聘任用和"一人一议、一事一议"的薪酬制度。"终身教职"制度激发了高校教师的竞争活力，并在一定程度上改善了高校教师的薪酬和学术环境。但是在"非升即走"的压力下，也可能导致部分高校教师急功近利和恶性竞争。因此，了解推行"终身教职"制度的原因，权衡其所带来的利弊，对于我们评估该制度在当前教育环境中的可行性和可持续性具有重要意义。

一、背景知识

为了更好地理解高校教师的"终身教职"制度，本节的背景知识首先介绍了终身教职制度的起源与发展，了解终身教职制度广为推行的原因。其次，基于理论分析了终身教职制度形成的根本原因，再结合高校内部学术劳动力市场的特点，了解终身教职制度在高校内部学术劳动力市场中的可行性和必要性。最后，探讨终身教职制度的"锦标赛"和外部竞争性的特点，理解其在高校内部学术劳动力市场中发挥的重要作用，为后文案例分析奠定理论基础。

1. 终身教职制度的起源与发展

终身教职制度起源于欧洲，直到1915年美国开始实行该制度后才被学术界广泛关注和讨论。终身教职制度作为美国高校的一项基本制度，在选拔和培养优秀教师等方面发挥着极大的作用。美国的教育事业能在短时间内走到世界前列，也离不开这一制度的帮助。一方面，该制度中优胜劣汰、非升即走的机制增强了高校的师资力量；另一方面，该制度能够使进入终身教职轨道的教师全身心投入学术研究中，实现学术研究自由。随着美国教育事业的成功，西方国家纷纷开始引入终身教职制度，我国也在高校内对该制度进行了探索和推行。

2. 终身教职制度的理论分析

（1）终身教职制度的形成

终身教职制度的形成可以从新古典模型、委托代理理论和教育资源的稀缺性等方面来进行分析。

①新古典模型

在新古典模型中，劳动力市场应该是一个供求平衡的市场，工资和就业水平应该由劳动力的供给和需求来决定。但是在原有事业编制的背景下，政府过多干预学术劳动力市场，导致高校教职人员的灵活性缺失，学术劳动力市场供求失衡。而终身教职制度的引入，使得供给和需求能够更加灵活地匹配，高校可根据教学和研究需求来配置教职人员，从而提高劳动力市场的匹配效率。

②委托代理理论

委托代理理论是一种用来解释委托关系下的行为和决策问题的经济学理论。在委托代理理论中，委托人是一方（通常是雇主或委托方），代理人是另一方（通常是雇员或被委托方）。委托人可将一部分决策权交给代理人，让他代表自己来完成任务或实现目标。

高校作为委托人会面临信息不对称的问题，可能无法完全了解教师的教学和研究能力。同时，教师的绩效往往不易被直接量化，因此难以简单地评估其工作表现。这种信息不对称会引发代理问题，即学校难以有效监督和激励教师的行为，导致部分教师出现不尽职尽责或"躺平"的现象。因此，引入终身教职制度，将各级各类评价机构、评价主体作为代理人，可以激励教师参与人才称号、科研项目和科研成果的竞争。

③教育资源的稀缺性

教育资源包括教育科研资金、研究设备、图书馆资源等，这些资源在数量和质量上都存在一定的限制。由于教育资源的稀缺性，政府和高校都面临资源分配的挑战，即如何合理利用有限的资源来满足教学和研究的需求。

在这种背景下，终身教职制度被引入作为一种资源配置策略，能合理地实现稀缺教育资源的有效配置，优化内部劳动力市场结构。内部劳动力市场的运行机制是长期雇佣和内部晋升。一方面，长期雇佣可以有效降低劳动力替代时产生的成本，并有利于提升人力资本投资回报率；另一方面，内部晋升在高校中可以看作一种为了使教师与高校之间实现人—组织匹配而采取的长期激励手段。

（2）高校内部学术劳动力市场的特点

高校内部学术劳动力市场是指由高校和高校教师作为供需双方，在既定的配置方式和规则下，两者在聘用与被聘用的选择之间构成的学术劳动力市场。它体现了高校教师在高校内部的流动情况，受到市场机制和学术活动本身特点的双重影响。各高校基于对高校教师的选、育、用、留，制定配套的岗位管理、人事管理、薪酬体系等系列制度，从而在竞争环境中形成激励和保障机制。在学术力量与市场力量相互结合的作用下，竞争制度和薪酬体系成为高校内部学术劳动力市场的重要组成要素。

（3）基于锦标赛理论的终身教职制度

终身教职制度可以视为一种锦标（tournament）制度。锦标制度是指针对组织内部所有人展开一场"锦标赛"竞争，以绩效为评价标准，按照排名使既定人数晋升到高一层级，以此达到激励教师的目的。在高校范围内开展终身教职制度是为了让所有教师都能参与竞争，以教学绩效或学术论文发表为评价标准，高校教师为了能够拿到终身教职而努力工作，在高校规定的时间内（预聘期），他们只能选择晋升进入长聘通道或自愿离开这两条路，这已经在高校和教师之间形成了一种隐性的约定，无须合同进行约束。学术界认为，该制度已成为西方高校用于激励教师最有效的方式之一。

除了有学术锦标赛式的激励功能，终身教职制度还利用锦标制度实现了两项重要功能：筛选与培养。筛选是指高校可以在教师进入终身轨道前较长的预聘期内，对其进行充分的考察，避免出现"逆淘汰"或"庸人积淀"的现象。培养是指在预聘期内，高校可对部分教师进行资源倾斜，能够实现既"选拔"又"保护"的初衷。但在实际实施过程中，可能出现制度的误用，使原本的正常筛选变成"末位淘汰"，给教师施加的压力过大，成为持续加码的"极端锦标赛"。

（4）终身教职制度在市场机制调控下的外部竞争性

在终身教职制度下的学术劳动力市场会趋于完全竞争的劳动力市场，高校教师的薪酬制度是在市场竞争和调节下形成的。一是外部学术劳动力市场会利用市场定价调节高校和高校教师对于学术价值的认知和定位，还可能对博士生是否进入该行业及进入该行业的起点薪酬价位的认知产生影响。二是优秀人才可以通过议价的形式与高校"讨价还价"。这些确保了高校在市场竞争中的核心竞争力。

二、案例内容

1. 导入视频

照搬美国三流大学的终身教职制度，底层青年能否逆袭？（https://www.bilibili.com/video/BV1h44y1q7pY/？p = 13&vd_source = 6027e0d4a16ea88f2de940969e7a8378）。

2. 案例材料

党的二十大报告明确提出，教育、科技、人才是全面建设社会主义现代化国家的基础性、战略性支撑，同时要建设教育强国，并加快建设高质量教育体系。在这一背景下，为了激励和培养高校教师，我国正积极推进教师聘任制度改革。

我国高校在教师聘任制度上最大的改变是，开始取消事业编制转而实施聘用制。高校取消教师事业编制这一想法实际上已经提出了很多年，但这一涉及万千高校教职人员，意在打破"铁饭碗"、唤醒高校人事制度活力的"史诗级剧变"，在推行过程中困难重重。2003 年左右，北京大学和清华大学曾经推行过类似终身教职制度的人事改革方案，当时有人就将其称为"非升即走"，引发争议。很长一段时间以来，教师聘任制度改革多是高校自己内部进行的且困难重重。直到 2018 年 1 月，中共中央、国务院出台的《关于全面深化新时代教师队伍建设改革的意见》首次提出推行准聘与长聘相结合的聘用方式，以及加强准聘期考核相关的条文，"预聘—长聘"制度才有了实质性的进展。随后越来越多的院校加入"预聘—长聘"制度的队伍中。当前，大部分"双一流"高校都已经实施了"预聘—长聘"制度。可以预见，在不远的将来，我国高校将全面进入"非升即走"的聘用制度时代。高校教师聘用制改革的相关政策文件如表 6-2 所示。

表 6-2　高校教师聘用制度改革的相关政策文件

时间	相关文件	具体条文
1993 年	《中国教育改革和发展纲要》	高校推行聘任制

表6-2(续)

时间	相关文件	具体条文
2000 年	《关于深化高等学校人事制度改革的实施意见》	改革终身制和单位制，在高等学校工作人员中全面推行聘用（聘任）制度
2002 年	《关于在事业单位试行人员聘用制度的意见》	事业单位除按照国家公务员制度进行人事管理的以及转制为企业的以外，都要逐步试行人员聘用制度
2007 年	《关于高等学校岗位设置管理的指导意见》	在确定岗位总量时，应根据核定的教职工编制总量和学校实际工作需要综合确定
2014 年	《事业单位人事管理条例》	学校在聘用新职工时，应积极实行人事代理制度
2018 年	《关于全面深化新时代教师队伍建设改革的意见》	推行准聘与长聘相结合的聘用方式，加强准聘期考核
2019 年	《关于深化本科教育教学改革全面提高人才培养质量的意见》	出台高校教师职称制度改革指导意见，推行高校教师职务聘任制改革，加强聘期考核，准聘和长聘相结合，做到能上能下、能进能出

（资料来源：软科公众号根据新华社、中国政府网和教育部官网综合整理而得）

当前中国高校普遍实行的"预聘—长聘"制度，脱胎于国外大学的终身教职制度（tenure-track）（见图6-5）。在图6-5中，横轴是高校教师在终身教职制度下所经历的三个阶段：试用期考核、终身教职获得及终身教职后评估；纵轴以教师是否有资格申请终身轨为分类依据，包括无法申请终身轨的讲师及有资格申请终身轨的助教、副教授及教授。试用期考核的制度安排面向的主要群体是助理教授。由于部分美国高校只有教授才能获得终身教职（如哈佛大学），因此试用期考核也适用于副教授。同时，正是由于这种终身教职的起点存在差异，因此终身教职获得阶段的制度安排适用于有资格申请终身轨的所有教师类型。但助理教授和副教授与教授相比，还存在职称晋升的压力。最后，高校教师在获得终身教职后，还会有一些涉及评审方式和合约调整相关的制度安排。在评审方式相关的制度安排中，高校为了防止进入终身轨的教师"躺平"，可以自行选择是否进行评审、对部分高校教师进行选择性的评审或对所有高校教师进行定期评审。但其面对的群体主要是处于终身轨的教授，因为助理教授和副教授会为了职称晋升而自发努力。同时，在合约调整的制度安排中，高校与教师之间主要进行短期合约的替代及对终身教职的高薪赎买。

北大大学、清华大学多年来坚持以"预聘—长聘"为主的教师人事制度改革，有效地改善了高校的生态，以较好的资源支持年轻人独立开展研究，产生了一批走向世界前列的自然科学学者，为国家和社会的进步做出了巨大贡献。据统计，大学在实施"预聘—长聘"制度后，高校教师发表论文的数量明显增加。就国际期刊论文发表数量而言，单纯实行"预聘—长聘"制度的大学提高了 26.55%，其中，同时实行"非升即走"制度的大学提高了 103.02%。但聘任制因其动摇了高校教师的"铁饭碗"而备受争议，武汉大学人事部曾表示，转编评审淘汰率超过九成在网络上引起了热议。在一些极端事件中，该制度更是饱受批评。2021 年 6 月 7 日，杨浦区邯郸路某大学发生一起持刀伤人案件，其原因就是某教师因科研任务不达标被解聘，该案件引起了社会的广泛讨论，同时揭开了"预聘—长聘"制度背后残酷的一面。深圳某大学刚被解聘的一名讲师认为，在从预聘转为长聘的评审过程中，不仅需要学术能力，还需要人情关系。他需要不断为学校的一些老教授干杂活、写论文，但发表过 8 篇 SCI 论文的他依旧以一票之差没能留下，面临 36 岁中年事业的危机与被解聘的"污点"。

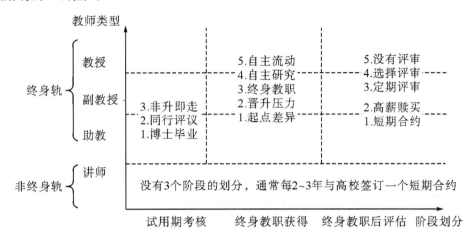

图 6-5　终身教职制度

（资料来源：郑文全. 剩余收益能够间接分享吗?：
基于终身教职制度性质的系统解释［J］. 管理世界，2014（2）：24.）

　　同时，在工资福利待遇方面，各高校探索并建立了与终身教职制度相适应的教授年薪制。年薪制具有较大的不确定性，同时是一种风险与收益并存的薪酬分配制度。这使得高校教师的收入被两极分化，即对于从外部引进的顶尖学者来说，年薪制意味着"一人一议、一事一议"；而对于普通讲师来说，这一薪酬制度意味着"打包万物"，看起来收入可观，但必须完成所有既定的科研指标。但由于资源受限、"僧多粥少"，年薪制使得多数高校教师收入通道变窄，同时承受更大的心理压力。同时，年薪制一般只存在于高校教师首个聘期的 2~3 年内。只有转为长聘后，他们才能够享受相对稳定的薪酬待遇。

　　（案例来源：根据软科公众号《再见了，高校事业编》、青塔人才公众号《年薪制，学问可大了》及新闻晨报等新闻报道整理而得）

三、案例学习目标

　　本案例的学习目标是使学生深入理解锦标制度的作用机制，重点理解锦标制度与资源配置效率之间的关系，并且能够灵活运用所学的理论知识分析在高校终身教职这一具体情境下，极端的锦标制度可能带来的后果。

四、案例讨论题

　　1. 请结合案例思考为什么要取消高校事业编制，转而实行终身教职制度。

　　2. 请结合劳动经济学相关理论和我国高校的现实情况，分析终身教职制度可能带来的正面和负面的影响。

五、案例分析

1. 请结合案例思考为什么要取消高校事业编制，转而实行终身教职制度。

促使高校取消事业编制，实行终身教职制度的原因可以从市场逻辑、国家逻辑和高校管理逻辑等方面进行分析。

（1）从市场的逻辑来看，高校学术劳动力市场供求失衡

根据新古典模型，理想的劳动力市场应该达到完全竞争下的供求均衡状态。高校的事业单位属性使得政府可以参与并干预学术劳动力价格，导致劳动力市场供求失衡，并产生非良性竞争。因此，取消教师事业编制而走向市场聘任制是让学术劳动力市场恢复公平和自由的手段。一直以来，我国的学术劳动力市场都处于一个不完全竞争的状态，政府的过度干预使得教师与高校双方地位并不平等，同时，信息不完全性可能会阻碍高校教师的自由流动。而取消高校教师事业编制改用聘任制后，劳动力价格由市场主导，高校教师能够在学术劳动力市场中自由流动，劳动力市场逐渐恢复完全竞争的理想状态。

（2）从国家的逻辑来看，国家的教育资源具有稀缺性

原有的事业编制使得高校和教师对政府资源形成依赖，导致政府财政投入过大。第一，在未取消高校事业编制前，高校教师都属于体制内员工，因此他们可以稳定地获取国家分配的资源，且他们的所有薪酬福利都由国家和政府决定，导致他们对政府资源过度依赖且不存在危机感。第二，高校教师事业编制的身份，使他们在养老医疗等方面与国家公职人员有相同的福利待遇，这对国家财政来说是一笔不小的支出，对政府形成了隐性的财政负担。总的来说，高校教师如果全部一直是事业编制，其一旦进入体制内就可能缺乏激励，所有财政负担由政府背负，很可能形成"养懒汉"的局面。

（3）从高校管理的逻辑来看，高校对教师的激励不足

根据委托代理理论，在高校中，委托人即高校，它们希望代理人（教师）能够全力以赴地为高校的发展和学术研究贡献力量。然而，在原有事业编制的背景下，由于信息不对称和利益冲突，委托人无法完全监督和控制代理人的行为，这可能会出现激励失效的问题。终身教职制度的引入有助于优化高校内部的委托代理关系。委托人可以更好地通过评价和晋升来激励和约束代理人的行为，从而使教师更加积极主动地投入到学术研究和教学工作中。

2. 请结合劳动经济学相关理论和我国高校的现实情况，分析终身教职制度可能带来的正面和负面的影响。

（1）终身教职制度带来的正面影响

首先，从锦标赛制度所具备的激励功能、筛选功能和培训功能三个方面分析终身教职制度对高校的正面影响：

①激励功能：促进高校整体学术产出。锦标赛理论认为，与晋升相关的因素会影响代理人的积极性。学术论文的质量与数量作为高校与高校之间、教师与教师之间科研水平的衡量因素之一，往往也作为考核教师绩效的形式存在。根据锦标赛制

度，高校内部的所有教师会为了进入长聘轨道而开展"锦标赛"，教学和科研绩效相对较好的教师可以赢得竞争，即拿到终身教职的资格。学术论文的发表直接影响到高校教师的薪酬待遇、学术声誉等个人利益，这种论文与利益捆绑的手段在高校中已经达成了共识，并以此作为获取终身教职资格的核心考核指标。在该制度背景下，教师为了获得终身教职，会自发地积极参与学术课题与撰写学术论文，高校整体的学术产出会得到显著提升。

②筛选功能：降低学术劳动力替换成本。在锦标赛理论的指导下，学术锦标赛具有筛选和选拔人才的功能。在终身教职制度中，高校在教师进入长聘轨道之前，对其拥有较长时间的考察期。为了实现人—组织匹配，使双方达成最大程度的契合，高校会通过考核评价，筛选出与院校未来发展相匹配的优秀教师进入长聘轨道，并淘汰一部分暂时无法进入长聘轨道的教师去转业或进修。同时，长聘轨道将为高校提供稳定的教师队伍，教师长期稳定地工作，有助于高校建立稳定的学术和教学团队，形成长期积累和沉淀，从而提升学术声誉和教学质量。因此，终身教职制度可以使人岗匹配最大化，从而降低学术劳动力替换成本。

③培训功能：培养与高校匹配的教师团队。在学术锦标赛中，锦标赛理论鼓励教师通过参与培训和学习，不断提高自己的技能和知识水平，以在竞争中胜出。为了获得长聘资格，教师会依据长聘轨道的考核评价标准，主动参与各类培训和学术活动，并不断增强自己的专业能力，这有助于保持高校的学术水平和教学质量，形成良性竞争氛围。同时，高校可以根据实际情况对长聘轨道的考核评价标准不断进行调整，以获得与自身更匹配的教师团队。

其次，基于终身教职制度的外部竞争性特征所形成的完全竞争的学术劳动力市场，从市场供给和需求两个角度分析终身教职制度对教师的正面影响：

①市场供给：增加高校教师的流动及其"议价"能力。从市场供给的角度看，终身教职制度使高校教师拥有更强的自主性和议价能力。劳动力市场的供给者是具备理性行为的自由人，终身教职制度使高校和教师成为人力资源市场上的平等签约主体，教师不再被编制约束，能够根据自己的能力在高校中自主流动。取消编制后，高校中全部教职工都会成为聘用合同制员工，这意味着高校在编教职工的"护身符"被打破，回归到了应有的社会公平。高校只能通过提高薪酬福利、增加自身的软硬件实力来参与市场竞争，以抢夺优秀的教师资源。教师也不再是"单位人"，而是可以流动起来的"社会人"。

②市场需求：激励高校教师主动参与竞争。从市场需求的角度看，终身教职制度增加了高校对于优秀人才的需求和竞争。优秀人才在学术劳动力市场中将拥有更强的议价能力，同时对高校的各类资源具有优先争夺权，并在资源分配方面具有一定的话语权。因此，终身教职制度会促使高校教师主动参与长聘轨道的竞争，在竞争中累积人力资本。

（2）终身教职制度可能带来的负面影响

我们主要从错误理解锦标赛制度的激励功能和筛选功能，来分析终身教职制度对高校和教师可能带来的负面影响。

首先，终身教职制度对高校的负面影响包括以下两个方面：

①对激励功能的错误理解：学术"灌水"与学术话语的主体性失落。在学术锦标赛的作用下，部分教师会为了完成学术科研任务的量化指标而变得急功近利：其一是部分教师会放弃产出时间长的研究选题，而去追求与学术热点方向相关的选题，做一些没有太大创新的研究，或者去选择一些自己本不太了解但看起来会有较快回报的选题；其二是部分教师会选择在晋升评价体系中"性价比"较高的期刊上发文，因为国内一些高校对于国际期刊的奖评比国内期刊高，部分教师为了迎合海外学术热点，优先选择在国际期刊上发表学术作品，这使得本土化的学术研究被忽视，导致学术话语的主体性失落。

②对筛选功能的错误理解：非升即走，形成"马太效应"。部分高校错误理解锦标赛理论，把正常的筛选变成"末位淘汰"，使得预聘教师非升即走。同时，在终身教职制度中已经获得长期聘用的教师，在职位晋升和薪资福利方面更具稳固性和优越性。由于在高校中工作的时间较长，这些教师可能积累了更多的学术声望和资源，而且拥有稳定的职位和较高的薪资。相比之下，新进的预聘教师面临相对较低的起薪和职位不稳定的情况，他们需要在竞争中不断证明自己的价值，进而可能导致"马太效应"的出现。这种"马太效应"可能导致优秀教师更加倾向于在稳定的高校中长期工作，而较弱的教师则可能在竞争中被边缘化或选择离开高校。长期以来，优秀教师聚集在少数名校，而其他高校可能面临教师队伍质量不断下降的问题，从而导致教育资源分配不均衡。

其次，终身教职制度对教师的负面影响包括以下两个方面：

①对激励功能的错误对待：工作压力带来的心理健康问题。终身教职制度会导致部分教师工作压力增大、工作倦怠感提升和心理健康问题增加等。部分高校教师特别是青年教师，被强制性地裹挟进入科研产出的竞赛中，牺牲了休闲和家庭生活，身心健康受损，变得越来越焦虑。他们被"非升即走"的恐惧压迫着，始终处于一种疲于奔波而又无所适从的状态中，这种情绪还会在群体中蔓延，形成恶性循环，从而导致诸如案例中描述的极端事件的发生。

②对筛选功能的错误对待：部分高校只重视对教师"进"的管理，而忽视了对教师"出"的保障。对于被终身教职制度淘汰的教师来说，工作的失利打击了他们的自信心，挫伤了他们的工作积极性，同时他们并不想向下做"职业妥协"。对于劳动力市场的需求方来说，这些教师多处于所谓的"超龄"状态，需求方并不会优先考虑这些"超龄"教师。并且，这部分被淘汰的教师履历上留下了"失败"的标签，会给劳动需求方造成他们能力不够的刻板印象，使他们找工作变得更加艰难。

六、拓展训练与前沿文献

1. 拓展训练

请思考终身教职制度在中国学术劳动力市场的优化路径。

2. 前沿文献

[1] 郝天聪，石伟平. 高职院校的科研锦标赛：表现形式、形成机制及改革建

议［J］.高等教育研究，2020，41（11）：66-72.

　　［2］朱军文，马春梅，李燕超.从打破"铁饭碗"到重建"终身制"：研究型大学教师聘用改革的悖论与反思［J］.高等教育研究，2017，38（5）：21-25.

　　［3］朱玉成.高校教师非升即走的制度误用及纠偏［J］.中国高教研究，2021（12）：64-69.

　　［4］李连梅，姜林.中国大学"准聘—长聘"制度的缘起、困境与走向［J］.现代教育管理，2021（7）：105-111.

　　［5］尹木子."预聘—长聘"制度会提升中国大学科研生产力吗?：基于多期双重差分法的政策评估［J］.高教探索，2020（6）：18-27.

　　［6］任羽中，俞蓂，赵颖."预聘—长聘制"对高校科研产出的影响机制与成效分析［J］.国家教育行政学院学报，2020（4）：41-52.

　　［7］朱玉成.高校"预聘—长聘制"改革的风险研判及破解路径［J］.教师教育研究，2021，33（1）：40-44，59.

109

第三节 案例6-3：央企高管的薪酬改革

央企作为国家的重要经济支柱，其高管的薪酬水平一直备受关注。一些央企高管薪酬不合理的现象引发了公众对薪酬差距和分配公平性的质疑。在这一背景下，央企薪酬改革的目标是实现效率和公平的双重平衡。对央企高管"限薪"，可以避免薪酬过高导致资源浪费和道德风险的产生，同时也有助于提升央企内部的公平性和凝聚力。然而，这一政策的实施也可能带来一系列的挑战。因此，我们需要进一步研究央企高管薪酬改革背后所强调的效率和公平的平衡问题，以及薪酬改革所带来的潜在影响，这对于央企薪酬改革的成败至关重要。

一、背景知识

央企高管的薪酬改革是国家优化央企内部劳动力市场的重要尝试。本节的背景知识将重点介绍高管及高管薪酬的概念、央企高管薪酬的特点和薪酬设计的原则，以及高管薪酬改革所涉及的重要理论，为分析薪酬改革对央企内部劳动力市场的影响提供理论支撑。

1. 高管及高管薪酬

《中华人民共和国公司法》将高管，即高级管理人员从狭义上描述为"公司的经理、副经理、财务负责人，上市公司董事会秘书和公司章程规定的其他人员"。从广义上来说，高管除了以上人员，还包括公司董事与监事。

高管薪酬是一种由股东发起的面向高管的薪酬激励，其核心目的是实现企业价值最大化，一般由基本工资、年度奖金、股票期权及其他四个部分组成。其他部分包括长期激励计划、补充退休计划及良好的办公环境等非货币报酬。不同的薪酬结构可以解决不同的利益冲突。

2. 央企高管薪酬的特点和薪酬设计的原则

（1）央企高管的薪酬黏性

央企高管的薪酬黏性，是指高管的薪酬调整相对缓慢和稳定。由于薪酬决策权集中、薪酬周期较长及政策和社会因素的影响，央企高管的薪酬调整通常较为保守。也就是说在一个薪酬周期内，高管的薪酬通常不会因为短期的企业绩效波动而迅速调整。这一特点使高管的薪酬具有稳定性和预期性，使其能够专注于企业的长期经营和稳健发展。然而，这也可能导致高管在短期内缺乏灵活性和激励性。

（2）薪酬设计的公平性和激励性原则

①公平性原则

薪酬设计的公平性原则是确保员工在同等条件下能够获得公平的薪酬待遇，避免出现薪酬的不合理差异。公平的薪酬设计应考虑以下几个方面：首先，内部公平要求在同一组织内，不同岗位和职责的员工应该得到相对公平的薪酬，以反映他们的贡献和表现。其次，外部公平强调企业与同行业竞争对手的薪酬水平应相当，以吸引和留住优秀人才。此外，个体公平是指员工认为自己的薪酬应该与其贡献和成就相匹配，这需要建立透明的薪酬体系和绩效评估机制。

②激励性原则

薪酬设计的激励性原则是通过薪酬体系激励员工积极工作和取得优异表现，从而实现组织的目标。激励性薪酬设计应考虑以下几个方面：首先，绩效奖励是一种常见的激励方式，将员工的薪酬与其绩效直接挂钩，表现优异者可以获得更高的薪酬回报。其次，设定具有挑战性的目标和奖励机制，可以激发员工的工作动力和创造力。此外，提供发展机会和晋升通道，让员工看到通过努力工作，可以获得更好的职业发展和薪酬增长。

3. 与高管薪酬改革相关的理论

（1）效率工资理论

效率工资是指高于劳动生产率或产出水准的薪酬。效率工资理论在最初出现时是用来说明工资的刚性。研究发现，劳动者薪酬水平与厂商的产出效益成正比。厂商通过提供较高的工资可以提高劳动者的劳动效率，进而达到增加自身收益的目的。因此，即使存在劳动力过剩，厂商也不会降薪，并通过维持较高的效率工资，来保持较高的产出效益与收益。该理论指出，向劳动者提供高于劳动市场水准的效率工资，就能够激发他们的工作积极性。当厂商利润最大化时所对应的工资便是效率工资，代表了单位劳动成本的最低工资水平。同时，劳动者的劳动生产率也与薪酬水平呈正相关关系。

（2）委托代理理论

委托代理理论研究的重点是如何通过激励机制和合同设计来解决代理问题，使代理者的行为与委托者的利益保持一致。在双方信息不对称的关系中，委托者难以时刻监视代理者的行为，无法完全制止其产生消极行为。同时，委托者和代理者双方还可能存在目标差异，前者追求的是股东或整个企业的收益最大化，而后者更多是想要获取自身的最大利益，但是委托者的利益获取主要靠代理者对公司的经营管理，如果代理者没有能力给企业带来效益，那么委托者的利益便会受损。

委托者为了提高企业的效益，必须约束代理者的行为，激励其工作积极性，使双方的目标逐步一致。在此情境下，委托代理理论批判了所有权与经营权同一的现象，它认为只有将两者分离，企业的剩余索取权才能被分享给代理者，从而激励他们进行价值创造，使企业更高效地运转。

（3）锦标赛理论

锦标赛理论认为，职位的薪酬增长幅度会影响到处于该职位级别之下的人员的工作积极性，只要升职的结果没有明确，劳动者就有动机为升职而努力工作。

按照锦标赛理论，工资差距被视为高管为了赢得晋升竞争的一项超额报酬。高管升职后得到的超额报酬越多，其他高管也会因此受到激励，进而改善整个企业的绩效。因此，该理论还可以预测薪酬和绩效之间的正向关系。此外，要想达到锦标赛的激励效果，还需两个前置条件：第一，激励对象必须有能力管理企业并创造价值，只有激励对象能够高效地管理企业并使企业创收，才存在晋升的能力。第二，不同职位间的薪酬带宽能够刺激到激励对象。

二、案例内容

1. 导入视频

央企薪酬改革：央企高管降薪正式实施，涉及 72 家央企负责人（http://m.v. qq.com/play.html？cid = &vid = g0015ngijo8&url_from = share&second_share = 0&share_ from = copy）。

2. 案例材料

2003 年，国务院国有资产监督管理委员会（以下简称"国资委"）的设立使得国企高管薪酬制度走向正规化和制度化。国企借此机会纷纷进行股权分置改革，此举为后续高管股权激励做出了铺垫。但在各项制度完善的过程中，国企高管的"天价"薪酬引发了社会舆论。2008 年中国平安高管被曝出年薪 6 000 多万元，成为国家决心规制"天价"薪酬的导火索，并于 2009 年颁布了对国企高管的"限薪令"，包括对其工资的标准、构成和支出方式等多方面进行限制。另外，财政部同期还颁布了几条专门针对金融行业高管薪酬的法规，在绩效薪酬等各个方面都做出了较为严格的规定。2013—2016 年，国企高管薪酬改革在探索中走向了差异化管理的道路，其目的是让薪酬兼具激励和约束双重属性（见表 6-3）。

表 6-3　国企高管薪酬改革历程

年份	政策或法规	重要内容
2013	《关于深化收入分配制度改革的若干意见》	高管薪酬差异化管理
2014	《中央管理企业负责人薪酬制度改革方案》	在高管薪酬分类分级管理的基础上，实施高管薪酬差异化分配方式
2015	《关于深化国有企业改革的指导意见》	明确了从企业类型和市场两方面进行差异化定薪
2016	—	国企高管差异化薪酬分配制度正式开始试点

（资料来源：整合《人民日报》发布的"央企高管，薪酬还高吗"中所列举的政策）

央企作为国企中的代表性企业，走在了高管薪酬改革道路的前列。2016 年 12 月 29 日，国资委向社会各界公布了 111 家央企高管前一年的税前年薪，这一举动有报告改革成果并平息社会舆论的意图。人们发现，央企高管既没有上千万的"天价"薪酬，也没有他们所抱怨的低水平薪酬，其税前年薪普遍集中在 50 万～80 万元。

在这些公布的薪酬中，薪酬差异化改革成果较为明显。央企所在的行业、自身的规模及整体效益不同，其高管的年薪也存在明显的差距。处于金融行业头部的招商局集团高管的年薪达到最高值 120 万元。除此之外，超过百万元年薪的高管共有 15 位，主要来自华润、中国远洋等效益较好且稳定、年薪历来就相对较高的企业。电力、石油和军工三个重要支柱行业的高管，其年薪主要集中在 70 万～80 万元；当时效益较差的钢铁行业的年薪相对较低，包括鞍钢、武钢在内的央企高管的年薪为

40万元左右。

此次对央企高管的年薪从黑箱管理到信息公开，彰显了国资委对"阳光央企"的追求与落实，没有做表面功夫。随着税前年薪一并公开的，还有央企高管们五险一金的缴纳数额及除工资外的其他补贴，公布这些信息是为了打破以福利优待对高管薪酬进行弥补的质疑。同时，国资委还对央企高管兼职兼薪的问题进行了严格的核实和公示，在此次公开的数据中，央企高管都不存在从股东单位或其他关联方领取多份薪酬的情况。

由于此次薪酬数据公开是历史首次，因此没有以往数据作为对比，以全面评估改革效果。但人社部对改革效果进行了初步判断，他们认为改革的效果还是比较显著的，央企高管的薪酬总的来说是有所降低的，部分央企降低幅度较大。同时，高管与普通职员之间的薪酬差距也作为改革效果的衡量指标之一，2002年公布的央企高管的平均薪酬是普通职员平均薪酬的9.85倍，随后一直扩大到2010年的13.39倍，后因国资委管控，薪酬差距稳定在12倍左右。

此次数据公开后，社会上也出现了两种论调。一种观点认为，虽然改革有所成效，央企高管薪酬有所下降，但从公布的数据来看仍然是偏高的，央企高管既然作为国家公职人员，其薪酬就应该按照公务员水准进行发放。另一种观点认为，相比于其他所有制企业高管的薪酬，央企高管的薪酬与其存在明显差距，不具有市场竞争力，这样的薪酬水平能够为央企留住人才，能对高管起到激励作用吗？

（资料来源：根据《人民日报》发布的"央企高管，薪酬还高吗"以及国资委发布的政策整理而得）

三、案例学习目标

本案例的学习目标是使学生深入理解央企薪酬改革中效率和公平的重要性，重点理解效率和公平之间的关系，并且能够灵活运用所学的理论知识分析央企高管薪酬改革可能产生的影响。

四、案例讨论题

1. 为什么要对央企高管进行薪酬改革？
2. 对高管进行"限薪"引起了社会的广泛争议，结合案例和所学理论，谈谈你的观点。

五、案例分析

1. 为什么要对央企高管进行薪酬改革？

政府对央企高管进行薪酬改革，实际上是为了缓解央企公平和效率缺失而引发的矛盾，而央企公平和效率缺失的来源可以从央企的特点、央企高管的特点和央企高管薪酬的特点三个角度进行分析。

（1）部分央企自身对市场的垄断所带来的公平和效率缺失

部分央企对市场资源或行政的垄断，会导致市场竞争的公平缺失，主要表现在部分央企高管可能会利用央企的垄断优势与政府部门在资源获取上进行"讨价还价"。现有的大量央企主要存在于资源或行政垄断性行业中，这些企业的利润主要来源于对市场的垄断。同时，这些企业还获得了高昂的国家补贴收入。这些矛盾导致企业盈利很难从高管努力与市场垄断势力中被区分开来，同时导致央企高管的经营能力和实际付出与收入不能用业绩来匹配。

同时，这种不公平可能带来效率的缺失。非垄断行业中的央企高管与垄断行业中的央企高管，在绩效上可能存在较大差异，这种差异在未来薪酬差距和行政级别上反映出来后，会对非垄断行业中的央企高管造成激励不足，从而带来效率的缺失。

（2）央企高管身份的二重性所带来的公平和效率的缺失

从劳动力市场的角度出发，央企对外部劳动力市场的需求较小，因此对外部劳动力市场缺乏公平性。由于企业性质较为特殊，我国央企的高管少有从外部市场中挑选，大多数都是以政府委派或内部选拔的形式出现，部分甚至是从政府工作人员转变为央企高管的。这样在一定程度上可以保证央企高管同时兼顾社会责任与企业经营责任。

当然，这种公平的缺失也将带来效率的缺失。央企高管身份的二重性使得被任命的央企高管不能像市场中其他所有制企业一样，只以经济效益为唯一指标，因此他们无法在央企中投入全部的劳动供给，还需要为自身行政职位的晋升做出努力。这在一定程度上也说明，央企高管的薪酬无法完全依据市场的薪酬水平而定。

（3）央企高管的薪酬黏性所带来的公平和效率缺失

央企高管的薪酬黏性与市场中其他所有制企业的高管相比并不公平。根据央企高管薪酬黏性的特点，在一个薪酬周期内，高管的薪酬通常不会因为短期的企业绩效波动而迅速调整。这意味着不管工作成果如何，央企高管不会因此受到及时的惩罚或奖励，即在当下的薪酬周期内，他们不用担心绩效下降所带来的损失，也不必承担投资失败的风险。但是到下一个薪酬周期，若央企的绩效上升，则他们的薪酬福利也会增加。在此情形下，作为理性经济人，他们可能会做出冒险投资的决策，以高风险、高收益的项目投资获取自身利益的最大化，这也是央企所面临的投资效率低的现状。

同时，央企中的信息不对称会加重这种效率缺失问题。根据委托代理理论，在央企中，高管作为代理人代表公司所有者（委托人）管理企业，但由于信息不对称的存在，高管可能了解更多的公司内部信息，而委托人则难以完全了解高管的实际表现。同时，由于央企的产权不是私人所有，而是属于国家即全体公民所有，这使得我国央企进一步存在三层复杂的委托代理关系。第一层委托代理关系是公民与国家的原始委托，即公民是委托人，国家是代理人；第二层委托代理关系是国家与国资委的委托，即国家由代理人变为委托人，国资委成为代理人；第三层委托代理关系是国资委与企业高管的委托，即国资委由代理人变为委托人，国企高管成为代理人。在这种复杂的委托代理关系中，国资委作为最重要的存在，处于一个较为尴尬的境地，他们兼具对高管进行选拔、任命和监督的责任，但他们并没有获取央企的剩余索取权，央企的总体效益与他们的激励措施也没有较强的关联性，所以他们对央企高管监督的激励动机不足。

2. 对高管进行"限薪"引起了社会的广泛争议，结合案例和所学理论，谈谈你的观点。

对高管进行"限薪"有一定的积极作用，但是作用有限，同时也产生了一些消极影响。

（1）积极作用

对央企高管进行"限薪"的积极作用体现在：缩小了委托人与代理人之间的目标差距，以及缩小了薪酬差距。

①缩小了委托人与代理人之间的目标差距

根据委托代理理论，央企所有者和高管之间因为存在公民—国家、国家—国资委、国资委—央企高管三层委托代理关系，所以双方不存在较为完善的契约。虽然央企高管多为内部选拔或政府委派，降低了委托者和代理者目标不一致的风险，但在多层委托代理关系中，仍会存在信息不对称的问题，部分高管仍有追求自身利益最大化的动机。同时，通过完善双方的代理契约，将央企高管的薪酬与央企的绩效挂钩，如此才能使多层委托代理关系中的所有委托人和代理人的目标趋于一致。对央企高管"限薪"并不是一刀切式的限制，而是减少高管无理由的高薪，将其年薪与绩效、与普通职员的薪酬挂钩，从而达到全员激励的目的。

②缩小了薪酬差距

"限薪"不光缩小了高管与普通员工之间的薪酬差距（内部公平的体现），还缩小了不同央企高管之间的薪酬差距（外部公平的体现）。首先，在实现国家意志，满足全民利益的权力属性上，央企高管和公务员的职责和担当是相同的。因此，央企高管的薪酬参照公务员的工资标准进行制定，不是一种"限薪"或"减薪"的行为，而是将其纳入国家雇员的统一薪酬标准，以走出政企不分、政资不分造成的模糊地带。其次，"限薪"缩小了不同行业的央企高管之间的薪酬差距。从案例中也可以看出，企业所处的环境、技术特征、所有权结构、董事会的构成等因素，都会对央企高管的薪酬水平和结构产生重要影响。有针对性地"限薪"可以平均这些高管的薪酬，在一定程度上实现外部公平性。

（2）消极作用

①逆市场化

政府参与薪酬管制在理论层面可能偏离市场化的改革方向。从劳动力市场供求角度看，优秀的高级管理人员本就是市场中的稀缺资源，需求远大于供给，市场高管的高薪资也从侧面印证了这一说法。如果央企完全不利用市场揽才，内部高管会与外部高管进行薪酬比较，导致内部人才流失；如果央企需要在劳动力市场中竞选高管，那么在"限薪"背景下，央企高管的薪酬必然低于市场均衡水平，因此很难招揽到人才；而如果按市场水平招揽外部劳动力市场中的高管，随之而来的薪酬倒挂现象也会不利于央企的管理。从效率工资理论来看，与绩效没有关联且低于市场均衡水平的薪酬，无法达到激励高管的目的。此时，央企高管更可能产生偷懒的行为，从而使得绩效年薪、任期激励收入等在内的薪酬安排无法发挥其促使高管为公司利益最大化而努力的作用。

②对普通员工的激励缺失

依据锦标赛理论，职级越往上，不同职级间的薪酬差距越大，激励效果就越好。对央企高管进行"限薪"，缩小了其与普通员工的薪酬差距，普通员工虽然有较好的公平感知，但是对他们的激励可能也会降低。如果薪酬差距过小，员工的薪酬满意度也会下降，容易产生"躺平"的心态，导致其工作积极性降低，且有损整个企业的凝聚力，最终降低企业绩效。

③对企业高管的激励缺失

对央企高管进行"限薪"，虽然使得央企高管的薪酬收入开始回归到其作为国家公务人员的标准，但是又偏离了其作为企业高管的期望。对于处于非垄断行业的央企来说，它们不仅要兼顾社会责任，还必须与同行业其他企业争夺市场份额。这些企业的发展主要依靠高管自身的优秀管理能力，因此他们的薪酬应该与处于垄断或政府扶持行业的央企高管进行区分。如果完全一刀切式地进行"限薪"，在长期很可能会导致国有企业人才流失。因此，有关部门在制定政策时，可以依据企业所在行业的具体情况进行针对性的调整。

六、拓展训练与前沿文献

1. 拓展训练

将我国央企高管薪酬制度与其他国家的高管薪酬制度进行比较，并针对现有的央企高管的薪酬改革制度提出一些改进意见。

2. 前沿文献

［1］张昭，马草原，杨耀武. 薪酬管制会抑制企业高管的超额薪酬吗?：基于2015 年"限薪令"的准自然实验［J］. 当代经济科学，2021，43（5）：114-127.

［2］邵剑兵，刁金红. 薪酬管制是否抑制了国有企业创新?［J］. 经济与管理评论，2020，36（5）：42-55.

［3］王靖宇，刘红霞. 央企高管薪酬激励、激励兼容与企业创新：基于薪酬管制的准自然实验［J］. 改革，2020（2）：138-148.

［4］鄢伟波，邓晓兰. 国有企业高管薪酬管制效应研究：对高管四类反应的实证检验［J］. 经济管理，2018，40（7）：56-71.

［5］李钰，王平. 高管降薪政策是否影响国有企业创新：基于 A 股上市公司数据的实证研究［J］. 经济理论与经济管理，2022，42（1）：86-99.

［6］张宏亮，王靖宇. 薪酬管制、激励溢出与国企社会成本：一项准自然实验［J］. 中国软科学，2018（8）：117-124.

第七章
劳动力市场歧视

　　《"十四五"就业促进规划》中提到，要畅通劳动力和人才社会性流动的渠道，建立劳动者平等参与市场竞争的就业机制，逐步消除影响平等就业的不合理限制或就业歧视。在劳动力市场中，工作特征和劳动力技能等差异，会导致不同劳动力群体（如男性、女性）之间的工资出现差异。但来自劳动力市场的经验研究发现，即使在从事相同工作、有着相同技能和其他工作特征的劳动者中，性别、种族等特征也会引起不同劳动力群体的工资收入和就业机会存在差异。在这种情况下，劳动者因与工作特征和工作效率无关的因素，而在劳动力市场上受到差别待遇，通常被视为劳动力市场歧视。劳动力市场歧视的存在带来了就业机会、职业发展机会、工资收入等的不平等，导致不同劳动力群体之间的收入差距增大，不利于平等就业的实现。本章从我国劳动力市场中存在的三种典型歧视（性别歧视、年龄歧视、户籍歧视）出发，以三个案例分别讨论我国劳动力市场的这三种歧视。第一个案例是"女大学生毕业求职的性别歧视"，讨论性别歧视的表现形式及其成因。第二个案例是"职场的'35岁天花板'"，讨论年龄歧视的成因及其对我国劳动力市场的影响。第三个案例是"全国首例户籍就业歧视案"，讨论户籍歧视的形成和演变历程，及其带来的影响。

第一节　案例7-1：女大学生毕业求职的性别歧视

　　性别歧视是劳动力市场歧视的常见类型，反映在劳动者就业的各个环节中，如简历筛选、职业晋升、工资水平等，是性别工资差距的重要解释因素，受到了国内外学者的广泛关注。学术界普遍从三个理论视角解释劳动力市场歧视的成因，分别为个人偏见模型、统计性歧视模型和非竞争性歧视模型，后文将从这三个理论视角对性别歧视及其余两种劳动力市场歧视类型进行分析。

一、背景知识

　　性别歧视表现在劳动者的整个就业过程中。本节我们将以性别歧视为例，对劳动力市场歧视的表现形式、判断依据及歧视的相关理论进行介绍，以为下文的案例分析奠定理论基础。

117

1. 劳动力市场歧视的定义

劳动力市场歧视，是指拥有同样生产力特征的劳动者，由于所属的群体特征（如性别、年龄、民族、残疾、地域等）不同，在职业获得、工资收入或劳动条件等方面没有得到平等对待。劳动力市场歧视可分为两大类：前市场歧视和后市场歧视。其中，前市场歧视发生在劳动者进入劳动力市场之前，比如部分女性无法获得与男性同等的受教育机会，从而导致男性和女性在进入劳动力市场时的生产力特征存在群体差异；后市场歧视发生在进入劳动力市场之后，劳动者因为群体特征不同而受到差别对待。

根据歧视的内容分类，后市场歧视可划分为工资歧视和职业歧视。就性别特征而言，工资歧视是指承担同样或类似的工作，女性获得的工资收入低于男性，可通过女性和男性的教育回报率是否存在差异来判断是否存在工资歧视。职业歧视更加隐蔽，它是指相对于男性，具有同样生产力潜力的女性可能被市场排斥，而进入低收入行业或职位层级较低的工作岗位。其中，根据歧视发生的阶段不同，职业歧视也可继续划分为雇佣歧视和职位晋升歧视。在劳动力市场入口阶段，有些职业会限制某个群体或倾向于优先招聘另一个群体，这样就会形成招聘阶段的雇佣歧视。进入劳动力市场之后，即使在同一职业，相对于一个群体，另一个群体初始的职位层级较低和（或）晋升机会较少，形成了职业发展的"天花板"，这就形成了职位晋升歧视。在当下的劳动力市场中，不同群体（如男性和女性）的职业分布存在差异，形成了劳动力市场中的职业隔离现象。如果群体的职业选择受到直接的限制，此时形成的职业隔离可成为判断劳动力市场存在职业歧视的依据。图 7-1 展示了劳动力市场歧视的表现形式。

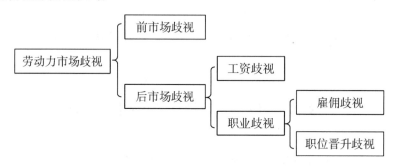

图 7-1　劳动力市场歧视的表现形式

2. 劳动力市场歧视的理论分析

学术界一般有以下三类歧视模型对劳动力市场歧视的成因进行解释：

第一类是个人偏见模型。Becker 在《歧视经济学》中提出的分析框架，引领了之后的学者在经济学中对歧视的研究。Becker 认为，劳动力市场中任何参与方都可能产生偏见，歧视偏好导致完全竞争市场机制出现扭曲[①]。个人偏见模型假设，雇主、顾客或雇员存在"歧视偏好"，他们不喜欢与某个群体的人打交道，并为此宁

① BECKER G S. The economics of discrimination [M]. Chicago：University of Chicago Press, 1971.

愿承担一定的费用。同时，假设在劳动力市场中单个厂商是工资的接受者，即劳动力市场是竞争性市场，这类歧视发生的主要动机为非经济动机。个人偏见模型一共有三种表现形式。第一种为雇主歧视，主要表现为雇主无论何时都不愿意雇佣一些求职者。在竞争市场上，歧视性雇主为了自己的偏见会放弃一部分利润，以追求效用最大化，因此雇主歧视一般出现在具有一定程度的垄断力量的企业中。第二种为雇员歧视，主要表现为企业中占优势地位的雇员不喜欢与让自己"身心不悦"的成员打交道。对于没有歧视偏好并且追求利润最大化的雇主来说，雇员歧视可能会导致职业隔离和工资歧视。第三种为顾客歧视，主要表现为在一些场合下，顾客可能偏好让某类雇员来提供服务，而在某些场合下则偏好让另一类雇员提供服务。

　　第二类是统计性歧视模型。在完全竞争的理论框架下，无歧视偏好的雇主最终将获得最大利润并拓宽其市场，歧视偏好雇主退出市场。由于劳动力市场中的种族和性别歧视长期持续存在，Arrow 对完全竞争市场下的个人偏见模型提出质疑，并最早提出了统计性歧视模型①。统计性歧视的产生并不基于对不同群体（如男性和女性）的歧视或偏见，而是在信息不完全对称的情况下，依据群体特征或对特定群体的刻板印象导致的不平等。通常情况下，获取个人生产率的信息较为困难并且成本较高，当理性的雇主无法获得所需的全部信息，而用群体特征信息来对个人的个体特征进行估计时，具有相同生产率的个体即使在各个方面都具有相同的可观测特征，也会因群体特征差异而受到不同的对待。同一群体中的每一个成员之间的相似性越低，则运用群体信息所带来的成本就越高，即雇主可能拒绝了生产率高的求职者，而接受了低生产率的求职者，导致企业的利润降低。随着相关人口群体内部不可衡量的差别越来越大，性别或区域等群体信息被使用的可能性就会越来越小，统计性歧视也就会随之消失。

　　第三类是非竞争性歧视模型。该模型的基本假设为，单个厂商对他们支付给工人的工资是具有某种影响力的，如买方独家垄断行为。非竞争性歧视模型一共有三种表现形式。第一种是拥挤效应，认为职业隔离是故意降低某些行业的工资而采取的拥挤政策造成的。第二种是二元劳动力市场，认为劳动力市场有两大非竞争性部门，即主要部门和从属部门，且两大部门间的流动性非常有限，主要部门的劳动者将获得更高的工资报酬、更好的就业机会，而从属部门的劳动者则获得较低的工资报酬、较差的就业机会。第三种是搜寻成本和买方垄断，认为女性、外来劳动力很难在市场上找到最大限度利用其能力的雇主，因此与男性等优势就业群体相较而言，即使具有相同的生产率特征，女性、外来劳动力等劣势就业群体的工资较少②。

二、案例内容

1. 导入视频

　　说说招聘性别歧视的那些事业（https://v.qq.com/x/cover/kjulfw4p24ka62x/w00237dw6kc.html）。

①　ARROW K J. Somemodels of racial discrimination in the labor market［J］. Rand Corporation，1971（12）.
②　曾湘泉. 劳动经济学［M］. 上海：复旦大学出版社，2019.

2. 案例材料

在讨论职场问题时，性别歧视是一个绕不开的话题，女性可能因为生育、家庭责任等各种原因，不能同男性一样获取同等的就业权利。随着我国高校的扩招，每年毕业大学生的人数都在增加，应届大学生逐渐成为每年新进入劳动力市场的主要人群，而对于女大学生来说，毕业求职的第一道关卡可能就是性别歧视。

2018 年中国青年报社社会调查中心联合问卷网，对 2 006 名受访者进行的一项调查显示，47%的受访者表示大学生在求职时遭受了性别歧视。针对该问题，中国政法大学商学院教授、中国政法大学人力资源开发与管理研究中心主任王霆提到，很多企业希望招聘更多的男生，甚至为了招到男生而提高薪酬水平，女性大学生在求职机会获取以及工资水平上都与男性存在差异①。葛玉好等运用实验经济学的方法发现，在简历相同的情况下，男性大学生收到面试通知的次数比女性大学生高42%，这表明女大学生在求职过程中遭遇了性别歧视②。谭趁尤和刘静姿通过问卷调查得出，在就业过程中男生受到性别歧视的概率为 20%，而女生的概率为 80%，远高于男生。同时，受访的女大学生中有 60%以上在招聘中受到过性别歧视，很多用人单位只录取或优先录取男生③。

在后疫情时代，经济增长速度放缓，大学生找工作更加困难，而由于职场中性别歧视问题的存在，女大学生找工作更是难上加难。智联招聘平台发布的《2020 年秋季大学生就业报告》指出，24.6%的受访企业表示更倾向于招聘男性。智联招聘平台发布的 2021—2023 年的"大学生就业力调研报告"显示（见图 7-2），男性相对于女性获得了更多的 offer，签约比例更高，间接反映了男性大学生的就业机会较女性大学生的就业机会更多。

同时，在《2021 年大学生就业力调研报告》中可以看到，应届毕业生签约的岗位类型体现出明显的性别差异，如图 7-3 所示，女性在就业结构上偏离核心岗位。男性签约的岗位集中于技术与研发，而女性签约的岗位集中于技术、财务/审计/税务、人力资源以及运营。而在技术岗位中，男性的签约占比为 37.0%，几乎较女性（占比为 18.6%）高出一倍。

---

① 中国青年报. 求职大学生最常见就业歧视 ［EB/OL］. (2018-11-15) ［2023-05-15］. http://zqb.cyol.com/html/2018-11/15/nw.D110000zgqnb_20181115_3-05. htm.

② 葛玉好, 邓佳盟, 张帅. 大学生就业存在性别歧视吗?：基于虚拟配对简历的方法 ［J］. 经济学（季刊）, 2018, 17（4）：1289-1304.

③ 谭趁尤, 刘静姿. 高校女大学生就业中性别隐性歧视探析 ［J］. 高教论坛, 2019（3）：103-106.

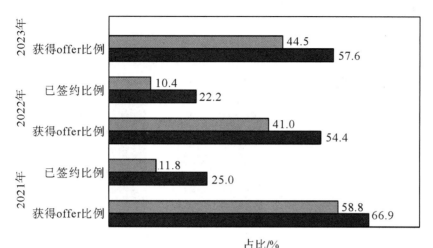

图 7-2 2021—2023 年男性与女性获得 offer 比例及签约比例情况

（注：①数据来源：智联招聘；②由于《2023 年大学生就业力调研报告》中未报
告已签约信息，故表中未显示 2023 年的已签约比例。）

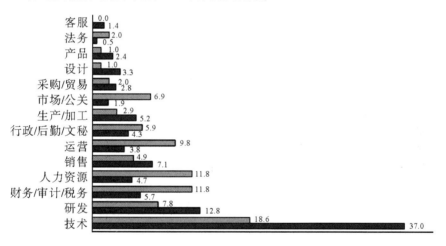

图 7-3 男性与女性应届毕业生签约岗位情况

（数据来源：智联招聘）

从《2023 年大学生就业力调研报告》中可以看到，男性求职进展好于女性，且
差距随着受教育程度的提高而增加，如图 7-4 所示。随着受教育程度的提高，男性
与女性获得 offer 的比例差距越来越大，差距分别为 1.8、14.9、21.2 个百分点。可
见男性的教育回报率明显大于女性，且随着受教育程度的提高，回报率差距越明显。

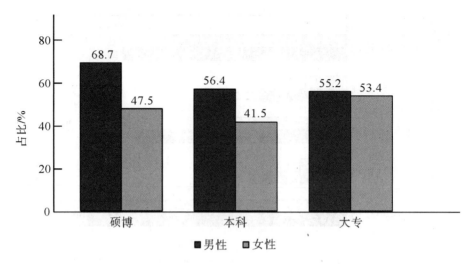

图 7-4　不同受教育程度的男性和女性毕业生获得 offer 的情况

（数据来源：智联招聘）

除了智联招聘平台的统计数据，网络上关于性别歧视的案例也不胜枚举。如 2020 年 11 月，江西省抚州市某区公开招聘综合岗、管理岗等 20 个岗位，且每个岗位的招聘要求都有"只限男性"的字眼，这引起了网友对于招聘中是否存在性别歧视的质疑。针对该事件，该区党群工作部回应称，招聘条件的设置充分考虑了岗位的工作强度大、工作环境艰苦等因素，且参考了国考、省考的做法，因此才设置了只限男性的条件。某大型国企 HR 负责人在接受采访时谈到，由于男性和女性抗压能力等生理上的差别，在招聘技术类等工作强度大的岗位时，HR 在大多数情况下会首先放弃女性的简历，即使女性也可以胜任一些工作[①]。

小钟是一位痴迷于技术的工科姑娘，想进入军工企业一展抱负。临近毕业，小钟信心满满地向心仪的单位投递了简历，由于粗心，她忘记了在简历上标注性别。就这样，未写明性别的简历被很多单位选中，邀约小钟参加面试。但在各个面试现场，面试官们不约而同地对小钟的性别表露出惊讶态度，并都以工作强度大、工作不适合女生等理由婉拒了小钟。小钟很不理解，性别对于这份工作真的那么重要吗？无独有偶，作为机械设计专业毕业的女大学生，小陈在找工作时也碰到了性别这道"门槛"，无论她的成绩多么优秀、实践经历多么丰富，在面试时依然会被面试官询问婚育打算，甚至在一些单位的薪酬待遇会比男性低一个档次。经过几轮面试之后，小陈深刻认识到，很多企业始终都认为男性力气足、能吃苦，对女性抱有不少偏见[②]。

（案例来源：根据《中国青年报》、智联招聘平台、腾讯网的相关数据或报道等资料整理而得）

---

① 中国青年报."仅招男性"，女性的就业门槛为何降不下来[EB/OL].（2021-02-19）[2023-05-15].http://zqb.cyol.com/html/2021/02/19/nw.D110000zgqnb_20210219_1-08.htm.

② 邱瑜敏.委屈的工科女孩：她们会焊电路能做锤子，却得不到心动 offer[EB/OL].（2021-12-10）[2023-05-15]. https://new.qq.com/omn/20211210/20211210A034ZW00.html.

三、案例学习目标

本案例的学习目标是让学生深刻理解劳动力市场中的性别歧视现象，并能够运用劳动经济学理论知识对性别歧视现象进行分析。

四、案例讨论题

1. 请谈谈案例中的性别歧视表现在哪些方面。

2. 请结合劳动力市场歧视的相关理论和实际，分析以上案例中性别歧视出现的原因。

五、案例分析

1. 请谈谈案例中女大学生遭受的性别歧视表现在哪些方面。

劳动力市场歧视是指拥有同样生产力特征的劳动者，在职业获得、工资收入或劳动条件等方面没有得到平等对待。性别歧视是劳动力市场歧视的一种分类，由于男性和女性的生理差异，劳动力市场上会出现歧视女性劳动力的现象。从整体来看，案例中女大学生遭受的性别歧视表现为雇佣歧视、职位晋升歧视和工资歧视。具体论证如下：

（1）案例中女大学生遭受了雇佣歧视

雇佣歧视（或就业歧视）是指在招聘过程中，企业限制某个群体或者优先招聘另一个群体的现象。案例中提到，单位在招聘广告中标明"男性优先"等字眼，如江西省抚州市某区公开招聘的20个岗位中，均标注了只招男性求职者。除在招聘中写明优先考虑男性之外，为了避免法律纠纷，更多的企业对女性求职者进行较为隐蔽的性别歧视，如在简历筛选阶段直接淘汰女性求职者，或是在面试过程中询问女性求职者的恋爱、婚育计划等问题。在案例中，研究者通过投递内容相同但性别不同的简历发现，男性大学生收到面试通知的次数比女性大学生高42%。无独有偶，智联招聘在2021—2023年发布的"大学生就业力调研报告"显示，男性比女性能得到更多的面试机会。《2020年秋季大学生就业报告》指出，24.6%的受访企业表示更倾向于招聘男性。这些材料都体现出企业在招聘中更倾向于招聘男大学生。此外，本案例的主人公之一——工科女生小钟，其未写明性别的简历被很多单位选中，但却在面试中因为性别原因被面试官质疑。由此可见，对于女大学生的性别歧视渗透到了招聘中的各个环节。

（2）案例中女大学生遭受了职位晋升歧视

相较于雇佣歧视，职位晋升歧视更为隐蔽。职位晋升歧视是指进入劳动力市场之后，对于初始职位，女性相比于男性的职位层级较低和（或）晋升机会较少。在本案例中，《2021年大学生就业力调研报告》显示，在技术、研发等核心岗位上，男性签约的比例均高于女性，这表明女性在就业岗位上偏离了核心岗位。案例中的主人公之一——小陈以及很多工科女生的遭遇也表明，女大学生很难进入劳动力市场中的核心岗位，即使顺利入职，也可能在薪酬待遇方面与男大学生存在差距。这些都表明了用人单位在职位安排上对男性和女性毕业生的性别歧视。

（3）案例中女大学生可能遭受了工资歧视

工资歧视即对于两个群体的生产率特征的支付价格存在系统性差异。案例中提到了工科女生同男生相比，薪酬待遇存在差别，如果在男生和女生的生产率相同的情况下，这就可能导致性别歧视中的工资歧视。

2. 请结合劳动力市场歧视的相关理论和实际，分析以上案例中性别歧视出现的原因。

结合前文关于劳动力市场歧视理论的介绍，本案例中性别歧视出现的原因可以从三个角度进行分析：一是个人偏见模型，二是统计性歧视模型，三是非竞争性歧视模型。

（1）女大学生求职的性别歧视是雇主、作为同事的雇员或顾客的性别偏见造成的

本案例中三类性别歧视的表现可以通过个人偏见模型得到解释。个人偏见模型指出，对于有歧视性偏好的雇主来说，只有当女性劳动力的成本（工资）低于男性劳动力时，雇主才会雇佣女性劳动力，其中男性和女性雇员之间的工资差距反映了雇主对女性的偏见程度，且女性劳动力的雇佣数量会少于男性劳动力。对于有歧视性偏好的优势雇员来说，与女性一起工作时，其需要雇主支付额外的工资补偿，这就直接导致了男女性的薪酬差距，也可能使得雇主减少对女性的雇佣，形成职业隔离现象。对于有歧视性偏好的顾客来说，在某些场合顾客可能更偏好于男性劳动力，比如医生、驾驶员等，而在某些场合更偏好于女性劳动力，比如空姐等。由于顾客的偏见，相比于非歧视性顾客，雇主会对歧视性顾客收取更高的服务价格，同时向受到偏好的雇员支付更高的工资；而对未受到偏好的雇员来说，他们对于企业的价值较低，要成为这类企业的员工，要么接受较低的工资，要么拥有更高的劳动生产效率，以提高自己的价值。因此，在顾客偏好男性雇员的行业中，女性求职者就可能受到案例中的性别歧视。

（2）女大学生求职的性别歧视是劳动力市场的信息不对称造成的

根据统计性歧视模型，当雇主无法通过已有的指标对单个女性求职者的实际生产率进行判断时，就会借助女性群体的特征进行辅助判断，并进行雇佣决策，常带有刻板印象。雇主可能会考虑的因素主要有两个方面：一是生理结构的差异以及传统观念的影响，相较于男性，女性承担了更多的生育责任，会因为生育等问题比较频繁地出入职场，职业的稳定性不如男性高，同时法律保障了女性休产假等生育权利，在女性休产假期间，单位需要补充劳动力成本以顶替空缺的职位，女性的雇佣成本较男性而言更高；二是女性的体力、耐力、抗压能力等身体素质较男性而言较弱，在一定程度上会影响女性的劳动生产率。雇主从这些群体性特征判断单个女性实际的劳动生产率可能比男性低，因此在招聘时更愿意雇佣男性，从而对女性劳动力表现出歧视的行为，如案例中提到"在招聘技术类等工作强度大的岗位时，HR在大多数情况下会首先放弃女性的简历"，这源于对女性体力的刻板印象。

（3）女大学生求职的性别歧视是由于劳动力市场中存在非竞争性力量

根据拥挤效应和二元劳动力市场模型，劳动力市场上存在主要部门（或拥挤部

门）和从属部门（或非拥挤部门）。在主要部门中，劳动者有较高的工资、较好的就业环境、稳定的就业等，而从属部门的工资较低、就业不稳定等。由于女性的就业主要集中在从属部门，因此拥有较低的工资和较不稳定的就业；男性则主要集中在主要部门，工资较高，就业较稳定。根据搜寻成本和买方垄断模型，劳动力市场上的所有大学生求职者都有搜寻工作的成本，在雇主、雇员和顾客都不存在偏见的情况下，雇主会愿意雇佣女性劳动力，而任何情况下雇主都不会拒绝男性劳动力。为了获得同男性一样的就业机会，女大学生会花更长的时间搜寻工作，其搜寻成本高于男性大学生，从而容易导致买方垄断行为。即使女性与男性的生产率相同，相比于搜寻成本较低的男性劳动力来说，女性劳动力所获得的工资更低。因此，即使女性与男性同时被同一家公司雇佣，女性也会被分配到工资较低的岗位上，且女性不太容易搜索到与自己能力更匹配的岗位，也不太可能更换到工资同男性一样的岗位上。

由非竞争性歧视模型可知，雇主给予男大学生的工作机会大于女大学生，比如面试机会等，从而形成了大学生就业求职中的雇佣歧视和职位晋升歧视。由于劳动力市场中自然存在的顾客偏好等因素，女大学生的工作搜寻成本高于男大学生，搜寻成本的存在又引发了雇主的买方垄断行为，使得劳动力市场中的女大学生被"挤入"工资较低的工作中。而由于工资低被打上"不稳定""工作效率低"等标签，在就业求职中常会受到性别歧视。

六、拓展训练与前沿文献

1. 拓展训练
请思考如何才能减少劳动力市场中的性别歧视问题。

2. 前沿文献

［1］罗楚亮，滕阳川，李利英. 行业结构、性别歧视与性别工资差距［J］. 管理世界，2019，35（8）：58-68.

［2］ASHFAQ S, AWAN M S, SHAH F N. Gender inequality and factors affecting women participation in labour market: A case of pakistan［J］. Journal of Academic Research for Humanities, 2023, 3（1）: 253-261.

［3］BIRKELUND G E, LANCEE B, LARSEN E N, et al. Gender discrimination in hiring: evidence from a cross-national harmonized field experiment［J］. European Sociological Review, 2022, 38（3）: 337-354.

［4］BILAN Y, MISHCHUK H, SAMOLIUK N, et al. Gender discrimination and its links with compensations and benefits practices in enterprises［J］. Entrepreneurial Business& Economics Review, 2020, 8（3）.

［5］FOLKE O, RICKNE J. Sexual harassment and gender inequality in the labor market［J］. The Quarterly Journal of Economics, 2022, 137（4）: 2163-2212.

［6］KUHN P, SHEN K. What happens when employers can no longer discriminate in job ads?［J］. American Economic Review, 2023, 113（4）: 1013-1048.

第二节 案例 7-2：职场的"35 岁天花板"

近年来，随着经济与社会的不断发展，我国生育率逐年降低。2022 年，全国人口出现近 61 年来的首次负增长，预期劳动力人口将逐年减少，我国的人口红利正逐渐消失。而劳动力市场上存在的"35 岁天花板"现象，造成了劳动力资源的浪费。为何劳动力市场中劳动力资源供给不足与劳动力资源浪费并存？要回答这个问题，我们需要对我国劳动力市场的年龄歧视的来源与影响进行深入分析。本节将重点探讨我国劳动力市场歧视中的第二个典型现象——年龄歧视的定义、成因及影响。

一、背景知识

为进一步认识我国劳动力市场中以"35 岁"为标志的年龄歧视现象，本节重点梳理了年龄歧视的定义及其对经济与社会带来的影响，并从理论视角分析年龄歧视的成因，以为后文进一步的案例分析奠定基础。

1. 年龄歧视的定义

劳动力市场中的年龄歧视，是指在拥有同样生产力特征的情况下，劳动者因为年龄原因而在职业获得、工资收入或劳动条件等方面受到差别对待。徐伟宏等指出，年龄歧视一般表现为，在招聘时以年龄为限制拒绝某些求职者，或将特定年龄段的求职者安排到工作环境较差、报酬待遇较低的岗位，或依照设定的年龄标准解雇某类雇员等[1]。

2. 年龄歧视的成因及其影响

根据上述的劳动力市场歧视理论，一般可以从以下角度分析年龄歧视产生的原因：一是个人的歧视性偏好导致的年龄歧视。当雇主对年龄较大的雇员存在偏见时，他会避免同这类雇员打交道，即使会损失一部分经济利益，他们也只会聘用年轻雇员；当作为同事的雇员不喜欢同年龄超过 35 岁的劳动者成为同事时，精明的雇主为了公司的利润最大化，会选择不雇佣或是减少雇佣 35 岁以上的求职者；当某种情况下顾客存在年龄偏好时，雇主会迎合顾客的需求，减少甚至不聘用年龄大于 35 岁的求职者。二是信息不完全对称导致的年龄歧视。在 35 岁以后，随着年龄的增长，人的创造思维、精力、体力等会逐渐下降，学习新知识的意愿较弱[2]。在这样的自然规律下，雇主在判断是否雇佣或晋升 35 岁以上的劳动力时，可能会认为这类雇员的实际生产率比不上年龄小于 35 岁的劳动力，因此会做出不聘用或是不继续培养年龄较大的劳动力的决策，甚至会做出解雇的决策。三是企业的某种垄断力量导致的年龄歧视。在劳动力市场中，年龄大于 35 岁的劳动力由于自身生理情况而容易被划入拥挤部门或从属部门，被打上"不受欢迎""不稳定"的标签，工资报酬、劳动条件等都比较差；而年龄小于 35 岁的劳动力属于非拥挤部门或主要部门，拥有较高

---

① 徐伟宏，金杨华，赖普清. 劳动经济学案例 [M]. 浙江：浙江大学出版社，2006.
② 王维砚. 职场"年龄焦虑"，你感受到了吗？[J]. 中国工人，2022（1）：34-35.

的工资、较好的就业机会等。

结合我国当前的国情，劳动力市场的年龄歧视若不加以干预，将会对我国的经济与社会发展产生不利影响。当前，我国的人口老龄化进程不断加快，且人口出生率逐渐降低，老龄少子时代已到来，人口红利正逐渐消失。同时，由于我国高等教育的快速发展，年轻人受教育周期不断延长，进入劳动力市场的时间越来越晚，距离职场的年龄红线"35岁"越来越近。在存在年龄歧视的劳动力市场中，"35岁"意味着劳动者可能会面临降薪、被解雇、难以再寻找到合适的工作等问题。这种以"35岁"为界限的年龄歧视不仅造成了人力资本的浪费，不利于经济的可持续发展，而且造成了一系列的社会问题，如职场焦虑、失业等。因此，政府亟须出台强有力的法律法规进行规制，同时也需要引导市场参与主体（包括雇主、雇员和顾客）正确看待年龄问题，逐步消除年龄歧视。

二、案例内容

1. 导入视频

"35岁+"再就业空间压缩，我们也开始面临就业难题了吗？（https://www.bilibili.com/video/BV1wt4y1p7Ag? spm_id_from = 333.337. search - card. all. click&vd_source = 09008859c4c9a0472b7b2d62c2738e88）。

2. 案例材料

在优胜劣汰的市场竞争环境中，无论是从员工的抗压能力，还是家庭稳定性方面而言，企业都更愿意招聘年轻员工。在市场规律的运作下，35岁成为许多人的职场危机。基于智联招聘平台的就业大数据，对2020年中高龄再就业群体①的求职情况进行调查发现，疫情使更多中高龄求职者进入再就业市场，80.1%的中高龄求职者认为找工作的最大困难是年龄限制。2020年2—9月，在智联招聘平台投递简历的35岁及以上求职者同比增长14.9%，增速为35岁以下求职者（7.3%）的两倍以上；其中，35~49岁、50岁及以上的求职者同比增长13.5%、32.4%，增速远高于35岁以下的求职者，如图7-5所示。

同时，中高龄求职者面临较高的长期失业风险。2020年，智联研究院通过统计35岁及以上求职群体在招聘平台持续投简历的时长情况，发现有62.9%的劳动者失业时间已超半年。其中35~49岁和50岁及以上群体的比例分别为63.6%和54.7%，高于35岁以下求职群体，如图7-6所示。同时，根据问卷调查，在当前的中高龄求职群体中，从2018年和2019年就开始谋求再就业的比重依旧有5.2%和18.8%，这部分群体处于长期失业的状态②。

127

---

① 再就业群体指已处于离职状态并正在投递简历的求职者。

② 智联研究院. 35岁，我还有机会吗？［EB/OL］. （2021-02-05）［2022-05-20］. https://mp.weixin.qq.com/s/Fun7S-RmqLRouoQqGqiXfg.

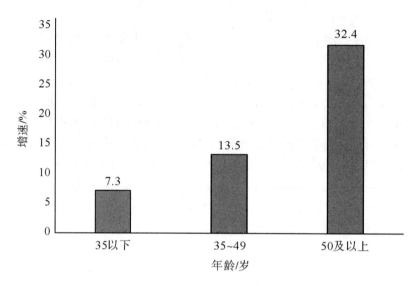

图 7-5　2020 年 2—9 月不同年龄段求职者数量同比增速

（数据来源：智联招聘）

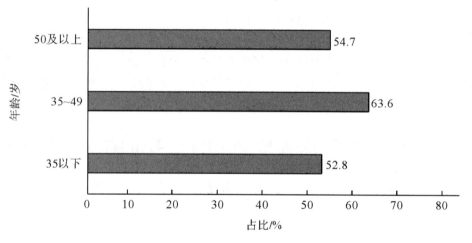

图 7-6　2020 年 3 月已离职群体中 9 月份仍在求职的比例

（数据来源：智联招聘）

2023 年第一季度，是疫情放开后的第一个春招季。根据智联招聘发布的《2023年一季度人才市场热点快报》，85% 的受访者认为 35 岁是职场的分水岭，我国劳动力市场的年龄歧视现象较为严重。其中，46.8% 的受访者认为过了 35 岁的确很难找工作；38.1% 的受访者表示当前许多公务员招聘年龄也以 35 岁为限，35 岁可能是职场分水岭。调查情况如图 7-7 所示①。

---

①　智联研究院. 85%职场人认为存在"35 岁门槛"［EB/OL］.（2023-04-11）［2023-05-20］. https://mp. weixin.qq.com/s/tNwEHNHPjDx42fTob5LbAQ.

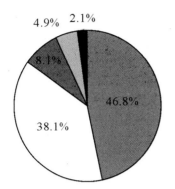

图 7-7　35 岁是否是职场分水岭的调查情况
（数据来源：智联招聘）

　　当前，在公务员的招考中，年龄是报考的首要门槛。根据《公务员录用规定》，报考公务员应当具备的资格条件之一是"年龄十八周岁以上，三十五周岁以下"。在许多高校的招聘启事中，都会要求教师年龄不超过 35 岁，即使规定原则上不超过 35 岁，但在实际操作中也会按照 35 岁执行。高校在招聘辅导员岗位时，也有年龄限制。中国人民大学某教授谈到，自己带的博士生，仅仅因为比相关高校所规定的年龄大一个月，就被招聘高校拒之门外，连面试的机会都没有①。在一些新兴行业，年龄歧视也很普遍。近年来，为了吸引更多年轻的求职者，很多企业都会在招聘简章中展示公司 90 后、00 后员工的占比，以突出团队的年轻与活力。年满 25 岁、刚毕业的研究生小胡，入职了一家新兴互联网公司，该公司拥有一支年轻化的人才队伍，全体员工的年龄基本上都不超过 35 岁。小胡了解到，公司在招聘一线程序员时都有隐性的年龄门槛，年龄超过 35 岁的求职者常常会被认为技术水平较低、团队协作能力不行等②。37 岁的小王在找工作时也因为年龄而处处碰壁，即使他拥有十多年的外贸工作经验，但依然改变不了面试官对大龄求职者的偏见。小王意识到，在面试官眼里，自己的"性价比"不高。

　　2021 年 3 月 31 日，在国务院新闻办公室召开的新闻发布会上，教育部发展规划司司长刘昌亚介绍，当前我国新增劳动力的平均受教育年限达到 13.8 年，劳动人口平均受教育年限为 10.8 年，计划在"十四五"末期，将劳动年龄人口平均受教育年限提高到 11.3 年。这表明进入职场的劳动人口的年龄正在不断上升。人力资源和社会保障部数据显示，截至 2019 年年底，我国人均预期寿命达到 77.3 岁，新中国成立初期确定的法定退休年龄造成了人力资源的浪费，不适应当前社会的发展，延迟退休年龄势在必行③。在这样的时代背景下，年龄歧视势必会对劳动力市场的健康发展造成影响。中国劳动关系学院劳动关系与人力资源学院副院长张艳华谈到，

129

　　① 郭英剑. "不超 35 岁！"年龄歧视，该管管了［EB/OL］.（2021-07-07）［2023-05-20］. https://www.163.com/dy/article/GEAMQQG80512TP34.html.
　　② 王维砚. 职场"年龄焦虑"，你感受到了吗？［J］. 中国工人，2022（1）：34-35.
　　③ 郭凯明，余靖雯，龚六堂. 人口志｜退休年龄、隔代抚养与经济增长［EB/OL］.（2021-07-24）［2023-05-20］. https://www.thepaper.cn/newsDetail_forward_13657249.

职场的 35 岁天花板来源于我国过去很长一段时间的人口红利，表现了用人单位对人才的过分挑剔。

35 岁以上的劳动力真的不适合职场吗？在现实案例中，很多行业中的中老龄群体因为拥有丰富的职场经验，或许在一些岗位上更具优势，如教师、医生、律师、人力资源等行业，年龄反而是优势，年长的人反而可以提供更好的服务。好莱坞电影《实习生》中，一位与时代格格不入的银发员工凭借多年积攒的经验，探索出了职场生存之道，成为年轻老板的得力伙伴。不少国家都出台了相关法律法规，对年龄歧视进行了规制，如 1967 年美国出台的《就业年龄歧视法》、2006 年德国颁布的《一般平等待遇法》、2006 年英国开始实施的《雇佣平等（年龄）规则》等①。

（案例来源：根据智联招聘平台、网易新闻、澎湃新闻、新浪网等的相关数据和报道整理而得）

三、案例学习目标

本案例的学习目标是使学生深刻理解劳动力市场中的年龄歧视问题，并能够运用劳动经济学知识对年龄歧视的原因、影响等进行分析。

四、案例讨论题

1. 请结合案例材料和实际情况，分析年龄歧视产生的影响。

2. 在 2022 年十三届全国人大五次会议上，全国人大代表蒋胜男提出逐步放开公务员录用的"35 岁门槛"的议案，引起了广泛讨论。针对该议案，你认为公务员录用需不需要放开年龄限制？请谈谈你的看法。

五、案例分析

1. 请结合案例材料和实际情况，分析年龄歧视产生的影响。

结合案例材料的描述，年龄歧视产生的影响可以概括为两方面：一是经济影响，我国的年龄歧视以 35 岁为界限，在当前劳动力教育年限普遍延长的情况下，35 岁的年龄歧视将造成我国人力资本的浪费。二是社会影响，在年龄歧视的情况下，年龄接近 35 岁的劳动者面临较大的职场焦虑，因此年龄歧视会带来较大的社会焦虑以及社会不公平感。同时，年龄歧视也带来了较为严重的社会失业，增加了社会保障负担。具体分析如下：

（1）年龄歧视造成了消极的经济影响，主要表现在其造成了人力资本的浪费，不利于我国经济发展。由数据统计可知，我国劳动者的平均受教育年限已达 13.8 年，劳动者进入职场时的年龄不断提升，如果普遍将进入职场的年龄定为 35 岁以下，则劳动者本身的人力资本可发挥作用的时间变短，教育、培训、劳动力迁移等人力资本投资的收益与付出的成本不对等。同时，年龄大于 35 岁的劳动者拥有丰富的经验，能胜任许多工作，比如在电影《实习生》中，高龄实习生凭借丰富的职场

劳/动/经/济/理/论/与/公/共/政/策/案/例/解/析

---

① 计红梅，陈彬，温才妃. 35 岁门槛是否扼杀了"青椒"向上空间？5 学者热议 [EB/OL]. (2020-10-13) [2023-05-20]. https://news.sina.cn/2020-10-13/detail-iiznctkc5363168.d.html.

经验和人生智慧，帮助年轻老板渡过了不少难关。其实，工作中能用到的能力只是个体能力的一部分，年龄增长所带来的机体能力下降可能并不会影响个体的工作能力，只以年龄为标准对待劳动力很有可能造成人力资本的浪费。

（2）年龄歧视造成了消极的社会影响。一方面，年龄歧视产生了普遍的社会焦虑，造成了社会的不公平感。35 岁左右恰好是人生的中年时期，职场人大多组建了家庭，有了房贷、车贷，生存压力增大。若用人单位对 35 岁以上的中高龄劳动力表现出年龄歧视，会很大程度上增大劳动者的焦虑情绪，从而引发社会的普遍性焦虑，不利于构建和谐的劳动关系。同时，企业单纯因为年龄问题而对劳动者产生偏见和歧视，不平等地对待 35 岁以上的劳动力，会引发社会较大的不公平感。另一方面，年龄歧视导致失业人口增加，增加了社会保障负担。智联招聘的调查数据显示，疫情的发生让不少大龄求职者进入职场，而大龄求职者面临较高的长期失业风险。35 岁以上的劳动力主动或被动离职之后，很难再成为"打工人"，不少人选择了外卖骑手、网约车司机等灵活就业的岗位，而由于社会保障体系的不完善，这类工作的稳定性差，面临的失业风险较大。同时，也有不少人选择继续寻找工作，这类失业人群增加了社会保障的负担。

2. 在 2022 年十三届全国人大五次会议上，全国人大代表蒋胜男提出逐步放开公务员录用的"35 岁门槛"的议案，引起了广泛讨论。针对该议案，你认为公务员录用需不需要放开年龄限制？请谈谈你的看法。

应该放开公务员录用的年龄限制。首先可以明确，年龄歧视对劳动力市场的健康发展是有害的，不利于平等就业目标的实现。其次，政府作为劳动力市场的监督者，也作为劳动力的需求方，可以通过自身的行为影响劳动力市场的发展，为破除劳动力市场的年龄歧视提供鲜明的政策导向。最后，放开公务员招录的年龄限制也存在不利之处，需要与配套的政策同步实施，最大限度地避免其造成的不利影响。因此，下面将从三个方面进行进一步的讨论。

其一，由劳动力市场歧视理论可知，产生年龄歧视的原因主要有三个方面：市场参与主体（雇主、雇员或顾客）的歧视性偏好、信息不对称以及企业的垄断力量。由于以上原因的存在，强行将 35 岁以上的劳动力限制在劳动力市场的从属部门中，劳动力无法在劳动力市场自由流动，劳动力市场将无效率运行，从而产生隐性的经济成本，不利于经济发展与劳动力市场的健康发展。从这个角度说，就需要逐步破除劳动力市场的年龄歧视。

其二，相对于掌握较多资源的企业而言，劳动者处于劳动力市场的弱势地位，其合法的劳动权益需要政府规章的保护。因此，劳动力市场的健康运行离不开政府的立法行为，如《劳动法》。年龄歧视对劳动者的合法权益造成了侵害，由案例内容可知，不少国家都出台了相关法律法规对年龄歧视进行了规制，如 1967 年美国出台的《就业年龄歧视法》等。要维护好劳动者的合法权益，就必须消除劳动力市场歧视，而这就需要政府对年龄歧视进行立法，也需要政府监督市场参与主体遵守法律规定。当前，我国招录公务员的单位是政府，报考规定了候选人的年龄一般为 35 岁以下，存在对劳动者的年龄歧视，会对企业的行为决策起到负向的引导作用，导致劳动力市场中的年龄歧视问题难以解决。因此，政府作为劳动力市场的监督者与参与者，应该"以身作则"，放宽公务员招录的年龄限制，向就业市场释放以能选人、以才用人的积极信号，以及破除年龄歧视的决心，才有利于在劳动力市场中营造平等就业的氛围。

其三，放宽公务员报考的年龄限制也可能带来一些不利之处，有关部门需要采取措施减缓其带来的不利影响。年龄放宽可能会导致公务员岗位录取率变低，且使得年轻人面临更大的就业压力，从而引发社会的不公平感。同时，由于公务员培养的制度规定，年龄放宽对现有的公务员职级会造成一定冲击。针对可能存在的不利之处，一方面，政府需要进行公务员培养体系的调整，以配合招录年龄的调整。另一方面，政府需要通过税收优惠等政策，鼓励企业承担更多的社会责任，加大对创新创业的支持力度，增加劳动力市场的就业机会，减缓公务员的报考压力。

六、拓展训练与前沿文献

1. 拓展训练

一方面，年龄歧视造成了我国劳动力资源的浪费；另一方面，我国的人口红利正逐步消失。这是否代表我国存在劳动力供给不足与供给过剩并存的冲突局面？请谈谈你对这两个现象的认识。

2. 前沿文献

[1] BURN I, BUTTON P, CORELLA L M, et al. Does ageist language in job ads predict age discrimination in hiring? [J]. Journal of Labor Economics, 2022, 40 (3): 613-667.

[2] CARLSSON M, ERIKSSON S. Age discrimination in hiring decisions: Evidence from a field experiment in the labor market [J]. Labour Economics, 2019, 59: 173-183.

[3] GORDON S. Ageism and age discrimination in the family: Applying an intergenerational critical consciousness approach [J]. Clinical Social Work Journal, 2020, 48: 169-178.

[4] MONAHAN C, MACDONALD J, LYTLE A, et al. COVID-19 and ageism: How positive and negative responses impact older adults and society [J]. American Psychologist, 2020, 75 (7): 887.

[5] NEUMARK D, BURN I, BUTTON P, et al. Do state laws protecting older workers from discrimination reduce age discrimination in hiring? Evidence from a field experiment [J]. The Journal of Law and Economics, 2019, 62 (2): 373-402.

[6] RAMIREZ L, MONAHAN C, PALACIOS-ESPINOSA X, et al. Intersections of ageism toward older adults and other isms during the COVID-19 pandemic [J]. Journal of Social Issues, 2022, 78 (4): 965-990.

第三节　案例7-3：全国首例户籍就业歧视案

由于我国特殊的制度背景，城市人口与农村人口拥有明显的户口差异，而这也是我国特有的户籍歧视的来源。户籍歧视带来的薪酬差距、职业隔离等，不利于人力资源的充分利用与和谐劳动关系的构建，也不利于区域间收入差距的缩小与全体人民共同富裕的实现。为了减少甚至消除户籍歧视，首先需要对户籍歧视的界定、成因及影响等方面进行深入了解。本节将对我国劳动力市场中的又一个典型歧视现象——户籍歧视进行深入探讨。

一、背景知识

户籍歧视与我国的户籍制度联系紧密，为了进一步加深对我国户籍歧视的了解，本节将结合我国的户籍制度改革，重点介绍户籍歧视的定义及其带来的影响，以为后文的案例分析奠定基础。

1. 户籍歧视的定义

我国劳动力市场上的户籍分割开始于1958年实施的城乡二元户籍制度，农村劳动力不能自由进入城市工作。1978年改革开放以来，我国的户籍改革力度加大，产业结构不断调整，农村剩余劳动力涌入城市，巨大的人口红利成为我国经济增长的优势[1]。蔡昉等发现，与城镇职工相比，农民工群体的薪资水平、社会保障力度等都处于劣势地位[2]，这成为城乡统筹发展和新型城镇化的一大阻碍。对于城乡劳动力就业差距的成因，孟凡强和初帅的研究表明，除劳动力的禀赋差异之外，城乡劳动力之间的差距还来源于劳动力市场歧视[3]。根据劳动力市场歧视的定义，户籍歧视是指拥有同样生产力特征的劳动者，由于户籍的差异而在职业获得、工资收入或劳动条件等方面没有得到平等对待。本案例将劳动力市场中基于户籍差异而产生的歧视行为统称为"户籍歧视"。

虽然城乡二元户籍制度改革一直在推进，但户籍歧视现象依然存在于我国的劳动力市场中。2014—2016年，政府陆续颁布了《国务院关于进一步推进户籍制度改革的意见》《居住证暂行条例》《国务院关于深入推进新型城镇化建设的若干意见》《推动1亿非户籍人口在城市落户方案》等政策文件，提出建立城乡统一的户口登记制度、居住证制度等改革措施。关于这一轮新的户籍制度改革，邹一南认为现存的户籍制度依然发挥着资源分配的功能，在超大城市中，新一轮改革后的户籍制度给农民工带来的人口迁移限制和公共品供给歧视的程度比以往更大[4]，由户籍制度带来的社会不公平等现象依然存在。

① 蔡昉，王德文. 中国经济增长可持续性与劳动贡献［J］. 经济研究，1999（10）：62-68.
② 蔡昉，都阳，王美艳. 中国劳动力市场转型与发育［M］. 北京：商务印书馆，2005.
③ 孟凡强，初帅. 职业分割与流动人口户籍歧视的年龄差异［J］. 财经研究，2018，44（12）：44-56.
④ 邹一南. 农民工市民化困境与新一轮户籍制度改革反思［J］. 江淮论坛，2020（4）：54-61.

2. 户籍歧视对我国的影响

我国的户籍制度包含两方面的信息：一是户口性质，二是户口登记地。按户口性质可将户籍分为农业户口和非农业户口，按户口登记地可将户籍分为本地户口和非本地户口。章元和高汉发现，在生产率一致的情况下，本地工人与外来工人也可能存在工资差距，由此提出地域歧视的概念，将其定义为，在劳动生产率一致的情况下，由于户籍来源地的不同（分为本地户口和非本地户口），本地工人与外地工人、本地农民工与外地农民工之间存在工资差异。显然，地域歧视与户籍性质无关，而户籍歧视则只反映了劳动力市场对农业户籍的歧视①。

在新一轮户籍改革的背景下，农业和非农业的户籍属性将逐步消失，但本地户口和非本地户口劳动者之间的户籍差异仍然存在。聂正彦和张成的研究发现，劳动者的就业获得和工资收入在很大程度上受到户籍的影响，农村劳动力在城市就业仍然会受到户籍歧视，且与本地农村劳动力相比，外来农村劳动力受到了更加严重的户籍歧视与工资歧视②。通过对 2015 年全国流动人口动态监测调查数据的研究，曾永明和张利国证明了户籍歧视和地域歧视对农民工工资存在减损效应，且指出地域歧视和户籍歧视之间是相互联系的，户籍是产生这两类歧视的根本原因③。

由此可以看到，即使当前户籍制度正在进行全新的改革，但劳动力市场上仍然存在基于户籍的劳动力市场歧视，户籍制度是户籍歧视和地域歧视产生的根源。根据学者的研究，从就业方面来看，户籍歧视主要表现为收入歧视④（户籍差异的两类人群存在"同工不同酬"的现象）和就业机会歧视⑤（劳动力市场存在基于户籍差异的二元劳动力市场，城镇本地户籍的劳动者进入主要部门的机会高于非城镇户籍的劳动者）。在户籍歧视的形成原因方面，可以用劳动力市场歧视理论进行解释。

二、案例内容

1. 导入视频

首起户籍就业歧视案在南京调解，原告获赔 1.1 万（https://v.qq.com/x/page/k00146t2jjo.html）。

2. 案例材料

2013 年 4 月 8 日，安徽师范大学法学院应届毕业生江某某（以下简称"小江"）看到了对外招聘 10 名"12333"电话咨询员的一则广告，招聘单位为南京人社局下属的南京市人力资源和社会保障电话咨询中心，便想报名试试。然而在报名

劳／动／经／济／理／论／与／公／共／政／策／案／例／解／析

① 章元，高汉. 城市二元劳动力市场对农民工的户籍与地域歧视：以上海市为例 [J]. 中国人口科学，2011（5）：67-74，112.

② 聂正彦，张成. 刘易斯转折点后我国城市劳动力市场中户籍歧视的变化 [J]. 开发研究，2021（1）：114-121.

③ 曾永明，张利国. 户籍歧视、地域歧视与农民工工资减损：来自 2015 年全国流动人口动态监测调查的新证据 [J]. 中南财经政法大学学报，2018（5）：141-150.

④ 梁盛凯，陈池波. 从收入不平等走向共同富裕：中国城乡户籍"非制度性歧视"的分解与弥合 [J]. 山西财经大学学报，2022，44（3）：1-15.

⑤ 吴彬彬，章莉，孟凡强. 就业机会户籍歧视对收入差距的影响 [J]. 中国人口科学，2020（6）：100-111，128.

时，小江却遭到了对方单位的拒绝，理由是小江是安徽宣城籍，不是南京的户籍。小江认为自己各方面的条件都符合招聘要求，不明白这个岗位为什么会对户籍进行限制。针对该问题，南京市人社局给出了两个解释：一是该岗位薪酬较低，而城市生活成本较高，外地人可能会迫于生存压力，难以长期从事这个岗位；二是外地人可能听不懂南京方言，所以只能招聘南京户籍的劳动者。而在小江看来，这些解释都显得苍白无力。小江认为，招聘单位预先假设了一个和工作能力无关的条件，将外地求职者拒之门外，这并不合理。"它预先设定了外地人因为成本问题不能长干，它也不能排除本地人因为待遇低而有更高追求也干不长"，小江说，而且现代社会普通话的普及范围很广，每个人多多少少都会说一些普通话。小江认为，"我觉得这就是户籍歧视。"

随后，小江向江苏省人社厅投诉此事，却杳无音信。同年 5 月 15 日，小江将南京市人社局告上了法庭，但玄武区法院认为该案属于劳动争议，应该先走劳动仲裁程序，因此案件不予受理。针对这个答复，小江和代理律师许某商量后，不认同这是劳动争议案件，决定继续向南京中院上诉。同年 7 月 23 日，小江委托律师向南京市劳动仲裁委员会申请劳动仲裁，但此次维权因南京市人社局不是适格被告而宣告失败。律师许某谈到，因为小江无法提供双方存在劳动关系的基本证据，南京市仲裁委员会可以认为这不是一个劳动争议案件。多次用法律武器维权失败的小江并没有放弃，她认为这次电话咨询员的招聘明显存在户籍歧视，对外地求职者来说很不公平，决心要为这件事情要一个公平的说法。同年 11 月 20 日，小江将南京市鼓楼人力资源服务中心作为被告，在南京市鼓楼区法院又一次提起诉讼。这次，法院正式立案。

最终，经过法院调解，小江与南京市鼓楼人力资源服务中心达成调解协议，获得被告一次性支付的 11 000 元赔偿金。至此，小江长达 15 个月的维权之路终于画上了圆满的句号。这次维权过程充满艰辛，小江表示，自己看重的是"平等"二字，"就觉得作为政府机关怎么能带头实施就业歧视，觉得不太合理，想要做一些事情维护自己的权益"。这也成为我国首例户籍歧视案件，具有极高的参考价值和意义，它为后续类似案件的判决提供了司法借鉴。正如小江的律师许某所谈到的，该案的案由是一般人格权侵权，有了这个案例做参考，以后遇到户籍就业歧视时可以向人民法院起诉。同时，该案的审理结果也向社会传达了一种平等就业的观念，提醒用人单位在招聘时，对外地求职者存在户籍歧视是有违社会公平的，也会将自己卷入不必要的诉讼案件之中。此外，小江的维权之旅也启发了受到就业歧视的求职者，要勇敢地拿起法律武器，维护自己的合法权益，勇于向就业市场的不公平现象说"不"。

当前，我国有关户籍歧视的法律法规还不够完善。《中华人民共和国劳动法》《中华人民共和国就业促进法》《就业服务与就业管理规定》等法律法规中没有明确禁止就业户籍歧视。2021 年国务院印发的《"十四五"就业促进规划》提到，在"十四五"期间，要逐步消除民族、种族、性别、户籍、身份、残疾、宗教信仰等各类影响平等就业的不合理限制或就业歧视，增强劳动力市场包容性，促进劳动者平等就业。在未来，国家立法机构需要尽快完善有关就业歧视的法律法规，增强劳动力市场的包容性，维护劳动者的合法权益。同时，在法律法规不完善的情况下，当我们遭遇就业歧视时，也要像小江一样，敢于拿起法律武器，以维护自己的合法权益[①]。

（案例来源：改编自中国广播网的相关报道）

三、案例学习目标

本案例的学习目标是使学生深刻了解我国的户籍制度，认识到劳动力市场上的户籍歧视现象，以及户籍歧视造成的影响等。

四、案例讨论题

1. 请结合案例材料和实际情况，分析户籍歧视对劳动力就业造成的影响。
2. 请谈谈你对我国户籍制度的认识。

五、案例分析

1. 请结合案例材料和实际情况，分析户籍歧视对劳动力就业造成的影响。

结合案例材料和背景知识，从就业方面来看，户籍歧视主要表现为就业机会歧视与收入歧视。因此，户籍歧视对劳动力就业造成的影响可以概括为以下两个方面：一是限制了外地劳动力对就业机会的获取，二是导致外地劳动力与本地劳动力工资差距扩大。具体而言：

其一，户籍歧视限制了外地劳动力对就业机会的获取。由于资源禀赋的差异，我国的经济发展存在城乡、东中西部等区域性差异。为了获得较高的收入水平，处于经济发展水平较低的地区的劳动力会选择向经济发展水平较高的城市流动。但由于户籍歧视的存在，在拥有同等劳动生产率水平的条件下，本地的雇主可能由于自身、优势雇员以及顾客的歧视性偏好，不愿意雇佣外地劳动力，或是由于信息不对称以及买方垄断力量，而减少对外地劳动力的雇佣，从而将更多的就业机会留给本地劳动力。因而相对于本地劳动力，外地劳动力在本地劳动力市场上获取的就业机会更少。由上述案例可知，小江由于不具有南京市户籍而被招聘单位拒之门外，直接反映了户籍歧视降低了小江获得就业机会的概率。

其二，户籍歧视导致外地劳动力与本地劳动力收入差距扩大。结合背景知识，由于户籍歧视的存在，在与本地劳动力拥有相同的劳动生产率的条件下，即使处于相同的岗位层级，外地劳动力获得的收入会低于本地劳动力，即存在"同工不同酬"现象，直接扩大了外地劳动力与本地劳动力的工资差距。同时，户籍歧视会带来职业隔离现象，集中体现为外地劳动力很难进入本地劳动力市场中拥有较高收入水平、较好工作条件的主要部门；只能进入工资收入较低、工作条件较差的从属部门，且外地劳动力在主要部门与从属部门间的流动存在障碍，而本地劳动力更容易

劳/动/经/济/理/论/与/公/共/政/策/案/例/解/析

---

① 中国广播网. 全国首例户籍就业歧视案尘埃落定，安徽女孩获补万元[EB/OL]. (2014-08-08)[2023-06-02]. http://china.cnr.cn/yaowen/201408/t20140808_516167227.shtml.

进入主要部门获取较高的收入，且在主要部门与从属部门间可以自由流动。因此，户籍歧视带来的职业隔离进一步扩大了外地劳动力与本地劳动力之间的工资差距。

2. 请谈谈你对我国户籍制度的认识。

下面主要从户籍制度的发展历程、利与弊以及未来的改革趋势，来探讨我国的户籍制度。

我国的户籍制度确立于 1958 年出台的《中华人民共和国户口登记条例》，该政策规定农村人口进城的三个途径为：工厂招工；在部队表现优秀，复员后被分配到城市工作；考上大学。因此，该政策明确区分了农业和非农业户口，阻碍了农村和城市之间的人口流动。1959—1961 年，由于自然灾害频发，农村和城市都在不同程度地"闹饥荒"。1961 年，政府出台了《关于减少城镇人口和压缩城镇粮食销量的九条办法》，开始缩减城市人口，并进一步控制城乡之间的人口流动。1963 年，公安部将农业户口界定为吃自给粮的人口，将非农户口界定为吃国家计划供应的商品粮的人口。1964 年出台的《公安部关于处理户口迁移的规定（草案）》完全封堵了农村人口向城市流动的道路。1977 年政府颁布了《关于处理户口迁移的规定》，并提出了"农转非"概念，标志着我国户籍管理制度的完成。

改革开放后，我国经济开始蓬勃发展，农村剩余劳动力涌向城市，成为生产主力军，户籍管理制度也在逐步放开。1984 年出台的《国务院关于农民进入集镇落户问题的通知》，提出了"自理口粮户"，受此引导，各地区也在积极探寻合适的户籍管理方式。随着改革的深入，迁移进入城镇的农民工越来越多，为了控制城市人口数量，政府开始进行由小城镇到大城市，再到多领域推进的户籍改革。1997—2001 年，政府着重对小城镇进行户籍制度改革，先后出台了《小城镇户籍管理制度改革试点方案》《关于解决当前户口管理工作中几个突出问题的意见》《中共中央 国务院关于促进小城镇健康发展的若干意见》等文件，降低了农村人口落户小城镇的难度。由于户籍带来的资源差异，大城市中本地人与外地人的社会矛盾加剧。2002—2012 年，政府开始对大城市的户籍制度进行改革，各省份纷纷出台了自己的户籍改革措施，侧重于取消农业户口和非农业户口的区分，以建立统一的城乡户籍制度。但在这轮改革之后，农村人口依然在就业、教育等方面与城市存在较大差距。从2012 年开始，政府开始从基本公共服务等方面加快推进户籍制度的改革。2014 年出台的《国务院关于进一步推进户籍制度改革的意见》指出，要统一城乡户口登记，全面推进居住证制度，让城市中尚未落户的人口享受同等的基本公共服务，并根据城市规模制定不同的落户政策。欧阳慧和吕云龙认为，在这一轮新的户籍制度改革中，还存在部分城市落户门槛较高、落户程序复杂、公共服务等配套措施滞后等问题[①]。

发展至今，我国的户籍制度有利有弊。一方面，户籍制度发挥了统计人口信息的功能，为政府、社会、学术界等提供了可靠的人口信息。在新中国成立初期，户籍制度为城市集中了有限的资源，促进了城市的发展。另一方面，户籍制度带来的

① 欧阳慧，吕云龙. 我国户籍制度改革进展及面临的新形势［J］. 中国物价，2022（6）：9-11.

资源分配差异是社会不和谐的原因之一，农村"身份"与城市"身份"能享受到的教育水平、医疗条件、就业机会等有较大差距。户籍制度带来了劳动力市场的户籍歧视，即使拥有同样的生产率，农村人口或外来人口会受到招聘单位的户籍歧视，而本地城镇人口在城镇就业市场上拥有更多的机会，这造成了我国劳动力资源的浪费。

为了构建和谐社会、促进劳动者就业平等，在未来，政府还需在城市落户政策、公共服务配套措施等方面，对现有的户籍制度进行改革，并辅以必要的监督措施，确保改革政策真正、有效地落实到位。

六、拓展训练与前沿文献

1. 拓展训练

在未来，我国的户籍歧视会消失吗？请谈谈你的想法。

2. 前沿文献

［1］吕炜，杨沫，朱东明. 农民工能实现与城镇职工的工资同化吗？［J］. 财经研究，2019，45（2）：86-99.

［2］吴彬彬，章莉，孟凡强. 就业机会户籍歧视对收入差距的影响［J］. 中国人口科学，2020（6）：100-111，128.

［3］许岩，付小鹏，宋瑛. "市民化"之后：户籍变更能否消除工资歧视［J］. 农业技术经济，2020，304（8）：82-100.

［4］于潇，陈筱乐，解瑯卓. 流动效应与户籍歧视效应对流动人口工资收入的影响：基于双边随机前沿模型的分析［J］. 人口研究，2022，46（2）：61-74.

［5］CHEN J, HU M. City-level hukou-based labor market discrimination and migrant entrepreneurship in China［J］. Technological and Economic Development of Economy, 2021, 27（5）：1095-1118.

［6］DULLECK U, FOOKEN J, HE Y. Hukou status and individual-level labor market discrimination: An experiment in China［J］. ILR Review, 2020, 73（3）：628-649.

第八章
收入分配

　　党的十八大以来，党和政府高度重视收入分配问题，着力深化收入分配制度改革①。党的二十大报告指出，分配制度是促进共同富裕的基础性制度。要坚持按劳分配为主体、多种分配方式并存，构建初次分配、再分配、第三次分配协调配套的制度体系。同时，应努力提高居民收入在国民收入分配中的比重，提高劳动报酬在初次分配中的比重。坚持多劳多得，鼓励勤劳致富，促进机会公平，增加低收入者收入，扩大中等收入群体。完善按要素分配的政策制度，探索多种渠道，增加中低收入群众要素收入，多渠道增加城乡居民财产性收入。加大税收、社会保障、转移支付等的调节力度。完善个人所得税制度，规范收入分配秩序，规范财富积累机制，保护合法收入，调节过高收入，取缔非法收入。引导、支持有意愿有能力的企业、社会组织和个人积极参与公益慈善事业。

　　因此，收入分配问题应成为劳动经济学的核心议题。一方面，政府应该为解决社会不平等和收入差距问题承担重要责任，尤其是要通过民主化制度建设来解决这一问题；另一方面，学术界应该从更广泛的视角去理解真实市场的运行逻辑，尤其应该将收入分配作为经济学研究的核心议题。本章从"第三次收入分配与共同富裕"和"中国如何才能避免掉入'中等收入陷阱'"两个案例出发，探讨了当前收入分配面临的两个亟待解决的问题。

第一节　案例8-1：第三次收入分配与共同富裕

　　分配制度是社会主义基本经济制度的主要内容，也是促进共同富裕的基础性制度。党的二十大报告强调"扎实推进共同富裕"，并对我国的分配制度做了全面说明，深化了以完善分配制度促进共同富裕政策的认识。其中重点提到，应"坚持按劳分配为主体、多种分配方式并存，构建初次分配、再分配、第三次分配协调配套的制度体系"和"应引导、支持有意愿有能力的企业、社会组织和个人积极参与公益慈善事业"。与以往收入分配改革不同，党的二十大报告重点强调了第三次分配在扎实推进共同富裕中所起的作用。那么什么是第三次收入分配？第三次收入分配

----

①　王勇，蒋扬天.产业升级与共同富裕的互动机制和实现路径［J］.国家现代化建设研究，2023（2）：32-46.

如何促进共同富裕的实现？如何处理好第三次分配与前两次分配的关系？如何处理好发挥市场作用与政府作用的关系？本案例将介绍第三次收入分配在整个分配体系中的地位，以及第三次分配在扎实推进共同富裕中所起的作用。

一、背景知识

分配制度是促进共同富裕的基础性制度。本节重点介绍共同富裕的内涵、第三次收入分配的定义，并梳理我国收入分配制度的变化，介绍收入分配差距的衡量方式，以为后续案例分析奠定理论基础。

1. 共同富裕的定义

共同富裕是社会主义本质的高度概括，即"共同+富裕"。"富裕"反映了社会对财富的拥有，是社会生产力发展水平的集中体现；"共同"反映了社会成员对财富的占有方式，是社会生存关系性质的集中体现。因此，共同富裕囊括了生产力与生产关系两方面的特质[①]。2012年12月，党的十八大召开后不久，习近平总书记就提出，消除贫困、改善民生、逐步实现全体人民共同富裕，是社会主义的本质要求。党的二十大报告也指出"共同富裕是中国特色社会主义的本质要求，也是一个长期的历史过程"。实际上，"共同"是共同富裕的基本要求，即要求在日益丰厚的物质基础的前提下，社会有能够促进和维护公正的收入分配制度。共同富裕是"全民共富"，不能仅仅让一部分人和地区富裕，应该是先富带后富，让全体人民共享发展成果，过上幸福美好的生活，并在持续不断地"做大蛋糕"的同时能够"分好蛋糕"。

2. 第三次收入分配的定义

我国实行以按劳分配为主体，多种分配方式并存的收入分配制度。党的十九届四中全会进一步在该制度体系的构建上划分了三个层次：初次分配、再分配和第三次分配。初次分配是指在市场中实现的国民总收入直接与生产要素相联系的分配，主要解决的是生产资料所有者与劳动者之间利益分配的问题。再分配是指政府根据法律法规，在初次分配的基础上通过征收税收和转移支付，在主体之间进行收入再分配的过程。第三次分配是指企业、社会组织、家庭、家族和个人等基于自愿原则和道德标准，以募集、捐赠、资助、义工等慈善和公益的方式，对所属资源和财富进行分配，是对前两种分配的补充[②]。

3. 我国收入分配制度的变化

新中国成立至今，我国的收入分配制度大致经历了五个阶段：

第一个阶段是改革开放之前的计划经济时期（1949—1977年）。在该阶段，由于受计划经济体制的影响，我国主要实行单一的按劳分配制度，仅有工资制和工分制。

第二个阶段是从改革开放至党的十四大召开之前（1978—1991年）。在该阶段，我国农村地区开始实行家庭联产承包责任制。该制度首次明确地划分了国家、集体

---

① 徐飞. 公平正义原则下共同富裕的核心要义 [J]. 人民论坛·学术前沿, 2022 (10): 4-17
② 雷明. 四次分配：实现中国式现代化和共同富裕路径研究 [J]. 新疆财经, 2023 (1): 17-25.

和个人之间的权责关系，使得农民能够多劳多得，获取自己的劳动剩余价值。在城市地区，我国逐步推进落实以按劳分配为主体，其他分配形式为补充的分配制度。

第三个阶段是党的十四大召开之后至党的十六大召开之前（1992—2001年）。党的十四大明确了建立社会主义市场经济制度的改革目标。党的十五大明确提出了把按劳分配和按生产要素分配结合起来，实行按劳分配为主体，多种分配方式并存的分配制度。

第四个阶段是党的十六大召开之后至党的十八大召开之前（2002—2011年）。随着社会主义市场经济体制的逐步完善，按劳动分配与按生产要素分配相结合的分配政策也逐步完善，因此，该阶段明确了生产要素参与分配的原则，更加重视收入分配差距问题。

第五个阶段是党的十八大召开至今（2012年至今）。该阶段明确了在增加居民收入的同时，要更加突出正义和公平，努力让人民共享发展成果。党的二十大报告提出，要完善收入分配制度，坚持按劳分配为主体、多种分配方式并存，坚持多劳多得，鼓励勤劳致富，促进机会公平，增加低收入者收入，扩大中等收入群体，规范收入分配秩序，规范财富积累机制。

4. 收入分配差距的衡量方式——基尼系数

衡量收入分配差距最直观的方法就是洛伦兹曲线。该曲线的横轴表示劳动者人数按收入由低到高的累积百分比，纵轴表示与收入人数相对应的总收入累积百分比（见图8-1）。实际收入分配曲线与收入分配绝对平等曲线之间的面积为 A，实际收入分配曲线右下方的面积为 B。那么 $A/(A+B)$ 的值表示收入分配不平等程度。这个数值也被称为基尼系数或洛伦兹系数①。

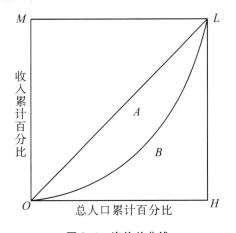

图8-1 洛伦兹曲线

（1）如果 A 为0，基尼系数为0，表示收入分配完全平等。

（2）如果 B 为0，基尼系数为1，表示收入分配绝对不平等。

（3）如果 A 和 B 都不为0，基尼系数处于0到1之间。收入分配越趋于平等，

① 陆铭，梁文泉. 劳动和人力资源经济学：经济体制与公共政策 [M]. 2版. 上海：上海人民出版社，2017：259.

洛伦兹曲线的弧度越小，基尼系数也越小；收入分配越趋于不平等，洛伦兹曲线的弧度越大，基尼系数也越大。

联合国有关组织规定：若基尼系数低于 0.2，表示收入绝对平均；若基尼系数为 0.2~0.3，表示收入比较平均；若基尼系数为 0.3~0.4，表示收入相对合理；若基尼系数为 0.4~0.5，表示收入差距较大；若基尼系数为 0.5 以上，表示收入差距悬殊，意味着出现两极分化。

二、案例内容

1. 导入视频

腾讯官宣："共同富裕专项计划"再投 500 亿元（https://haokan.baidu.com/v?pd=wisenatural&vid=10233295376163662966）。

2. 案例内容

"三次分配"的定义最早由著名经济学家厉以宁教授在《股份制与现代市场经济》中提出，通过市场实现的收入在各生产要素间的分配被称为"第一次分配"；通过政府税收和转移支付调节而进行的分配被称为"第二次分配"；个人出于自愿、在习惯与道德的影响下，把可支配收入捐赠出去的分配称为"第三次分配"。2019年，党的十九届四中全会提出，要重视发挥第三次分配的作用，发展慈善等社会公益事业。2020年，党的十九届五中全会再次提出，要发挥第三次分配的作用，发展慈善事业，改善收入和财富分配格局。党的二十大报告指出，共同富裕是中国特色社会主义的本质要求，也是一个长期的历史过程。

2020年10月正式发布的《深圳建设中国特色社会主义先行示范区综合改革试点实施方案（2020—2025年）》中，确定了第三次分配是深圳落实"先行示范区"建设的重要举措，有助于实现分配更加合理，缩小收入差距，使得改革成果更多、更公平地惠及全体人民。根据福布斯"2021中国慈善榜"，深圳参与捐赠的企业数量在全国排名第3，捐赠额度排名第1，占比为29.4%，其中腾讯一家企业捐赠26亿元，深圳已然成为国内的"首善之区"。

2021年4月19日，腾讯第一次提出了"可持续社会价值创新"战略。该战略宣布腾讯将首期投入500亿元，用于对基础科学（basic science）、教育创新（education innovation）、乡村振兴（rural revitalization）、碳中和（carbon neutrality）、FEW（食物、能源与水）、公众应急（public emergency）、养老科技（AI senior care）和公益数字化（public welfare digitization）等领域的探索。这是腾讯自2018年"930变革"，提出"扎根消费互联网，拥抱产业互联网"战略之后，再迈进的坚实一步——推动可持续社会价值创新，使之一起成为公司发展的底座，牵引所有核心业务，落实科技向善使命。2021年8月18日，腾讯宣布再投500亿元资金助力共同富裕。根据腾讯新闻网报道，为践行企业发展使命，在高质量发展中促进共同富裕，腾讯继投入500亿元启动"可持续社会价值创新"战略后，拟再增加500亿元资金，启动"共同富裕专项计划"，并深入结合自身的数字和科技能力，在促进乡村社会和经济发展、提高低收入人群的收入、完善基层医药卫生医疗体系、教育公平均衡发展等民生领域提供持续助力。

这意味着 2021 年 4—8 月，腾讯集团已连续规划投入了 1 000 亿元资金，充分发挥了企业在"三次分配"中的主观能动性。从用途和方向来看，腾讯这两笔 500 亿元的资金用途各不相同，一个主要投资于未来，一个则立足当下。2021 年 4 月投入的首期 500 亿元资金用于"可持续社会价值创新"项目，更多着眼于对未来多个领域的探索。而 2021 年 8 月启动的"共同富裕专项计划"，则注重于当前的热点时事。

2021 年 8 月 24 日，拼多多在公布上市后的首个季度净利润时，宣布将投资 100 亿元用于"百亿农研专项基金"项目。拼多多执行长陈磊介绍，农业和农产品触及所有人的日常生活，同时也是一个相对数字化率较低的领域，希望通过设立"百亿农研专项基金"，用技术的方式为农业现代化和乡村振兴贡献力量。

2021 年 9 月 2 日，阿里巴巴集团启动"阿里巴巴助力共同富裕十大行动"，预计在 2025 年前累计投入 1 000 亿元，助力共同富裕。根据阿里巴巴集团发布的信息，为促进十大行动的落地，阿里将成立一个专门的常设机构，围绕五大方向开展行动，即科技创新、经济发展、高质量就业、弱势群体关爱和共同富裕发展基金。

2021 年中国慈善文化论坛的报告指出，中国企业的捐赠总额在社会捐赠总额的占比一直在 60% 以上，是社会捐赠的主力军。根据不完全统计，2020 年捐赠总额在 1 000 万元以上的企业就有 404 家，其中更有 43 家企业的年度捐赠额达到 1 亿元以上。全国人大常委会委员、中国人民大学教授、中国慈善联合会副会长郑功成表示，要以中华文化支撑中国特色慈善事业发展。发展我国慈善事业的正确取向，有必要形成共识：慈善事业是一种建立在自愿捐献基础之上的混合型分配机制，第三次分配构成了基本支撑；中国特色慈善事业应当服从于国家现代化建设全局，服务于共同富裕的大局；要正确认识共同富裕及其行动路径，做大慈善"蛋糕"与合理分配"蛋糕"同等重要。

（案例来源：根据腾讯新闻网、澎湃新闻、搜狐新闻、中华人民共和国民政部新闻综合整理而得）

三、案例学习目标

本案例的学习目标是使学生深刻理解中国的第三次分配与共同富裕的关系，重点理解三次收入分配促进共同富裕的实现路径和机制，并能够运用所学的劳动经济理论分析现实生活中的问题。

四、案例讨论题

1. 请结合案例思考我国当前实行的是何种收入分配制度。
2. 请结合案例思考第三次分配在收入分配制度中的地位。第三次分配与初次分配和再分配相比，有什么特点？
3. 请结合案例思考第三次分配促进共同富裕的具体作用是什么。为什么说第三次分配是促进共同富裕的重要手段？

五、案例分析

1. 请结合案例思考我国当前实行的是何种收入分配制度。

我国当前实行的是按劳分配为主体，多种分配方式并存的收入分配制度，并在该制度体系的构建上划分了三个层次：初次分配、再分配和三次分配。

初次分配是指以市场为导向，在生产过程中，以劳动或其他要素贡献参与分配的方式，即通过市场按贡献分配。初次分配注重效率和竞争，其目的是充分调动市场主体创造社会新财富的积极性，允许一部分人先富起来。初次分配由于个人能力、机遇的不同，容易出现收入分配不公和收入差距扩大等问题。再分配是通过政府调节而进行的分配，也被称为"第二次分配"。再分配在初次分配的基础上通过政府的税收、转移支付、社会保障和基本公共服务等政策缩小收入差距，由先富带动后富，是效率兼顾公平的分配[①]。三次分配是个人出于自愿，在习惯和道德的影响下，把可支配收入的一部分或大部分捐赠出去的分配，可称为第三次分配[②]。第三次分配并不是直接给穷人发钱，而是一种以慈善为目的，通过商业的形式、专业的机构，持续地解决社会问题的分配方式。

2. 请结合案例思考第三次分配在收入分配制度中的地位。第三次分配与初次分配和再分配相比，有什么特点？

第三次分配在收入分配体系中处于补充地位。第三次分配的价值理念、参与主体和分配目标与前两次分配不同。

（1）第三次分配是指，在法律、道德、文化和价值观等的影响和驱动下，在自愿原则的基础上，由高收入群体、企业（家）和普通群众等，通过民间捐赠、慈善事业、志愿行动等方式进行的捐赠活动，在收入分配体系中处于补充性地位[③]。

初次分配、再分配和三次分配是我国经济建设过程中，构建完整收入分配制度的重要组成部分。三个层次的分配概念不同，对经济发展的作用不同，在分配体系中的地位也不同。具体来说：首先，初次分配的主体是市场，是通过看不见的手——市场发挥作用，对诸如资本、劳动力要素、生产技术、信息技术和数据等各类要素所有者按照在经济建设和生产过程中的贡献大小，进行相应的财富分配，在中国的收入分配体系中处于基础地位。再分配主要是政府通过财政税收、转移支付、社会保障等行政手段发挥收入调节作用，在中国的收入分配体系中处于关键的调节地位。第三次分配主要基于自愿原则，通过社会公益、慈善等不同的方式，实现对社会财富的第三次分配，以弥补初次分配和再分配制度中的缺陷，在收入分配制度中处于补充性地位，有利于推动社会资源和财富从较高收入的群体向低收入群体流动，以及缩小不同地区、不同劳动者之间的收入差距，从而实现全体人民共享经济发展成果的目标，促进共同富裕。影响第三次分配的因素主要有法律、道德、文化习惯、精

劳/动/经/济/理/论/与/公/共/政/策/案/例/解/析

---

① 唐高洁，闫东艺，冯帅章. 走向共同富裕：再分配政策对收入分布的影响分析 [J]. 经济研究，2023，58（3）：23-39.

② 雷明. 四次分配：实现中国式现代化和共同富裕路径研究 [J]. 新疆财经，2023（1）：17-25.

③ 徐飞. 公平正义原则下共同富裕的核心要义 [J]. 人民论坛·学术前沿，2022（10）：4-17.

神传承和价值追求等。

（2）与初次分配和再分配不同，第三次分配主要有以下几个特点：①价值理念不同。初次分配根据各要素在市场上的贡献进行分配，因此更加注重效率。再分配是由政府通过行政手段调节初次分配的不足，以缩小收入差距，因此更加注重公平。第三次分配则强调高收入群体出于自愿的原则在法律、道德、文化习惯和精神传承等因素的影响下，捐赠收入和物资，以帮助弱势群体，因此更加注重社会道德的力量①。②参与收入分配的主体不同。初次分配的主体是市场，再分配的主体是政府，第三次分配的主体是社会力量，包括企业（家）、高收入群体和普通居民。③参与分配的目标不同。初次分配的目标是实现资源的有效配置，实现经济的快速发展；再分配的目标是缩小收入差距，减少初次分配过程中产生的收入两极化现象；第三次分配则更加注重社会公平正义与和谐，以促进精神文明的发展。

3. 请结合案例思考第三次分配促进共同富裕的具体作用是什么。为什么说第三次分配是促进共同富裕的重要手段？

第三次分配是促进共同富裕的重要手段。建立健全三次分配体制机制，有助于完善我国的收入分配制度，以更好地促进共同富裕。从分配视角看，实现共同富裕不等于平均主义，在具体工作中必将面临一系列需要处理好、平衡好的关系。比如，处理好促进机会公平与结果公平的关系，处理好发挥市场作用与政府作用的关系，处理好调节收入分配与规范财富积累机制的关系等。处理好这些关系，必须依据党的二十大报告的要求，把握好政策要点，在科学施策、规范发展的进程中不断促进共同富裕。中央财经委员会指出"合理调节过高收入，鼓励高收入人群和企业更多回报社会"，强调了第三次分配在我国迈向共同富裕的过程中发挥的重要作用。

首先，第三次分配是促进共同富裕的补充之手。共同富裕是社会主义本质的高度概括，即"共同+富裕"。"富裕"反映了社会对财富的拥有，是社会生产力发展水平的集中体现；"共同"反映了社会成员对财富的占有方式，是社会生存关系性质的集中体现。共同富裕是"全民共富"，不能仅仅让一部分人和地区富裕，应该是先富带后富，让全体人民共享发展成果，过上幸福美好的生活②。在初次分配中，个人要素禀赋存在差异，容易导致收入的两极化，需要政府通过再分配发挥调节作用，在实现效率的同时兼顾公平。虽然政府通过税收、转移支付和社会保障体系等再分配手段，能在一定程度上调节居民收入，缩小不同地区和个人的收入差距，但是收入差距问题仍有进一步调整的空间。因此，需要进行第三次分配，以促进共同富裕。在社会生活中，初次分配中的主体——市场是无形之手，可以在初次分配中发挥重要作用；再分配中的主体——政府是有形之手，可以通过各种行政手段调节收入差距；第三次分配中的主体——社会力量是补充之手，是实现共同富裕的重要手段。

其次，共同富裕不仅要求物质生活要富裕，而且要求精神生活也要富裕。从基

---

① 周南南，盖钰娜，闫书淇. 三次分配如何促进共同富裕：基于新发展格局的研究背景 [J]. 统计学报，2023，4（2）：61-72.

② 徐飞. 公平正义原则下共同富裕的核心要义 [J]. 人民论坛·学术前沿，2022（10）：4-17.

本内涵来看,共同富裕是全方位的,代表了人民追求更高质量、更高品质的美好生活。党的十八大以来,中国特色社会主义进入新时代。共同富裕的内涵向追求更高质量和更高品质的美好生活、人的全面发展方面不断扩展。人民对美好生活的需要日益广泛,不仅对物质文化生活提出了更高要求,而且在民主、法治、公平、正义、安全、环境等方面的要求也日益增长。新时代的共同富裕之路贯穿"五位一体"总体布局的全方面和全过程,涵盖经济发达、政治清明、文化繁荣、社会和谐、生态优美等方方面面。与前两次分配不同,第三次分配出于自愿原则,主要依靠道德力量实现社会财富的再分配,能够更大程度地提升公益情怀、维护社会关系,能更大程度地表现出参与者的社会责任感和道德情怀,有利于形成良好的社会氛围,也有利于进一步培养奉献精神,达到共同富裕之路要求的"文化繁荣和社会和谐",这是初次分配和再分配很难做到的。

最后,结合案例可以发现,以阿里巴巴、腾讯等大企业为代表的企业捐赠,主要聚焦于带动低收入增长、帮助医疗救助完善、促进乡村经济增效、资助普惠教育共享等领域。这些领域是经济长期持续发展的源泉,是社会人力资本积累的重要途径。这些资金的投入能极大地减轻教育和医疗等领域低收入群体的负担,也极大地推动了我国的教育、医疗和科技创新发展,有利于进一步促进共同富裕。

六、拓展训练与前沿文献

1. 拓展训练

如何构建具有中国特色的三次收入分配制度?中国三次收入分配制度中有待解决的问题是什么?

2. 前沿文献

[1] 韩文龙,唐湘. 三次分配促进共同富裕的重要作用与实践路径 [J]. 经济纵横, 2022 (4): 21-20.

[2] 马文武,苗婷. 新发展阶段第三次分配促进共同富裕的逻辑与实践 [J]. 财经科学, 2023 (3): 59-73.

[3] 周南南,盖钰娜,闫书淇. 三次分配如何促进共同富裕:基于新发展格局的研究背景 [J]. 统计学报, 2023 (4): 61-72.

[4] 周绍东,陈艺丹,张毓颖. 共同富裕道路上的中国特色第三次分配 [J]. 经济纵横, 2022 (4): 11-20.

[5] 贾康,程瑜,于长革. 优化收入分配的认知框架、思路、原则与建议 [J]. 财贸经济, 2018 (2): 5-20.

[6] 洪银兴. 以包容效率与公平的改革促进共同富裕 [J]. 经济学家, 2022 (2): 5-15.

[7] 唐高洁,闫东艺,冯帅章. 走向共同富裕:再分配政策对收入分布的影响分析 [J]. 经济研究, 2023, 58 (3): 23-39.

第二节 案例8-2：中国如何才能避免掉入"中等收入陷阱"

党的二十大报告指出，应促进机会公平，增加低收入者收入，扩大中等收入群体，探索多种渠道增加中低收入群众要素收入。由此可见，提高中低收入群体收入，避免中国掉入"中等收入陷阱"是当前我国完善收入分配制度的一项重要任务。2012年我国进行经济转型以来，有关中国经济可能落入"中等收入陷阱"的质疑声音不断响起。我国人均国内生产总值在2010年迈入中高收入国家行列，2016年明显超过中高收入国家门槛值，但距离高收入国家尚有差距。可以说，我国正处于由中等收入国家迈向高收入国家的关键转型时期。因此，正确认识何为中等收入陷阱，中等收入陷阱的特征，以及如何避免掉入中等收入陷阱，对于中国经济可持续发展，以及顺利迈入高收入国家行列具有重要意义。

一、背景知识

本节案例旨在回答中国如何才能避免掉入中等收入陷阱，因此重点介绍了中等收入陷阱的定义和表现，一些国家掉入中等收入陷阱的原因以及中国避免掉入中等收入陷阱的路径，以此作为后续案例分析的基础。

1. 中等收入陷阱的定义和表现

"中等收入陷阱"一词最早由世界银行在2007年发表的《东亚复兴：关于经济增长的观点》报告中首次提出。该报告认为，所谓的"中等收入陷阱"，是指新兴国家经过一段时期的高速发展达到中等收入水平之后，往往陷入经济增长的停滞期。

按照世界银行公布的数据，2018年的最新收入分组标准为：人均国民总收入低于1 000美元的国家为低收入国家，人均国民总收入为1 001~4 000美元的国家为中等偏下收入国家，人均国民总收入为4 001~12 000美元的国家为中等偏上收入国家，人均国民总收入高于12 000美元的国家为高收入国家。2018年世界银行所统计的218个经济体中，高收入国家81个，中等偏上收入国家56个，中等偏下收入国家47个，低收入国家34个。根据世界银行划分的绝对收入标准，郭熙保和朱兰（2021）计算了1991—2005年不同收入组国家数量占国家总数的比例。结果发现，高收入国家占比从18%上升到37%，低收入国家占比从30%下降到14.5%，中高收入国家占比小幅上升，中低收入国家占比小幅下降，整体人均收入有不断上升的趋势。根据世界银行的资料，在1997年及以前，中国一直都处于低收入国家行列，1998年中国正式进入中等偏下收入国家行列，2010年进一步跨入了中等偏上收入国家行列，当前中国人均国民收入已经接近中等偏上收入国家行列的平均值。因此，只要中国不掉入中等收入陷阱，将会在不远的未来进入高等收入国家行业，从而实现从低收入国家到高收入国家的历史性跨越。

2. 掉入中等收入陷阱的原因

导致新兴国家掉入中等收入陷阱的原因有很多。首先，收入的两极分化是导致部分国家掉入中等收入陷阱的首要原因①。在 20 世纪的中后期，拉丁美洲和东南亚的一些国家已经进入中等收入国家行列，但是直到现在它们依然在中等收入国家行列中，失去了经济增长的动力。其根本原因是在经济发展的过程中，劳动者没有充分享受到经济发展的红利，财富更多地向资本集聚，劳动收入份额不断下降，造成收入的两极分化，从而影响了经济的可持续发展。

其次，中等收入国家与低收入国家相比，往往有更高的工资水平，因此无法在人力成本方面与低收入国家竞争。此外，这些国家在从低端产业向高端产业发展的过程中，不注重教育，造成经济转型过程中的人才供给不到位。一方面，低端产业的流失造成低端人才需求不足；另一方面，高端产业人才的供给缺乏，以前的工人不能适应新兴产业，导致人口资源没有形成人力资源，失业率上升。

再次，中等收入国家在尖端技术研制和创新方面也无法与发达国家竞争，经济转型缺乏可持续动力。

最后，中等收入国家大多未能顺利实现经济结构转型，未能实现经济高质量发展，经济增长动力也不足。

3. 中国避免掉入中等收入陷阱的途径

中国要保持中高速经济增长，避免掉入中等收入陷阱的途径主要有以下几点：

首先，技术进步和产业升级。当前中国的人口红利正在消失，技术进步可以极大地提高劳动生产率，从而进一步增加整体的产出。一国如何通过不断创新实现产业升级？一是产业升级需要大批敢于改变和创新的高质量企业。由于企业是创新的主体，通过企业创新可以实现产业升级，提高生产率②。二是政府应提供激励创新的环境。这种环境应该包括牢固和政治与经济保障、有效的市场竞争体系、健全的法制、产权保护以及包容的社会③。

其次，加强公平分配，为经济持续增长提供环境基础。随着经济的增长，收入差距是一个必然的趋势，有关部门应采取有效措施，在提高收入水平的基础上，加强公平分配，防止收入两极分化，稳定社会秩序，为经济持续增长提供环境基础。

最后，加快户籍制度改革，促进合理城镇化，促使劳动力合理流动。人口红利消失是拉丁美洲一些国家掉入中等收入陷阱的原因之一。作为发展中国家的中国，应该加大供给侧结构性改革，加快户籍制度改革，释放农村剩余劳动力，以促进社会公平，激励劳动力合理流动，为经济增长提供持续的人力资源。

二、案例内容

1. 导入视频

中等收入陷阱：拉美与中东，为何无法成就"高收入"？（https://www.huxiu.

① 袁霓. 对中国经济发展阶段的探讨：从刘易斯曲线、人口红利、库兹涅茨曲线角度出发 [J]. 技术经济与管理研究，2012（9）：62-65.

② 庄巨忠. 超越低成本优势：中国经济如何避免落入中等收入陷阱 [C]. 北京：2012 年秋季 CMRC 中国经济观察，2012.

③ 庄巨忠. 超越低成本优势：中国经济如何避免落入中等收入陷阱 [C]. 北京：2012 年秋季 CMRC 中国经济观察，2012.

com/article/566772. html）。

2. 案例内容

当前，一个值得人们关注的问题是新兴市场中经济的快速增长。在过去的 70 年间，许多低收入国家快速发展，数以万计的贫困人口实现脱贫。然而，达到高收入水平的国家少之又少。近年来，许多增长较慢的中等收入国家的政策制定者们担心自己掉入"中等收入陷阱"。但与此同时，许多经济学家却否认这一术语的存在。

早在 2007 年世界银行发布的《东亚复兴：关于经济增长的观点》报告中，就提出了"中等收入陷阱"一词。世界银行指出，相较于较富或较穷的国家，中等收入国家的增长会相对较慢，拉美和中东地区就是两个典型的例子，数十年来，它们都未能跳出这个陷阱。那么拉美和中东为何会落入"中等收入陷阱"呢？

图 8-2 展示了拉美地区四个主要国家的人均 GDP 占美国人均 GDP 的比重。拉美地区的工业化进程总共可以分为两个时期：

第一个时期是 1870—1930 年和 1950—1980 年的经济增长"黄金时代"。在这一时期，拉美各国实施了以初级产品生产和出口为主导，以及以进口替代工业化的经济增长方式，使得制造业成为增长的"发动机"。1950—1980 年，拉美地区社会发生巨变，经济飞速发展，国内生产总值增长了 4 倍，年均增长 5.3%，人均年收入增长 2.6%，投资年均增长 7.4%，制造业年均增长 6.5%，产量增加了 6 倍多[1]。与此同时，拉美地区人口从 1.66 亿人增至 3.7 亿人，城镇化水平迅速提高，城市人口占总人口比例从 1950 年的 41.6% 上升到 1980 年的 65.5%。

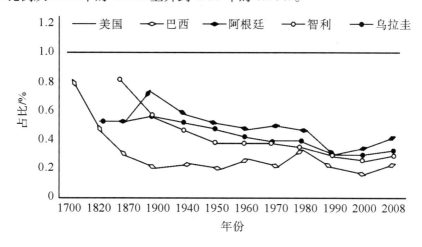

图 8-2　拉美地区四个主要国家的人均 GDP 占美国人均 GDP 的比重（美国=1）

［资料来源：梁泳梅. 拉美是怎样掉进"陷阱"的?：从拉美与美国发展历程的
比较看不平等的长期影响［J］. 政治经济学评论，2022，13（4）：117-134.］

第二个时期是 1981 年至今。墨西哥的债务危机终结了拉美的"黄金时代"。与 1950—1980 年经济高速增长形成鲜明对比，1981 年之后拉美地区的经济年均增长仅为 1.2%，人均收入则年均下降 1.2%，并且经济社会问题接踵而来。1990 年年初，

---

① 高谦. 拉美为何落入"中等收入陷阱"［N］. 学习时报，2018-09-17.

整个拉美地区生活在贫困线以下的人口占总人口的比例高达46%，拉美地区的经济增长停滞，掉入"中等收入陷阱"①。

简单来说，"中等收入陷阱"是一种经济发展状况，当一个国家的国民收入达到一定的平均水平时，却被困在这个水平里，未能进入高收入国家的行列。与此同时，其他国家却取得了重大进展。例如，许多国家通过工业化取得了巨大的进步，他们的国民收入和人均收入也因此增加。对于许多国家来说，由低收入国家发展成为中等收入国家较为轻松，但在那之后，经济增长可能变得非常缓慢，这种现象在拉美国家与中东国家比较常见。这两个地区在过去的四五十年一直保持中等收入水平。

事实上，在1960年的101个中等收入国家中，只有18个国家在2008年之前发展成为高收入国家。那么是什么导致一些国家掉入中等收入陷阱？为什么这18个国家可以发展成为高收入国家呢？其中一个主要原因是工资上升，即劳动力成本上升。劳动力成本的上升会导致严重依赖劳动密集型产业的国家，可能更容易掉入中等收入陷阱。在依靠劳动密集型产业的国家中，大量的劳动力从农村转移到城市。但是随着时间的推移，劳动力供给和人口结构开始改变，从农村到城市的剩余劳动力供给开始减少，而在劳动力供给减少、工资开始上涨的情况下，各国的就业率也达到了最低的转折点。之后，这些国家失去竞争力，经济开始出现下滑。另一个原因可能是生产率或劳动效率的增长速度放缓。如果各国在人力资本特别是教育方面投资不足，这种情况就可能发生。同样，人口老龄化也可能是这些国家掉入中等收入陷阱的原因之一。人口的平均年龄可能在他们致富之前就开始增加，从而降低了劳动生产率。中等收入陷阱也可能是制度失灵的结果。政府和金融部门可能无法应对经济的快速增长。此外，高通货膨胀率和信贷泡沫也可能损害经济增长。

由此可见，要从中等收入国家发展成为高收入国家是十分困难的，它需要这些国家摒弃之前走出低收入水平国家的战略，实施不同的增长策略。每个国家都有不同的经济、社会、制度和文化环境。因此，没有什么共同的政策可以避免一个国家掉入中等收入陷阱。

（案例来源：根据腾讯新闻网、新浪财经、世界银行2007年发布的《东亚复兴：关于经济增长的观点》报告综合整理而得）

三、案例学习目标

本案例的学习目标是使学生深刻理解中等收入陷阱的含义，重点了解拉美地区是如何掉入中等收入陷阱的，以及中等收入陷阱发生的原因，并借此深入思考中国应当如何避免掉入中等收入陷阱。

四、案例讨论题

1. 请结合案例思考拉美地区为何会掉入中等收入陷阱。
2. 请结合案例思考中国掉入中等收入陷阱的风险有哪些。

---

① 高谦. 拉美为何落入"中等收入陷阱"［N］. 学习时报，2018-09-17.

3. 请结合案例思考中国应当如何避免掉入中等收入陷阱。

五、案例分析

1. 请结合案例思考拉美地区为何会掉入中等收入陷阱。

中等收入陷阱主要是指经济发展停滞不前，即一国人均收入达到中等收入水平后，长期处于经济阻滞的一种状态。一般提起中等收入陷阱，都会把它与拉美地区联系起来。拉美国家如巴西、墨西哥等都被普遍认为是掉入了中等收入陷阱的国家。这些国家在 20 世纪六七十年代就已经是中等收入国家，但是经过几十年的发展仍然还是中等收入国家，无法跻身高收入国家行列。这些在拉美地区的国家掉入中等收入陷阱的主要原因有以下四点：

（1）长期僵化地实行进口替代工业化的战略

由于这些拉美国家过去长期生活在贫困中，因此仅依靠发展几十年积累的资本并不足以支持这些拉美国家迅速完成工业化，使得它们的产业升级失败，从而掉入中等收入陷阱。资本积累是经济发展的基础，如果没有高水平的财产储蓄率与投资率，发展中国家很难快速地完成工业化，也不可能跨越中等收入陷阱。与拉美国家不同的是，日本、韩国、新加坡等国家则由于丰厚的资本积累，自 1950 年以后，实现了经济高速增长，成功跨越了中等收入陷阱。在经济高速增长的同时保持极高的投资率，是这些国家跨越中等收入陷阱的重要原因之一。而拉美地区实施进口替代工业化的战略，采取歧视出口的贸易政策，压缩出口和对外贸易，重消费而轻积累，忽视了作为资本积累主要渠道的出口贸易。

（2）缺乏创新的动力

在内向发展模式之下，拉美国家的企业缺少创新创造的动力，导致产业结构转型失败。产业结构转型升级和产业创新是经济持续增长的动力，是跨越中等收入陷阱和迈入高收入国家的必经之路。

（3）用工成本的上升

工资水平上升、人口老龄化和高福利政策，导致拉美地区的劳动力成本迅速增加，在缺乏创新的背景下，劳动力成本的迅速增加使得企业用工成本增加，对外贸易的比较优势消失，对经济发展同样产生不良的影响。

（4）收入分配差异较大

从基尼系数来看，掉入中等收入陷阱的拉美国家的基尼系数普遍较高。例如，阿根廷的基尼系数在 20 世纪 80 年代中期基本为 0.45 左右，到 20 世纪 90 年代末进一步上升到 0.50 左右，2007 年达到 0.51，属于极度不平等状态。而跨过中等收入陷阱的国家，例如韩国在 20 世纪 80 年代末的基尼系数为 0.36，到 20 世纪 90 年代末下降到 0.31[①]。完善的收入分配制度、较公平的收入分配方式是国家保持经济可持续增长，并跨过中等收入陷阱的保障。

151

---

① 胡志翔. 试论"中等收入陷阱"的国际比较和原因分析［J］. 科技视界，2012（25）：86-87.

2. 请结合案例思考中国掉入中等收入陷阱的风险有哪些。

要思考中国掉入中等收入陷阱的风险有哪些，必须先明确近 40 年来，促进中国经济高速发展的主要因素和当前中国经济发展面临的主要问题。

（1）促进中国经济高速发展的因素

①改革开放。改革开放是中国社会发展和经济腾飞的根本源泉，没有改革开放就没有中国的今天。2002—2011 年，中国 GDP 的年均增长率达到 10.6%，可以说加入 WTO 后的十年，是中国经济高速增长的十年。中国将生产的产品出口到世界各地，极大地拉动了人民的就业，提高了人民的收入水平和生活水平。

②劳动力、资本和能源等生产要素价格低廉。受惠于人口红利，中国的劳动力要素价格低廉是中国产业在国际上的比较优势。

③政府在经济发展和结构转型中发挥了积极作用，解决了发展中国家经济发展中可能碰到的市场"失灵"问题。

④公民的高储蓄率、大规模的基础设施建设和稳定的社会环境。

（2）当前中国经济发展面临的主要问题

中国经济的快速发展促使中国迅速地从低收入国家跨入了中等收入国家行列。但与此同时，中国经济发展也面临许多问题，这些问题可能使得中国与拉丁美洲的许多国家一样掉入中等收入陷阱。

①工资水平上升和人口老龄化问题不断加剧。近年来，中国的劳动力工资水平持续上升，并且人口老龄化问题不断加剧，这都可能会使中国的低成本优势减弱。随着劳动力的工资水平不断上升，劳动力价格的上涨推动产品生产成本的上升，中国曾经的廉价制造业优势正逐步消失，低成本竞争优势明显减弱。生产成本的提高会逐渐迫使一些外资企业将工厂搬离中国大陆，在东南亚寻求低薪劳动力市场。与此同时，中国进入老龄化社会后，劳动力正逐渐出现紧缺的现象，劳动力价格将进一步提升。

②对外贸易面临挑战。对外贸易是拉动中国经济增长的根本动力。但是近年来，由于劳动力成本上升，且受疫情影响，中国企业的利润率正在不断减少，一些出口型产业由于利润下降，缺乏扩大生产再出口的动力，这在一定程度上会使利润进一步减少。这种恶性循环会增加企业的经营风险，影响中国的对外出口贸易。

③产业结构转型迫在眉睫。中国过去主要依靠粗放的经济增长模式，以低附加值、低技术的产品拉动经济增长。与发达国家相比，中国的技术生产水平依然有较大差距，因此中国迫切地需要以创新创造带动经济发展和产业结构转型升级，需要一大批敢于创新创造的高质量发展企业。但是当前中国企业的创新能力还不足，特别是民营企业的规模还相对较小，国企生产效率激励体系有待改进。

④收入差距过大。改革开放初期，中国的基尼系数为 0.288，截至 2017 年年底，中国的基尼系数为 0.447，突破了国际公认的贫富差距 0.4 的警戒线，影响了和谐社会的构建。

3. 请结合案例思考中国应当如何避免掉入中等收入陷阱。

根据案例中的内容，总结以往掉入中等收入陷阱的国家的经验和教训，中国应该从以下三个方面入手，以避免掉入中等收入陷阱：

（1）科技创新

中国过去主要依靠低廉的生产要素价格和低附加值的产品出口拉动经济增长。但是随着社会经济的发展，工资和要素价格的上升，人口老龄化等问题的加剧，低廉的生产要素价格不在，中国首先要做的就是超越低成本优势，通过科技创新实现产业升级，推进知识型经济的发展，在成本和创新中更依赖创新，通过产业结构转型，生产高附加值产品，以实现经济高质量发展。

（2）分配公平

拉美国家掉入中等收入陷阱的一个重要原因是重增长轻分配。拉美国家普遍忽视了公平问题，未能有效解决悬殊的贫富差距，为最终落入"中等收入陷阱"埋下了伏笔。因此，中国应坚持"按劳分配为主体、多种分配方式并存"的基本经济制度，通过一次分配、二次分配和三次分配，合理调节收入差距，扩大中等收入群体比例，增加低收入群体收入，合理调节高收入，取缔非法收入，形成"中间大、两头小"的橄榄型分配结构①。

（3）制度完善

深化改革，完善制度建设，构建良好的社会环境是避免中国掉入中等收入陷阱的重要举措。政府应该进一步在市场准入、融资和企业税收等方面进行改革，创造民企与国企公平有序竞争的大环境，激励企业创新和扩大生产规模，支持产业升级，降低融资成本。

六、拓展训练与前沿文献

1. 拓展训练

举例说明世界上有哪些国家成功迈入了高收入国家行列。请总结它们的经验和教训，并探讨对中国的启示。

2. 前沿文献

［1］蔡昉. 人口转变、人口红利与刘易斯转折点［J］. 经济研究，2010（4）：4-13.

［2］蔡昉. "中等收入陷阱"的理论、经验与针对性［J］. 经济学动态，2011（12）：4-9.

［3］郭熙保，朱兰. "中等收入陷阱"存在吗？：基于统一增长理论与转移概率矩阵的考察［J］. 经济研究参考，2021（18）：99-114.

［4］梁泳梅. 拉美是怎样掉进"陷阱"的？：从拉美与美国发展历程的比较看不平等的长期影响［J］. 政治经济学评论，2022（4）：117-134.

［5］戚聿东，褚席. 数字经济发展、经济结构转型与跨越中等收入陷阱［J］. 财经研究，2021（7）：18-32.

---

① 何自力，王传智. 深刻把握中国式现代化的中国特色及其本质要求［J］. 经济纵横，2023（1）：17-24.

[6] 吴昊，林伟. 收入差距、中等收入陷阱与中国的城镇化道路 [J]. 社会科学文摘，2016（7）：59-60.

[7] 张德荣.“中等收入陷阱”发生机理与中国经济增长的阶段性动力 [J]. 经济研究. 2013（9）：17-29.

劳/动/经/济/理/论/与/公/共/政/策/案/例/解/析

第九章
就业与失业

就业与失业是劳动供给与劳动需求在劳动力市场中匹配产生的结果。通过前文对劳动力市场、劳动力供给、劳动力需求与劳动力流动等内容进行学习后，我们能更好地理解复杂现实世界中劳动力供求匹配结果（就业与失业）产生的原因。本章将通过三个案例对其进行深入学习和讨论：第一个案例"新就业形态顺势而为"，介绍了就业的不同类型，着重讨论了新就业形态的产生与特点。第二个案例"当代青年就业难是择业问题还是失业问题"，主要聚焦于青年群体，探讨了该群体失业的原因。第三个案例"世界各国如何解决结构性失业问题"，主要讨论了结构性失业产生的原因，并借鉴国际上其他国家解决结构性失业的方案，为我国解决结构性失业问题提供了国际视野。

第一节　案例9-1：新就业形态顺势而为

新就业形态是由于劳动力市场中供需双方的特征与要求发生变化而产生的一种新型就业模式，打破了传统就业形态的用工模式，改变了传统劳动法的适用对象和条件，对劳动管理、劳动过程、劳动观念等产生了一定的影响。新就业形态的出现有利于缓解我国的就业压力，对于实现灵活就业、充分就业、高质量就业的目标有着重要意义。但随着新就业形态的发展，劳动者权益保障不充分、平台监管与民主参与不到位、算法规制与不合理利用等问题也逐渐显现。因此，有关部门必须加快建设新就业形态下的劳动者权益保障体系，促进平台用工多元化治理，从而使新就业形态释放出更多的潜力与活力。

一、背景知识

本节介绍了近年来兴起并逐渐壮大的新就业形态，讨论了其产生的原因，同时比较了其与传统就业的区别。本节的背景知识将重点介绍就业的分类、不同就业形式的特点以及"技术—经济范式"理论，为分析新就业形态提供理论基础。

1. 就业的分类

（1）传统就业形态

传统就业是基于工业时代企业要求与劳动者特性形成的就业，主要指就业稳定性高且有社会福利保障的就业形态，主要涵盖两个群体：正规经济部门中与用工单位签订无固定期限合同或固定期限合同的全日制工作者。

（2）新就业形态

党的十八届五中全会首次提出"新就业形态"的概念，指出要加强对灵活就业、新就业形态的支持。从本质上来说，从生产力的角度，新就业形态是指新一轮工业革命带动的智能化、数字化、信息化的工作模式。从生产关系角度，新就业形态是指伴随着互联网技术进步与大众消费升级出现的去雇主化、平台化的就业模式①。

2. 不同就业形式的特点

（1）传统就业形态的特点②

传统就业形态中的雇佣关系是工业时代的"员工+企业"的模式，员工与企业签订正规的就业合同，并通过企业与市场进行价值交换，享受有保障的社会福利，工作时间、地点、内容和期限都通过劳动合同固定化。因此，在传统就业形态中，就业依赖雇佣组织，雇主对雇员在特定的工作场所、劳动方式、组织规则方面的控制较强。传统就业形态具有较明显的边界特征，就业边界受时间、地点、职业准入资格和身份等的限制。传统就业形态基于工业时代"泰罗制+福特制"的组织模式，常见的组织模式包括科层制、职能制与事业部制的垂直组织模式。进入 20 世纪 90 年代以后，以计算机为代表的信息技术的发展，使得组织内部的信息沟通更加便捷和迅速，企业组织结构趋于网络化和扁平化。

（2）新就业形态的特点③

新就业形态在工作方式上表现为工时弹性化、合作方式远程化、工作任务碎片化；在组织方式上表现为企业管理平台化、人力资本内外整合化与劳动力技能化；在劳动关系上表现为去组织化。

在数字经济时代，新就业形态的岗位职责不断演变为微小的工作任务，计量单位逐渐缩小、精确，工作任务体现出不确定性；工作时间不再固定，工作时间的计量单位变为小时甚至更短。远程合作取代近距离管控，劳动者和组织在空间上分离。距离不再是工作的障碍，无论是在水草丰茂的江南地区，还是在大漠戈壁的西北地区，人们都可以选择从事同一份工作。

企业的横向管理通过数字化和互联网实现，慢慢打破科层结构，实现平台化和社会化。企业人力资本重心从传统的内部人力资本（劳动关系、岗位关系、雇佣关系）转向外部人力资本，可通过整合内外资源实现利益最大化。在零工经济中，平台对人才选拔逐步趋于技能导向。

区别于传统就业形态中劳动者以"单位人"的身份与组织建立起紧密联系，新就业形态下二者的关系更为灵活、松散。许多劳动者个体通过信息技术或各类平台

① 张成刚. 就业发展的未来趋势，新就业形态的概念及影响分析 [J]. 中国人力资源开发, 2016（19）: 86-91.

② 朱松岭. 新就业形态：概念、模式与前景 [J]. 中国青年社会科学, 2018, 37（3）: 8-14.

③ 郑祁, 杨伟国. 零工经济前沿研究述评 [J]. 中国人力资源开发, 2019, 36（5）: 106-115.

与市场细分领域进行连接，实现个人与工作机会的对接，不与雇主直接形成劳动关系，去组织化特征明显。

3. "技术—经济范式"理论——兼论新就业形态出现的原因

布莱恩·阿瑟将经济看作技术的外在表达，技术作为中介覆盖的一系列关于商品和劳务的活动就是经济①。技术的创新应用在企业生产中会产生新的商品，当其应用上升至宏观层面，会产生新的供给和需求模式，从而催生出新产业和新业态，进而创造出新的就业形态和就业岗位。后来的学者将这一新技术推动微观和宏观经济结构与运行模式变迁的过程概括为"技术—经济范式"。

当前，以移动互联网、云计算、大数据等为代表的新一代信息通信技术不断发展并渗透到各个行业。建立在工业社会基础上的旧经济范式正被新的"技术—经济范式"取代。在新的"技术—经济范式"中，"互联网+"的通用技术体系，正推动互联网技术、平台和应用向传统产业领域渗透和扩散，并不断催生出新业态、新模式和新产业，企业组织形式也会发生变化，改变了劳动者的就业技能、就业方式、就业观念等，促使就业方式转型，从而产生新就业形态。

二、案例内容

1. 导入视频

国家出手为这两亿人维权　别让算法和抽成"绑架"（https://www.bilibili.com/video/BV1mL411t7nT? spm_id_from=333. 337. search-card.all.click）。

2. 案例材料

面对日趋激烈的市场环境，人们的工作模式也在随之变化。就业向来是重大的民生问题，被摆在"六稳""六保"的突出位置。疫情期间，核酸检测员、社区网格员、互联网营销师、老年健康评估师等新就业形态不断涌现，在丰富人们生活、提高服务质量之外，也让许多人有了新的经济来源。特别是随着移动互联网、大数据、云计算等新技术的广泛应用，新就业形态不断被孕育，越来越多劳动者成为该生态中的一员，不断地创造价值并获得报酬。

与传统就业形态相比，新就业形态特别是互联网新就业形态，在劳动关系、技术手段、组织方式、就业观念等方面，都表现出较大差异。在新时代背景下，新就业形态表现出灵活性强、包容性强、自由度高等特点。

在传统社会中，人们大多拥有固定的、单一的职业身份。进入移动互联网时代，灵活就业数量迅速增加。依托于互联网平台和数字技术，人们可以将闲置资源在市场中进行交易，从而获得额外收入；或发挥多样化的个人能力，同时从事多份不同行业、不同类型的工作。例如，科研机构的工程师可以通过文字、图片、视频等方式分享专业知识，公司的白领精英可以分享穿搭、美妆时尚心得，并获得额外的收入。

灵活就业有很长的历史，进入数字经济时代后，其辐射范围更广、影响更深。

---

① 阿瑟. 技术的本质：技术是什么，它是如何进化的 [M]. 曹东溟，王健，译. 杭州：浙江人民出版社，2014：171.

新形态就业涉及的行业不仅包括电商、快递、交通等生活性服务业，也包括教育、传媒等生产性服务业，参与人员不仅包括具有专业技能的作家、学者、工程师等高技能劳动者，也包括各类低技能劳动者。可以说，只要有意愿，人们就能身兼多职，拥有多重职业身份的"斜杠青年"成为越来越多年轻人的选择。全球化智库（CCG）与腾讯青年发展委员会于 2023 年发布的《新就业形态下中国新职业青年发展报告》显示，发展前景好、相关专业毕业、个人爱好是青年们选择新形态就业的主要因素（见图 9-1）。

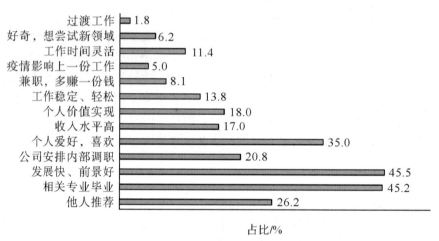

占比/%

图 9-1　受访青年选择新职业的原因

［数据来源：全球化智库（CCG）与腾讯青年发展委员会研究撰写的《新就业形态下中国新职业青年发展报告》］

在传统社会中，企业根据生产经营活动的需要，决定雇佣员工的岗位和数量。一般而言，企业与员工是一对一的关系，在签署劳动合同后，一个员工在同一时间段只服务唯一的企业。员工按照企业规章和上级指令开展工作，企业为员工提供必要的工作场所、生产工具，并根据合同规定和员工绩效发放工资和福利。但是数字经济时代的各类平台不直接生产产品和向用户提供服务，而是为供需双方起到信息沟通、交易撮合的作用。一方面，互联网平台开展平台搭建、运行维护等核心业务，需要拥有自己的核心员工，与员工之间签署传统劳动合同；另一方面，互联网平台与其供应商（如网约车司机、外卖骑手等）则是根据具体的业务建立联系。从平台的角度来看，它是根据具体的订单需求，为顾客与服务提供者建立供需服务关系；从劳动者的角度来看，他可以同时服务于多个平台，实现更灵活的就业。

在工业经济时代，劳动者是以机器为中心的社会化大生产的密切组成部分，也是高度专业化分工中的一环。企业为了适应社会化大生产要求、实现规模经济、提高沟通效率，需要组织员工在固定地点工作，协调配合操控机器，实现生产线的运转。数字技术打破了物理工作空间的限制，面对面交流、直接接触生产设施和设备不再是必须的，劳动者可以更加灵活地选择工作场所，居所、咖啡厅、户外都可以成为工作空间。

　　新就业形态在拓宽就业渠道、增强就业弹性、增加劳动者收入等方面有着重要作用。在疫情期间，新就业形态蓬勃发展，在日常生活服务与社会运行上，使得物资供应不断、社会运行有序；在就业上，提供了大量灵活就业岗位，减少了就业波动。当前，新就业形态已成为我国促进就业的一个重要渠道。国家信息中心发布的《中国共享经济发展报告（2023）》显示，共享平台企业在直接吸纳就业与促进就业信息交换上做出了突出贡献。2022年，达达集团联手京东集团面向全社会提供了数十万个就业岗位，达达快送面向全国超过2 700个地区招募骑士。快手推出数字招聘平台"快招工"，通过流量扶持和算法匹配，劳资双方可以更快捷地了解彼此需求。2022年第二季度，"快招工"月活跃用户达2.5亿人，简历日投递峰值超36万份。

　　然而，新就业形态并不像看上去那样完美无缺。在研究报告《订单与劳动：中国外卖平台经济视野下的算法与劳动探究》中，孙萍表示，在超时的惩戒之外，系统还用这种游戏化的评估方式，将很多骑手卷进了一个无法停歇的循环，"他们希望我们夜以继日地工作，"一位骑手对她说，"我上个月已经是黑金骑士了，如果我想维持，我还需要832点，还有很多活儿要干。"在高强度的算法管理下，骑手们拥有的社会保障似乎并没有给他们提供一个无后顾之忧的工作环境。2020年，"饿了么"平台众包骑手猝死一事，引发了骑手与外卖平台的争议。众包骑手在蜂鸟众包App上签署的众包协议里有一项特别提示：蜂鸟众包仅提供信息撮合服务，您与蜂鸟众包不存在任何形式的劳动/雇佣关系。针对该事件，"饿了么"回应，平台和骑手并非劳动关系，出于人道主义，他们可以为该骑手家属提供2 000元的援助，其余由保险公司处理。而该骑手在蜂鸟众包上所缴纳的保险，对工作期间猝死这一项的赔偿是3万元。

　　（案例来源：根据人物、三联生活周刊、腾讯网等网站新闻综合整理而得）

三、案例学习目标

　　本案例的学习目标是使学生深刻认识新就业形态的特征、优缺点及产生原因，重点理解新就业形态对就业的影响，并能够运用所学的劳动经济理论分析现实生活中的新就业形态问题。

四、案例讨论题

　　1. 结合案例，谈一谈新就业形态的特征。
　　2. 结合案例与劳动经济学相关理论，谈一谈新就业形态出现与壮大的原因。

五、案例分析

　　1. 结合案例，谈一谈新就业形态的特征。
　　新就业形态特别是互联网新就业形态与传统就业形态相比，在劳动关系、工作方式、组织方式等方面，都表现出较大差异。新就业形态的特征主要包括以下三个方面：

159

（1）灵活多元的劳动关系

传统就业形态以雇佣合同或协议的方式，使企业与劳动者之间形成了较为稳定的以年为单位的劳动关系。然而，在新就业形态中，企业与劳动者的协议仅存续于两者"合作"期间。平台基于订单需求雇佣劳动者，而劳动者可以同时服务于多个平台，不再局限于一对一的固定劳动关系，转变为一对多的、即时性的劳资关系，劳动者只要有意愿就能身兼多职，成为拥有多重职业身份的"斜杠青年"。

（2）灵活弹性的工作方式

传统就业形态中企业需要组织员工在固定地点工作，通过协调配合操控机器，实现生产线的运转。新就业形态依托于移动互联网、大数据、云计算等新技术，使得其打破了社会化大生产条件下机器和社会分工对物理工作空间的限制，劳动者可以更加灵活地选择工作场所，居所、咖啡厅、户外都可以成为工作空间，人们随时都可以进入工作时间。

（3）平台化的组织方式

与传统就业形态采取的复杂科层制不同，在新就业形态下，企业通过平台化、社会化的方式对劳动者进行组织管理，在提高了沟通效率的同时，增强了劳动者的自由度。

2. 结合案例与劳动经济学相关理论，谈一谈新就业形态出现与壮大的原因。

从信息技术革命开始到数字经济兴起，劳动力市场也在不断调整、变化。新就业形态的崛起，是劳动力市场中供需双方同时发生变化，并依托互联网技术实现快速匹配的结果。

首先，从劳动力供给方来看，第一是互联网的普及、生活方式的变化，使得劳动者的就业偏好发生了改变。与以往追求朝九晚五的铁饭碗相比，越来越多的年轻人向往自由、灵活的工作方式与轻松的工作环境。新就业形态下灵活弹性的工作时间和工作地点与更加扁平化的平台管理，更能够满足新一代年轻人对工作的期待。第二是人口老龄化、少子化促使灵活就业成为新浪潮。我国老龄化程度不断加深，65岁以上人口比重快速增加，退休人员对兼职的需求增加，灵活就业成为应对人口老龄化的重要方式。第三是子女抚养标准、抚养费用的提升，促使人们需要灵活就业。当前，家庭对儿童陪伴、教育的要求普遍更高，使得职业女性平衡工作和家庭的难度加大，灵活程度成为其就业时考虑的重要因素。

其次，从劳动需求方来看，新就业形态更灵活、成本更低等特点与大量新涌现的企业完美契合。大数据、人工智能等新一代信息技术催生了新业态，并产生了新就业形态的用工需求。新就业形态解决了企业季节性、周期性、时段性的用工难题，降低了企业用工成本。同时，在新就业形态下，企业和劳动者之间不存在劳动关系。企业只需向第三方人力资源服务商支付相应的人员成本、服务费和风险金，与传统雇佣方式相比，在人才的选、用、育、留、退等环节的成本均有所降低，使得用人单位能更好地聚焦战略与主业，提高组织弹性。

最后，从劳动力市场的供需匹配环节来看，算法提高了岗位的供需匹配效率。数字化平台成为人、物、数据的匹配中心，颠覆性地解决了市场信息不对称问题，促进了在线消费及用工需求的繁荣。生活类服务业率先打破限制，"在任何地方都可以工作"的灵活就业方式变为现实。

六、拓展训练与前沿文献

1. 拓展训练

数字经济下算法管理对劳动者有哪些影响？

2. 前沿文献

［1］吴清军，李贞. 分享经济下的劳动控制与工作自主性：关于网约车司机工作的混合研究［J］. 社会学研究，2018，33（4）：137-162，244-245.

［2］陈龙，韩玥. 责任自治与数字泰勒主义：外卖平台资本的双重管理策略研究［J］. 清华社会学评论，2020（2）：63-92.

［3］刘善仕，裴嘉良，钟楚燕. 平台工作自主吗？在线劳动平台算法管理对工作自主性的影响［J］. 外国经济与管理，2021，43（2）：51-67.

［4］刘善仕，裴嘉良，葛淳棉，等. 在线劳动平台算法管理：理论探索与研究展望［J］. 管理世界，2022，38（2）：14-16，225-239.

［5］CURCHOD C，et al. Working for an algorithm：Power asymmetries and agency in online work settings［J］. Administrative Science Quarterly，2020，65（3）：644-676.

［6］邢朝国，李季垚. 代驾司机数字劳动不稳定性的算法形塑机制及其主体应对［J］. 中国青年研究，2023（7）：14，49-56.

第二节　案例9-2：当代青年就业难是择业问题还是失业问题

青年群体是劳动力市场的新生力量，高校毕业生等青年群体具有专用性人力资本较低、就业过渡性特征明显、就业形式多样化等典型特征。相较于其他群体，青年群体在劳动力市场更加脆弱、就业问题更加典型。因此，我们需要进一步探讨青年就业难的原因，为相关政策制定者提供理论依据，以针对性地解决青年就业难的问题，从而维持劳动力市场活力。

一、背景知识

回答本案例"青年就业难是择业问题还是失业问题"这一核心问题时，需了解什么是失业、什么会导致失业以及失业有哪些类型。本节在背景知识中详细介绍了失业的定义、影响失业的因素以及失业的分类，以此为案例分析奠定理论基础。

1. 失业的定义

根据国际劳工组织对失业的定义，失业人口是指在一定年龄以上，有劳动能力，在规定的调查期间无工作，但当前有就业的可能并以某种方式寻找工作的人。我国界定的失业年龄通常在16岁以上。

2. 影响失业的因素

影响失业的因素有客观因素与主观因素。具体而言，客观因素包括经济因素、人口因素、制度因素等，主观因素主要指劳动者的个人就业偏好。

（1）客观因素

首先，经济因素包括经济的周期性波动与产业结构调整。当经济处于衰退或萧条时，经济中的总需求减少，降低了总产出，劳动力需求作为商品的派生需求随之减少，引起了整个经济体系的普遍失业。经济的周期性波动引起的失业一旦发生，将会影响所有的行业、群体，但不同行业受到的影响存在差异。经济结构影响失业包括静态与动态两个方面。静态经济结构指产业结构，由于第一、二、三产业吸纳就业的能力不同，面对相同的就业总量，不同的产业结构会形成不同的失业水平。动态经济结构指产业结构升级，随着产业结构不断变化，原有的工作不断消失，新的工作不断产生。除了转换工作需要时间导致的摩擦性失业，新工作与旧工作对劳动者的需求不同，也会导致失业者可能无法重新匹配到合适的工作。

其次，人口因素包括劳动人口总量、劳动人口结构与人力资本。劳动人口总量会直接导致就业供需数量不平衡，劳动人口年龄结构与性别结构会由于劳动力市场需求与该结构不匹配，使得部分人无法找到工作。劳动者的人力资本达不到岗位要求或者人力资本的技能与岗位需求不匹配，都会导致劳动者无法就业。

最后，制度因素是指劳动力市场中制度代替市场进行资源配置造成的流动性障碍。这一因素在我国表现得最突出的是，户籍制度与编制制度形成的主次要劳动力市场分割。在劳动力市场高度分割的情况下，城市群之间、各行政区域之间、城乡之间的各个劳动力市场的运行机制、价格机制都不相同，导致劳动力流动不顺畅，劳动力市场供求双方无法自由匹配，造成职位空缺与失业并存。

（2）主观因素

主观因素主要指劳动者的个人就业偏好，具体包括就业地区偏好、就业行业偏好等。当大部分劳动者就业偏好过于统一时，会导致某行业、某地区有大量求职者涌入，竞争激烈，而其他行业则无人问津，大量职位空缺，此时职位空缺与失业并存。

3. 失业的分类

根据失业的原因，失业可以分为两大类。

（1）自愿失业

自愿失业，是指劳动者主观不愿意接受现有的工作条件和收入水平，或其要求的实际工资超过了边际生产率，从而未被雇佣而造成的失业。

（2）非自愿失业

非自愿失业，是指虽然劳动者有劳动能力且愿意接受现有工资水平，但由于客观原因仍然找不到工作的失业现象。非自愿失业根据原因的不同，可以分为结构性失业、摩擦性失业、周期性失业、季节性失业、技术性失业、隐藏性失业等。

①结构性失业

结构性失业，是指劳动力供给和需求不匹配造成的失业，其特点是失业与空缺职位并存持续时间较长，通常起源于劳动力的需求方。失业者由于技能或居住地等原因，无法填补现有职位空缺。导致供需结构无法匹配的原因包括技术进步等使得需求方对劳动者的要求提高、教育滞后等导致劳动者素质跟不上，以及劳动力流动性受限导致供需匹配效率较低。

②摩擦性失业

摩擦性失业，是指在转换工作的过程中，劳动者由于难以避免的摩擦而产生的短期、局部的失业，持续时间较短。这种失业通常起源于劳动力的供给方。

③周期性失业

周期性失业，是指经济周期波动所造成的失业，即当经济衰退或萧条时，因劳动力需求下降而导致的失业。当经济中的总需求减少时，生产规模也缩小，导致劳动需求减少，会出现普遍的失业现象。周期性失业对于不同行业的影响是不同的，一般来说，对于需求的收入弹性越大的行业，影响越严重。

④季节性失业

季节性失业，是指由于气候状况的规律性变化对生产、消费产生影响引起的失业。

⑤技术性失业

技术性失业，是指在生产过程中引进先进技术代替人力而造成的失业。从短期看，先进的技术和完善的经营管理必然会取代一部分劳动力，从而使一部分人失业；但从长远角度来看，劳动力的供求总水平不会因技术进步而受到影响。

⑥隐藏性失业

隐藏性失业，是指劳动者虽然有工作，但他们的职位没有充分利用他们的技能和能力，或者他们的工作效率远低于他们实际能达到的水平。在这种情况下，劳动者的潜能和技能没有得到充分的应用和发挥。

二、案例内容

1. 导入视频

应届毕业生人数首次破千万 人工智能岗位月薪超 2 万登高薪榜首（https://www.bilibili.com/video/BV17Y4y1Y7Sw？spm_id_from = 333.337. search – card. all. click）。

2. 案例材料

在当前需求收缩、供给冲击和预期转弱的三重压力冲击下，我国青年群体进一步面临就业规模扩大和失业问题严重的两难局面。纵观近几年的城镇调查失业率数据（见图 9-2），与总体城镇调查失业率的低位小范围浮动形成鲜明对比的是，居高不下、一路曲折上扬的城镇青年调查失业率。根据国务院发展研究中心研究员卓贤的计算，2022 年我国青年失业率的平均值是整体失业率的 3.15 倍，2023 年第一季度的失业率是整体失业率的 3.75 倍，且差距越来越大。其中，中国大学生失业率是青年整体失业率的 1.4 倍，是青年失业人口的主体，失业率在 28% 左右。

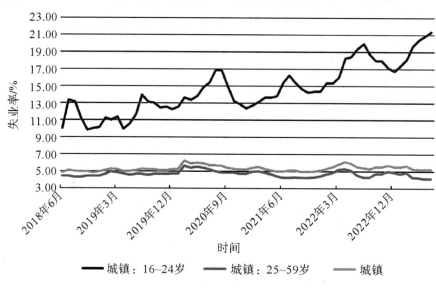

图 9-2　2018 年 6 月至 2022 年 12 月中国城镇调查失业率

聚焦到大学生的就业数据，截至 2022 年 4 月中旬，根据智联招聘的数据，只有 15.4% 的应届毕业生签约找到了合适的工作，低于 2021 年的 18.3%；有 46.7% 的应届毕业生收到了 offer，低于 2021 年的 62.8%。2022 年就业形势比以往更为严峻。

与大量大学毕业生找不到工作形成鲜明对比的是，高端制造业人才供给出现断档。根据 BOSS 直聘研究院发布的《2022 年春季就业市场趋势观察》，新能源、航空航天、集成电路、工业自动化等高端制造业领域的招聘需求同比增长 40% 以上，技能人才供不应求。在深圳职业技术学院 2022 届毕业生招聘中，企业求人倍率约为 7；北京电子科技职业学院每年学校推荐岗位数量与毕业生人数比平均约为 15∶1。记者采访了解到，一些地方单位、企业非常缺乏 IT、电子信息等方面的毕业生，对文史哲、普通技术类等人才需求不多。

东北地区阳光农业某保险公司，2022 年招聘应届毕业生时出现明显的地域分化。该公司人力资源部总经理告诉记者，2022 年天津分公司计划招 20 人左右，但投简历的有 250 余人，而黑龙江分公司的招聘明显偏冷，无论是在哈尔滨还是在大连工作，应届毕业生都不愿意去，计划的招聘指标没能招满。哈尔滨某科技有限公司是我国专业通信行业的龙头企业、国家级高新技术企业、某通信股份有限公司的全资子公司，2022 年计划招聘 70 人，集中在计算机、软件、通信等方向，实际签约人数还不到 30 人。广西某矿业有限责任公司人事主管告诉记者，当前来咨询的求职者意向较多的是行政岗位，对于公司需求较大的技术岗位则少有人问津。"我们开出的待遇在当地属于中上等，但因为工作地点较偏僻等因素，技术性岗位没什么人报名。"

阳光农业某保险公司人力资源部总经理在校园招聘中发现，现在的部分大学生希望找到高薪、离家近、稳定、压力小的工作，从要求五险一金到五险二金（企业年金），再到普遍关注会不会加班、加班频率等。"95 后"学生对企业薪酬待遇的要求和期待越来越高，不如意者，轻易不会签约。考公、进国企，俨然已经成为当下部分大学生走出象牙塔后追求的安稳道路。几年前，在大众创业万众创新的浪潮之下，一波波大学生努力为国家的经济建设按下加速键。而当前越来越严峻的就业形势，促使年轻人更加谨慎地选择就业。

青年人在谈到自身就业难问题时，也叹息自嘲。一位匿名硕士应届生提到，她毕业至今都没有找到一份合适的工作。她刚参加的一个非编的笔试，在一线城市的税前工资为 8 000~9 000 元，但是要求硕士学位，考试时 60 多个人把考场坐得满满当当。她感叹："大家都好难啊！"然而，就业的状况并没有因为是否工作过而发生改变。凌琳毕业后入职了一家教育培训机构，在此工作了两年半，她表示："我一点也不喜欢当老师，当初只是为了找到一份工作，所以很痛苦。"后来辞职参加省考，成绩差 10 分就能进面试。"我有多么想进体制内吗？其实也没有。只是想要一份稳定的工作，觉得那样往后的 40 年，就不会因为找工作的事而操心。"

（案例来源：根据三联生活周刊、澎湃新闻、浙江在线、中国机器人网等网站新闻综合整理而得）

三、案例学习目标

本案例的学习目标是使学生深刻理解失业的类型与影响因素，重点理解制度因素对失业的影响，并能够运用所学的劳动经济理论分析现实生活中的失业问题。

四、案例讨论题

1. 请结合案例与相关理论知识分析青年就业难的原因。

2. 请结合案例与相关理论知识，分析大学生就业偏向于考公务员、进国企的原因。
3. 如何缓解青年就业难的问题？

五、案例分析

1. 请结合案例与相关理论知识分析青年就业难的原因。

青年就业受主观因素与客观因素的综合影响。客观因素来源于经济因素、人口因素、制度因素造成的劳动力市场的供求不平衡，主观因素来源于青年人自身的择业观。从客观上来看，青年劳动力市场供给不断增加，教育的滞后性以及劳动力市场的一些制度性因素，使得劳动力供给偏向大城市的管理岗位。然而，由于经济转型、经济发展速度放缓、劳动力需求收缩，劳动力需求的地理分布、技能分布产生了变化。人口因素、经济因素共同导致了劳动力供求在数量与结构上的不平衡，周期性失业、摩擦性失业与结构性失业相互交织，形成复杂的青年失业问题。从主观上看，部分当代青年人不正确的择业观，使得青年就业难上加难。

（1）客观因素

①经济下行，劳动力需求减少与青年劳动人口不断增加，共同导致了就业市场的供需数量不平衡。近年来，我国高校毕业生人数不断增加，即青年劳动力供给不断增加。但由于我国宏观经济面临需求收缩、供给冲击、预期转弱三重压力，企业生存艰难，难以提供与新增劳动力数量相匹配的大量岗位，劳动力需求整体下降而供给不断增加，出现供大于求的现象。

②在经济发展过程中，劳动力市场需求发生变化，而劳动力供给无法及时适应这种变化，导致就业市场供需结构不平衡。首先是地区供需不平衡。由于我国东部地区发展迅猛，中西部地区与东北地区相较而言发展较慢，故而出现东部地区竞争激烈，而其他地区"职位等人"的局面。其次是技能供需不平衡。教育对人力资本的调整具有滞后性。当下高校的招生专业设置相对固化，缺乏对就业市场需求的跟踪和调研，难以切实把握各行各业对专业人才种类的需求。加之高校的人才培养需要一定的时间，而经济发展瞬息万变，经过几年的发展，招生时的热门专业可能由于形势的变化，岗位设置数量有所降低。同时，随着数字经济的兴起，大量新兴职业涌现，部分传统职业被替代，而在传统教育体系下成长的青年人并不具备相应人力资本，导致劳动力市场技能供需不平衡。就业市场呈现出企业招工难与青年就业难并存的现象。

（2）主观因素：部分青年未树立正确就业观念

首先，部分青年期望的工资高于均衡工资，他们希望找到高薪、离家近、稳定、压力小的工作，且择业要求不断提高。但实际情况是，市场均衡工资水平相对以往有所下滑。其次，大部分青年将主要求职岗位瞄准公务员、国有企业，使得此类岗位竞争过于激烈，就业难度加大。因此，青年应正确审视自身能力，树立正确就业观念，合理制定择业标准。

2. 请结合案例与相关理论知识，分析大学生就业偏向于考公务员、进国企的原因。

从劳动力的需求和供给两方面分析大学生就业偏向于考公务员、进国企的原因。首先，从劳动力市场需求侧来看，企业对劳动力的需求减少，使得劳动者更难在企业找到工作。受疫情的影响，市场环境不稳定，企业生存艰难，难以提供高薪或者有保障的工作。因此，在直接的经济压力下，多数企业选择压缩劳动力成本。同时，市场整体需求萎缩、企业业务拓展受阻，企业对未来劳动力的需求降低，因此会减少新增岗位。这两方面的原因导致在劳动力市场中，企业对劳动力的需求大幅缩水。

其次，从劳动力市场供给侧来看，二元分割市场的存在使得劳动者更偏向于考公务员、进国企。根据劳动力市场分割理论，劳动力市场由于制度性因素的作用，形成了部门差异，分为主要劳动力市场与次要劳动力市场。主要劳动力市场的工作特征表现为工作稳定、工资较高、工作条件好、培训与晋升机会较多。公务员、国企员工则是主要劳动力市场的代表性工作，其福利待遇包括完善的五险一金以及超低的辞退率，普通企业单位难以企及。在疫情影响下，互联网大厂"裁员潮""降薪潮"屡见不鲜，以稳定著称的国企与公务员在经济波动时期更具吸引力。此外，受几千年来传统儒家思想的影响，公务员、国企此类为国家工作的"铁饭碗"一直是求职者眼中的好工作。

3. 如何缓解青年就业难的问题？

要想做好青年就业工作，保持就业形势稳定，实现青年充分高质量就业，需要协同协力，从供需两端多方面、多渠道强化政策与服务支撑，既要为其创造良好的就业宏观环境，又要适应其职业发展的合理预期，切实解决青年求职择业过程中的难题。

（1）政府

政府需要从两个方面着手。一方面，企业是青年就业的主渠道，政府可以通过政策支持，促进企业发展，以增加劳动力需求。保经济增长、保市场主体是稳就业的关键。另一方面，政府可以通过完善青年就业公共服务，减少劳动力市场摩擦，提升劳动力市场供需匹配效率。

①优化营商环境、扩大贷款渠道，扶持中小微企业。从我国的实践来看，改革开放以来，中小微企业贡献了全国80%的就业和50%以上的税收。因此，解决青年就业问题，缓解就业总量压力，需要对中小微企业进行重点帮扶，发挥其在创造就业岗位上的重要作用。为企业发展降压减负，可在政策上降低企业运营成本，贯彻落实减税降费等惠企政策；着力发展数字普惠金融，缓解企业特别是中小微企业融资问题。同时，优化营商环境，深入推进"放管服"改革，进一步破除制约市场主体发展的不合理限制；完善各类市场主体公平竞争的法治环境，健全市场监管长效机制。

②优化完善就业公共服务。一是利用数字技术建立青年就业平台，促进就业信息流转，借助信息化平台为求职者提供高品质的新就业形态。二是提高供求匹配效率。公共就业服务部门做好事前准备工作，尽可能地摸透企业招聘的基本门槛以及

隐性要求，并对劳动者的就业需求及其能力进行摸底调查。以精准信息的掌握为前提，向供需双方提供精确而匹配的职业介绍。三是引导三方机构参与，能够实现公共就业服务机构与职业介绍服务企业合作双赢，弥补公共性职业介绍的不足。公共就业服务部门应该充分利用"第三只手"，完善相关制度规范，采取服务外包、特许经营等制度，完善职业介绍市场化运作方式。

（2）高校

高校的第一任务是培养人才，要着眼于市场需求，具备预见性眼光，对人才进行全方位培养，提高青年劳动者的人力资本质量及其与劳动力需求的匹配性。

①前瞻性的人才培养。高校在专业设置与招生人数上应做好充分的调研和论证工作，紧紧围绕区域经济发展和人力资源需求，充分考虑大学生毕业时的就业需求，考虑产业行业发展和未来人才需求的动态关系，以知识、素质、能力培养为核心，设置课程体系。修订人才培养方案时，也应反向设计、正向实施，增加更多的实习实践环节。

②强化校企定制培养。校企合作培养是提升毕业生职业能力的关键环节。通过联合培养，企业可以全程参与学校课程体系的制定，并为学生提供实践实习的机会，把实习学生作为重要的人力资源储备，纳入企业整体人力资源战略规划。同时，高校还可以推行仿真化的职场体验课程，让企业更加积极地参与人才培养，更加主动地融入毕业生从就业到择业的过程。此外，高校可以提前向社会发布学科专业结构、培养规模、培养情况，方便用人单位了解、有针对性地招聘人才。

③强化思想教育与职业规划引导。高校应关注长远职业生涯发展指导，针对劳动者职业生涯不同阶段的需求，确定个性化职业指导重点与指导方式；引导劳动者树立正确的就业观，尽可能缩小预期与现实的差距，明确职业价值以及发展潜力；进行针对性的思想教育和宣传引导，提高高校毕业生"下基层"的意愿；加强顶层设计，建立基层就业的引导与培养体制机制。

（3）劳动者

劳动者作为劳动力市场中的供给者，应树立正确的就业观，并不断提升自身综合素质，这是解决失业问题的根本之策。首先，进行择业心态的自我调整。青年劳动者应客观地认识社会和评价自我，合理地调整择业目标，根据社会需求明确就业定位，调整择业心态，培养抗挫折的能力。其次，完善知识结构，提高专业技能。青年劳动者应根据自己的职业生涯规划，构建合理的知识结构，强化自身专业技能，在课堂学习之余，应积极参加专业学习、技能培训、社会实践、课题研究、科技竞赛等活动，通过这些途径完善知识结构、提升专业技能。最后，加强综合素质培养。当前用人单位不仅看重青年劳动者分析问题、解决问题的能力，而且看重青年劳动者的各项软实力。青年可通过比赛训练、企业实习等多渠道，增强自身综合实力，提高个人整体素质。

六、拓展训练与前沿文献

1. 拓展训练

影响青年就业的因素有哪些？

2. 前沿文献

［1］岳昌君，邱文琪. 疫情防控常态化背景下高等学校毕业生就业状况及影响因素［J］. 教育研究，2022，43（6）：28-44.

［2］李涛，李茜. 中国高校农村籍应届毕业生就业形势与发展趋势：基于 2021 年和 2020 年两轮全国调研数据的实证研究［J］. 南京师大学报（社会科学版），2022（3）：46-57.

［3］顾希垚，林秀娟. 构建高校毕业生就业质量评价体系探析［J］. 思想理论教育，2021（7）：108-111.

［4］李俊龙，单姗，徐彬. 提升高校毕业生就业质量路径的分析与研究：基于江苏省 7 所高校的毕业生就业质量报告文本分析［J］. 中国大学教学，2021（6）：87-96.

［5］谭永生. 经济新常态对中国青年失业的影响及趋势研究［J］. 中国青年研究，2016，247（9）：105-109.

［6］郭达. 国际视野下青年失业问题研究［J］. 当代青年研究，2019，360（3）：96-102.

第三节　案例9-3：世界各国如何解决结构性失业问题

当前我国正处于结构调整的关键时期，结构性失业已成为我国就业领域的主要矛盾，深入研究结构性失业的成因，消除劳动力市场的结构性矛盾，对于实现劳动力的供需匹配具有重要意义。

一、背景知识

为了分析"世界各国如何解决结构性失业问题？"这一案例，本节首先介绍了结构性失业的概念和内涵；其次从原因角度对结构性失业进行了分类；最后描述了失业保障制度的具体组成，并依据非劳动收入对劳动供给的影响，分析失业保障制度可能存在的"福利依赖"问题。

1. 结构性失业的概念和内涵

结构性失业，是指在劳动力市场上，当供给方和需求方无法完全匹配时，产生的失业和职位空缺并存的现象。新古典综合学派从劳动力市场的技术结构方面来分析结构性失业，认为由于经济结构的变化，劳动力的供给和需求在职业、技能、产业、地区分布等方面的不协调会引发结构性失业，并且失业与工作空位并存。此后，其他学派分别从劳动力市场的部门结构、地区结构和所有制结构等方面，来分析劳动力供求结构不一致引起的结构性失业问题。

2. 结构性失业的分类①

从导致劳动力供求结构不一致的原因出发，结构性失业可以分为六类：

（1）结构调整型失业，是指经济结构的调整导致的劳动力供求结构不一致而产生的失业。经济结构的调整使得社会对劳动力的工种、技能、技术、知识、经验等的需求结构发生了变化。与此同时，劳动力的供给结构无法及时地变动，以适应新的劳动力需求结构。

（2）体制转轨型失业，是指经济体制转变导致的劳动力供求结构不一致而产生的失业。在计划经济体制与市场经济体制中，企业的主要目标存在差异。在计划经济体制中，企业的目标包括生产与实现充分就业。因此，计划经济体制中的企业的雇佣数量可能超过其实际需求数量，且该部分劳动力的人力资本也相对较低。计划经济体制向社会主义市场化经济转轨后，私营经济快速发展，产生大量劳动力需求。但由于国有企业下岗员工的人力资本、分布地区等与新增需求不符，无法被非公有制企业吸纳。

（3）经济增长方式转变型失业，是指经济增长方式的转变使得用人单位对劳动者的要求提高，而现实中劳动者无法满足用人单位的要求而产生的失业。如随着经济增长方式的转变，一方面，大量员工失业；另一方面，许多城市包括北京、上海、

---

① 严燕飞. 结构性失业的概念界定及类型研究［J］. 山东教育学院学报，2003（5）：39-42.

深圳等都出现技术工人短缺的状况。

（4）知识经济发展型失业，是指由于知识经济的到来，社会对劳动者知识掌握的速度、广度、深度都提出了新要求，而劳动者满足不了这一要求而产生的失业。知识经济改变了传统的工业经济，使职业结构发生巨大变化。若从事原有技术工种的劳动者无法匹配新的岗位，那就必然导致结构性失业。

（5）技术进步型失业，是指由于技术进步，劳动需求结构升级，用人单位对劳动者的要求提高，劳动供给结构在工种、技术、知识上无法与其匹配而产生的失业。

（6）教育发展滞后型失业，是指教育体制落后、教育结构不合理，导致劳动者素质不能得到及时提高，或劳动者学非所用，导致劳动力供给结构满足不了需求结构的要求而产生的失业。

3. 失业保障制度及其对劳动供给的影响

失业保障制度，是指当非自愿性失业人员在失业期间无法获得必要的维持基本生活的经济保障时，由国家和社会提供帮助的制度。失业保障制度主要包括失业保险制度、失业救济制度与就业帮扶制度等。

财产和非劳动收入的增加会减少劳动的供给。在其他条件不变的情况下，非劳动收入增加得越多，劳动供给就减少得越多。失业保障制度中的失业保险属于非劳动收入。因此，失业保险可能会促使一部分劳动力选择退出劳动力市场。当存在失业保险时，如果劳动收入低于失业保险，劳动力的理性选择就是不就业，只领取失业保险，这样，他所面临的预算线就成了拐折的形状。如图 9-3 所示，当失业保险水平较低时（当失业保险水平为 TB 时），劳动者没有改变原先的收入和闲暇组合。但是当失业保险水平提高到一定程度时（当失业保险水平为 TD 时），劳动者的最优选择将是不再劳动，因为虽然他此时的收入比原先有所下降，但却充分地享受了闲暇，相应的效用水平更高。这种现象从全社会的角度来看，却是劳动力资源的浪费。

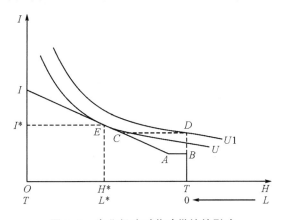

图 9-3　失业保险对劳动供给的影响

因此，尽管失业保险制度是一项不能缺少的社会保障制度，但失业保险水平却不宜过高，而且一定要有相应的领取时间限制。一般而言，很多国家都规定了失业保险的最长领取期限是 2 年，过了该期限后，劳动者所面临的预算线又变回了原来的，这样他（她）就会重新回到劳动力队伍中去。

二、案例内容

1. 导入视频

失业比工作赚更多，百万美国民众"躺平"，州政府：结束福利（https://tv.sohu.com/v/dXMvMzEzMzIwNTYzLzI2Njk5MzM2Ny5zaHRtbA==.html）。

2. 案例材料

2020年9月，洛杉矶流浪汉艾弗森窝在用一堆行李搭建的"简易帐篷"中，他紧盯着电脑屏幕，密切关注着福利部门"免费餐饮"的发放信息。据美国有线电视新闻网（CNN）报道，这位"无家可归者"原本拥有极其光鲜的履历，他在高中时代就是优等生，以最优成绩毕业，并收到了美国多所知名学府抛出的"橄榄枝"。从耶鲁大学毕业后，艾弗森被知名金融企业摩根士丹利招纳，在华尔街也曾叱咤风云。难以预料的是，他人生中的重大变故接踵而至：先是业务急剧减少、事业受挫；之后母亲患绝症去世，导致其精神备受打击。经历一系列打击后，艾弗森只得从豪华的大别墅中搬出来，成为美国街头居无定所的流浪汉。他提到，流浪的生活格外困难，流浪后他"丢过"很多东西，为防止仅剩的"家当"被偷，他有时只能整晚不睡觉。如今，他已年过五旬，与其他流浪者一样衣衫褴褛、饱经沧桑，唯一使他显得处境比别的流浪汉稍好的是，他有一台笔记本电脑和一部奥巴马时期免费获得的手机。通过这些设备，他对当地教堂和福利机构的餐饮发放时间了如指掌。

而艾弗森的遭遇仅仅是美国大多数流浪汉的一个缩影。据美国流浪人口与贫困部门调查，导致流浪的主要原因是失业。美国2018—2023年的调查失业率数据显示（见图9-4），美国的调查失业率在2019年出现失业高峰，调查失业率超过14%，随后在2022年慢慢回落至2018年的水平，但仍在4%上下徘徊。美国劳工部2021年9月的数据显示，8月全美失业人数为840万人，高于预计值。但与此同时，招聘公司Indeed估计，当前美国有大约1 000万个职位空缺，创下了最高纪录。

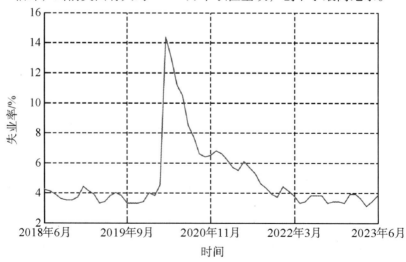

图9-4　美国2018—2023年调查失业率

　　投资银行摩根士丹利在研究报告中提到，疫情后的行业复苏是不平衡的。一些行业的职位空缺超过了最初被解雇的员工数量，如制造业和专业服务行业。"技能和资格方面的差异让失业工人很难轻松过渡到要求更高的行业，这导致劳动力供给和需求的不匹配。"摩根士丹利的研究报告中写道。失业者的技能和预期错配导致后疫情时代劳动力短缺。阿姆斯特丹大学养老金经济学教授认为，各国政府也需要认识到，后疫情时代的世界可能与之前不一样。"你还必须考虑行业的长期转变。对于航空公司来说，用户会回归，但可能不会有以前那样大的规模，零售业也可能会永久转向网络商店。"

　　在疫情可能存在的长期影响下，世界各国经济都在艰难转型，试图寻求机遇，从整体下行的经济中找到转机。在此背景下，失业率的大幅上涨不是预想中简单的短期的周期性失业，而是周期性失业、结构性失业与摩擦性失业三者并存的复杂失业状况。

　　面对结构性失业的问题，不同国家采取了不同的解决方式。德国从教育入手，将"双元制教育"作为解决本国劳动者人力资本与岗位需求不匹配这一结构性失业问题的根本途径。双元制教育是一种将企业与学校、理论知识与实践技能紧密结合，以培养高水平的专业技术工人为目标的职业教育制度①。青少年在成长过程中，接受企业和学校两方的教育，在企业接受技能培训，在学校接受专业理论和基础文化知识教育。学校和企业拥有共同的培训目标，但在具体的培训过程中，又发挥出自身的独特优势，呈现出明显的双元属性。学生的结业考试由相应的行业协会负责。学校和企业的紧密合作，保证了职业教育和参与培训的学生的质量。双元制教育解决了劳动者人力资本与岗位需求不匹配的问题，实现了人才培养和市场需求的精准对接，使得理论与实践得到了统一。

　　与此同时，各国还采用了不同的失业保障制度来降低本国的失业率，以缓解经济社会矛盾。例如，美国的《社会保障法》对失业保险的享受资格只做一些原则性的规定，具体征收和支付办法由州政府制定，且各州规定存在较大差异。多数州要求失业者在申请失业补贴之前要满足以下三个条件：一是失业者能够且愿意重新就业；二是不能有就业上的不良记录，如因过失而离职；三是对失业者的就业时长和工资收入状况有要求。第一条规则的具体判定标准为，劳动者失业后在公共就业机构进行失业登记并积极寻找工作。针对就业时长，有 18 个州规定，申请津贴的失业者在之前一年时间内的工作时间至少为 15~20 周。在工资收入方面，约有 75% 的州规定前一基数年的最低收入应为周失业救济金的若干倍，或为最高季度工资的若干倍。这一条件使得一部分群体，如新进入的劳动者、临时工、低收入者，无法获得失业补助。对于这部分失业的劳动者，州政府通过 STC（short-time compensation）项目提供补助。失业者的周津贴额由过去的工资决定，大多数州的津贴是以失业者在失业前一年所获得的最高季度收入为基数计算的。当前，除马萨诸塞州外，美国规定领取失业津贴的最长期限为 26 周。在失业高峰期，失业者可以延长津贴，延长

---

① 李阳，田媛媛，李腾，等. 国外结构性失业治理借鉴及启示 [J]. 合作经济与科技，2014（24）：98-99.

领取期限一般为 13 周（在某些情况下是 20 周），最长不得超过 39 周（某些情况下是 46 周）。

在就业服务政策方面，美国政府加大投资力度，以增加就业岗位；设立就业服务机构，为失业者提供再就业服务；设立专门的就业与培训管理机构，为失业者提供培训服务，以提高他们的就业能力；为失业严重的地区和处于就业劣势的易失业人群提供有针对性的就业服务政策。美国多项结构性失业治理政策主要关注处于就业劣势的人群。这一群体因缺乏教育和培训，难以找到合适的工作，因而处于就业劣势。

在瑞典，失业保险制度是由国家补助的自愿保险和劳动力市场失业救济组成的双重制度。自愿保险项目资金来源于国家，工会为主办方，核心的失业保险基金会由工会或自我雇佣者组织成立，向失业者提供失业保险金。劳动力市场的失业救济项目由政府部门主办和实施，救助主体为未参加失业保险的人群。工会建立的失业保险受劳动力市场的监督，职工可自愿选择参加。

自愿保险项目覆盖了年龄在 65 岁以下的工会成员或自我雇佣者组织的失业保险基金会成员。一般情况下，工会会员被强制性参加失业保险基金会，但也允许某些产业的雇员自愿参加。当前，该项目覆盖了 80% 的雇员。在瑞典，90% 的蓝领工人和 88% 的白领职员都参加了工会，会费一般为工资额的 5%。大多数情况下，劳动者在加入工会的同时，也就加入了该项目，失业津贴主要来自政府财政补贴。未参加基金会或参加不够一年的失业者，政府会为其提供劳动力市场救助。

瑞典失业保险的领取条件包括：加入失业保险基金会的时间超过一年；失业前连续工作的时间为 5 个月以上；非自愿离职或因行为不端而被开除；已办理失业登记；等等。除此之外，无正当理由但拒绝接受劳动部门介绍的工作的失业者，同样会失去领取资格。失业救济金的给付是有时间限制的，一周计 5 天，以 55 岁为界限，年龄小于 55 岁的失业者领取时长最高为 300 天，大于 55 岁以上的失业者在此基础上加 150 天。自愿保险项目的失业保险待遇为原工资的 75%。一般根据雇员的工资等级而确定具体金额，且需要纳税。自愿保险项目的失业保险金按 1 周 5 天进行支付，每次失业最多支付 300 天，55~64 岁者可支付 450 天。

（案例来源：根据《中美失业治理比较研究》《德国失业保障制度述评》《瑞典失业保障制度述评》《东盟失业保障制度述评》整理而得）

三、案例学习目标

本案例的学习目标是使学生深刻理解结构性失业的原因，重点理解劳动力市场政策解决失业问题的运行机制，并能够运用所学的劳动经济理论分析结构性失业问题。

四、案例讨论题

1. 结合案例和所学知识，分析当前世界各国结构性失业问题较为严重的原因有哪些。

2. 结合所学知识，阐述失业保障制度解决结构性失业问题的机制及其不足。

五、案例分析

1. 结合案例和所学知识，分析当前世界各国结构性失业问题较为严重的原因有哪些。

根据结构性失业形成的原因，结构性失业可以分为结构调整型失业、体制转轨型失业、经济增长方式转变型失业、知识经济发展型失业、技术进步型失业、教育发展滞后型失业六种。现实中的失业问题是复杂的，可能是多种类型的失业交织在一起共同形成的结果。根据材料，我们可以发现，当今各国的结构性失业可能是由以下几个原因共同造成的：

（1）产业结构调整导致结构调整型失业

第一、二、三产业吸纳就业的能力不同，对劳动者的需求也各不相同。随着经济发展，环境、成本等各类问题不断涌现，各国纷纷调整产业结构，寻求经济转型。但经济转型阵痛期最先涌现的就是失业问题。例如，美国制造业转移，使得企业通过全球范围的资源优化配置获得更多的利润，但与此同时，大量制造业外流导致低技能劳动力无业可就，加剧了美国的结构性失业问题。

（2）技术进步导致技术进步型失业

技术进步会带来就业的替代效应与规模效应。随着数字经济的发展，在新行业、新岗位不断涌现的同时，一些岗位逐步消失。许多对劳动者的技能要求和素质要求较低的岗位，容易被智能机器人取代，高门槛的算法、架构设计等职业则需要特定的技能储备。在替代效应与创造效应"一负一正"的抵消中，技术进步带来的岗位数量上的变化看似寻常，但由于新兴行业的岗位需求与失业劳动者的技能不匹配，实际上使得结构性失业问题加剧。

（3）经济增长方式转变型失业

疫情后新兴行业的迅猛发展与一些传统行业的举步维艰形成鲜明对比。疫情之后，一些行业发展规模缩小，甚至由盛转衰，相关岗位数量大幅度减少。而数字经济等新型经济发展方式的影响力不断扩大，用人需求不断增加。但技能和门槛方面的差异，让部分失业工人难以踏入要求更高的行业。

2. 结合所学知识，阐述失业保障制度解决结构性失业问题的机制及其不足。

失业保障制度，是指政府采用财政政策等宏观调控手段，为非自愿失业者提供基本经济保障，以促进其就业的制度，包括失业保险制度、失业救济制度与就业帮扶制度。

结构性失业，是指在劳动力市场上，当供给方和需求方无法完全匹配时，产生的失业和职位空缺并存的现象。失业保障制度中的就业帮扶制度，通过在传统教育制度之外建立的补充性就业培训体系，针对空缺岗位，对技能不足的劳动者进行精准培训，以调整劳动者人力资本结构，并提高劳动者人力资本存量，使其与空缺岗位相适应，从而缓解技能、岗位不匹配导致的结构性失业。各国政府设立的就业中介机构在一定程度上减少了劳动力市场的信息不对称问题，促进了劳动力市场的流动，有效地缓解了产业、地区的结构性失业。

失业保险制度、失业救济制度对于劳动者来说是一种非劳动收入。这种非劳动收入是以不工作为前提而取得的，因此当劳动收入低于这一非劳动收入时，劳动供给曲线会出现拐折。其现实意义是，当人们发现其工作获得的效用小于或等于不工作领取失业保险的效用时，人们会选择停止其劳动供给。

因此，具有较高额度、没有限制条件的失业保险可能会导致福利依赖问题产生，削弱了失业者寻找工作的动力，从而降低个人劳动供给，同时加重了国家的财政负担。各国通过对失业金发放的人群标准（领取者需要积极寻找工作）、发放金额（以保障基础生活为发放标准）等进行严格限制，可以削弱失业保险金与救助金可能造成的福利依赖，并督促劳动者积极进入劳动力市场寻找工作。

失业保障制度在解决结构性失业问题上主要从供给侧发力，但也不仅是供给侧的问题，需求侧同样需要就此做出调整。有关部门应该通过大力发展第三产业，不断增加就业岗位；积极扶持中小企业发展，增强就业的吸纳能力；继续大力扶持就业，不断促进创业。

六、拓展训练与前沿文献

1. 拓展训练
我国应该如何应对结构性失业？
2. 前沿文献

［1］郭贝贝. 劳动力供给与结构性就业矛盾：特征、冲击与纾解［J］. 当代经济管理，2022，44（12）：73-80.

［2］唐聪聪. 中国去产能政策对就业的影响评估：基于微观综合数据的证据［J］. 宏观经济研究，2022，288（11）：67-82.

［3］陈明生. 人工智能发展、劳动分类与结构性失业研究［J］. 经济学家，2019（10）：66-74.

［4］金达，沈宏亮. 公众环境参与能否缓解结构性失业：基于面板门槛模型的分析［J］. 当代财经，2019（7）：107-117.

［5］王朝明，张海浪，李亚茹. 供给侧结构性改革中的失业风险研究：基于消化产能过剩与产业结构调整升级［J］. 经济问题探索，2019（3）：10-18.

［6］姜先登. 后疫情时期应对结构性失业的政策措施建议［J］. 中国财政，2020（19）：66.

第十章
工会与劳动关系

- -

工会组织在现代经济生活中扮演着非常重要的角色，但以往在分析劳动力市场时，较少考虑工会的因素。在资本主义市场经济国家，工会主要通过集体谈判参与企业的工资和就业决策，进而影响劳动力市场和经济的运行。同时，工会的参与还会影响劳动关系的和谐稳定。在数字经济迅速发展的背景下，新就业形态不断涌现，劳动关系呈现多元化、灵活化、模糊化，劳动者合法权益保障不足。因此，工会如何维护新就业形态劳动者权益，平台从业者的劳动关系如何认定等现实问题亟待解决。本章将对两个与工会、劳动关系有关的案例进行探讨。第一个案例是"工会如何维护新就业形态劳动者权益"，重点讨论了新就业形态劳动者加入工会的影响，以及工会维护新就业形态劳动者合法权益的路径。第二个案例是"平台从业者劳动关系认定难"，分析了平台从业者劳动关系认定难的困境，并探讨了平台劳动争议的处理方式。

第一节　案例 10-1：工会如何维护新就业形态劳动者权益

新就业形态具有工时弹性化、合作方式远程化、工作任务碎片化、创业机会互联网化等特点，但也给从业者的权益保障带来了挑战。工会作为劳动者利益的代表者和维护者，应切实维护好新就业形态劳动者的合法权益。本节将通过分析劳动者加入工会的原因、加入工会产生的影响，为工会吸纳新就业形态劳动者提供理论支持，并探讨工会维护新就业形态劳动者权益的路径。

一、背景知识

劳动经济学中研究的微观主体即劳动者，一般是指单个个体，但有时多个劳动者可能由于具有共同的利益而组成一个集体组织，这样的组织就是工会。此时，劳资谈判的对象就不再是单个劳动者与企业，而是工会与企业，劳动者可以通过工会组织来提升谈判能力和经济地位。劳动者需要做出是否加入工会的决定，工会的出现会对工资和就业产生影响，也会对企业的经济效率和生产率产生影响。

1. 工会的定义和特征

著名的工联主义者韦伯夫妇将工会定义为：工会者，乃工人一种继续存在之团体，为维持或改善其劳动生活状况而设者也①。劳动经济学对工会的定义为：工会是一种集体组织，其基本目标是改善会员货币和非货币的就业条件②。

工会有以下几个主要特征：首先，工会的主要职能是维护会员利益，包括经济利益、社会政治权益和人身权益。工会的首要职能是为会员谋求工资、就业和安全保障等经济利益。其次，工会主要通过集体谈判与雇主组织进行交涉，以帮助雇员谋求利益。最后，工会是雇员自愿加入的，可代表会员的意志。

2. 工人加入工会的决定

从个人效用最大化的角度看，只有当加入工会获得的效用大于不加入工会获得的效用时，工人才会加入工会。加入工会后，虽然个体的小时工资得到了提高，但就业时间可能下降甚至被解雇。图 10-1 分析了工人加入工会的决定。工人的初始预算约束线为 AT，工人效用最大化的均衡点为 P，工作时间为 H 小时。工会谈判的工资上升，使得预算约束线移动到 BT。这时企业要缩短工作时间，如果工作时间减少到 H_2，工人的效用下降（无差异曲线由 U 移动到 U_0），他不会选择加入工会。如果工作时间减少到 H_1，则工人的效用水平由 U 提高到 U_1，此时工人会选择加入工会③。同时，工会还可能对劳动强度、工作环境等劳动条件进行谈判，以及对企业保险和保障制度进行谈判。

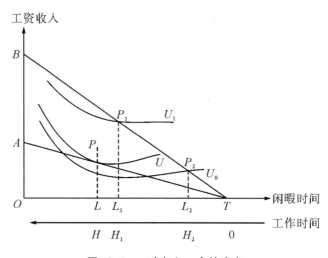

图 10-1　工人加入工会的决定

3. 工会的影响

（1）工会对工资的影响

工会的存在首先是保障职工的权益，主要目标是提高工资。一般来说，使用工会工资（W_U）和非工会工资（W_N）之间的差值与非工会工资之比来衡量工会工资的优势。如果用 WD 表示工会工资优势，那么 WD 可以由公式（10-1）计算得出：

①　韦伯夫妇. 英国工会运动史 [M]. 陈建民，译. 北京：商务印书馆，1959：1.
②　伊兰伯格，史密斯. 现代劳动经济学 [M]. 潘功胜，译. 北京：中国劳动出版社，1991：422.
③　宁光杰. 劳动经济学 [M]. 北京：经济管理出版社，2007：179-181.

$$\mathrm{WD} = \frac{(W_U - W_N)}{W_N} \times 100\% \qquad (10\text{-}1)$$

人们普遍认为，在有工会组织的部门工作的劳动者，其工资水平较高，因为工会成员能以罢工作为威胁与雇主讨价还价，以提高自身的工资水平，但两者不一定有因果关系。例如，在同行业商品市场完全竞争的条件下，不会有工会工资优势，现实中观察到的工会工资优势可能只是不同行业间工资差别的表现。在商品市场和劳动力市场不完全竞争的条件下，工会工资优势更可能与行业特征相关[①]。

在现实中，大多数工会只能通过工资谈判来决定工资，而将就业数量的决定权留给企业。工会对非工会工人的工资也会产生影响，这种影响包括外溢效应、威胁效应、产品市场效应、优秀工人效应[②]。外溢效应是指在工会力量较强的企业里，若工资水平提高，企业会减少劳动力需求数量，导致一部分劳动者被挤出到非工会部门工作，从而降低了非工会部门劳动者的工资水平。威胁效应是指非工会部门的劳动者在工资谈判中会以加入工会为威胁，迫使雇主提高工资，而工资的上涨会同时减少工会部门和非工会部门的就业。产品市场效应是指工会部门工资成本提高导致的产品价格上涨，使得非工会部门较低的产品价格会吸引原来工会部门的部分消费者，从而有利于提高非工会部门劳动者的工资水平。优秀工人效应是指工会部门相对较高的收入可能会吸引优秀的工人，于是工会部门集中了较多的优秀劳动者，而原本他们就应该得到更高的工资[③]。

（2）工会对经济效率和生产率的影响

当前，对于工会对经济效率和生产率的影响，学术界存在较大的分歧。工会对经济效率的影响主要有三个方面：第一，工会参与企业管理会影响企业工作制度的灵活性，容易导致制度僵化。第二，一旦工会采取罢工措施，则会导致企业产出受到影响。第三，工会的工资优势导致劳动力的配置效率降低。当然，也有一些经济学家认为工会对经济效率和生产率有正向影响。如工会可能促使企业使用低成本和高生产力的技术；工会作为一种集体组织，也能发挥提高生产率的作用[④]。

二、案例内容

1. 导入视频

全国总工会：切实维护新就业形态劳动者劳动保障权益（https://haokan.baidu.com/v？pd＝wisenatural&vid＝11195893277923043208）。

2. 案例材料

随着平台经济的迅速发展，新就业形态为劳动者提供了重要的就业和增收渠道。

---

① 陆铭，梁文泉. 劳动和人力资源经济学：经济体制与公共政策［M］. 2 版. 上海：格致出版社，2017：234.
② 宁光杰. 劳动经济学［M］. 北京：经济管理出版社，2007：196-198.
③ 陆铭，梁文泉. 劳动和人力资源经济学：经济体制与公共政策［M］. 2 版. 上海：格致出版社，2017：235.
④ 陆铭，梁文泉. 劳动和人力资源经济学：经济体制与公共政策［M］. 2 版. 上海：格致出版社，2017：236-238.

新就业形态劳动者（如货车司机、网约车驾驶员、网约配送员等）数量迅速增加，但由于就业的灵活性，他们较难与企业直接确认劳动关系，现实中出现了许多劳动权益受损的现象。如个别网约车平台企业在占有较大市场份额后，自行调整计价规则，设置过高抽成比例，使得驾驶员为了获得收入而不得不延长劳动时间，导致自身休息休假和劳动报酬权益受到侵害。部分外卖平台企业通过强大的算法管理系统，不断地压缩外卖骑手的配送时间。为了准时配送，部分骑手选择逆行、超速、闯红灯，严重威胁了外卖骑手的生命安全。

（1）建会，最大限度地吸纳新就业形态劳动者

由于企业组织的形式和劳动者的就业方式发生了深刻的变化，这些新就业形态劳动者建会入会存在一定的困难。2018年3月，全国总工会下发《推进货车司机等群体入会工作方案》并开展试点。该工作方案旨在以"货车司机集中入会"为牵引，将货车司机、快递员、家政服务员、护工护理员、网约送餐员、房地产中介员等八大群体最大限度地吸纳到工会组织中。2021年，全国总工会开展新就业形态群体入会集中行动。由于新就业形态劳动者大多在平台实现就业，全国总工会集中推动快递、网约车、网约送餐等重点行业的大型企业建立工会。截至2021年年底，全国新发展的新就业形态劳动者会员超过350万人[①]。

深圳盐田港口汽车运输业工会联合会（以下简称"盐田港运工联会"）打造的行业工会组织成为"货车司机集中入会"的全国试点。盐田港是深圳市现代化集装箱大港，货柜运输业务繁忙。此前，部分企业通过挂靠、承包、租赁等方式将经营风险转嫁给货车司机。一旦出现货物损失、交通事故和劳资纠纷，货车司机往往处于弱势地位。同时，由于企业和职工之间缺少沟通桥梁，出现矛盾后无法及时化解，很容易将小问题转化为大矛盾。

2007年8月，10家行业内企业发起建立了盐田港运工联会，为了保证工会运行的独立性，人员和经费都由盐田区总工会包干，以减少对企业、行业协会和商会的依赖。然而，盐田港运工联会主席黄祖胜指出，让货车司机加入工会并不容易，当时行业对工会的认知不高。盐田港运工联会建立后，采取了一系列措施吸引货车司机入会，如片区包干制、加强维权服务等。一方面，通过专业律师参与劳动争议调解；另一方面，与行业协会签订工资集体协商协议，确定行业最低工资标准和高、中、低位数指导工资标准，成立行业劳动关系自律委员会，定期到企业进行法律宣传和督导检查。

当前，盐田港运工联会共组建企业工会951家，发展会员1.3万多人。黄祖胜提到，盐田港运工联会是新业态劳动者建会入会的重要抓手，要把"司机之家"建设作为服务新业态劳动者的重要平台，为分散流动的货运司机建起新的"家"。盐田港运工联会通过点点滴滴的暖心活动，如"帮司机停车"、开办"司机大讲堂"、打造网上"微阵地"等，赢得了广大货车司机的好评。

工会组织要发挥桥梁纽带作用，得先把职工"请进来"。北京市顺义区石园街

① 是说新语. 新时代工会维权服务的重点[EB/OL]. （2022−06−20）［2023−06−15］.http://www.qstheory.cn/laigao/ycjx/2022−06/20/c_1128758278. htm.

道总工会将每周五上午确定为街道的"职工沟通日"。当天，工会干部联合社区工作人员前往劳动者较为集中的区域开展职工沟通会，并在网约送餐员、快递员的工作站点开展专场职工沟通会，动员新就业形态劳动者加入工会组织。通过工会干部的详细讲解，许多外卖员通过线上的方式加入工会，并感叹"职工不花钱就多了一份保障，还能享受很多福利"。深入企业一线，主动走近职工，顺义区各级工会组织聚焦新就业形态劳动者，通过定期开展"沟通会"，架起了职工和企业的沟通桥梁。

（2）维权，中国工会与生俱来的使命

1922 年 7 月，党的二大通过的《关于"工会运动与共产党"的决议案》明确指出，"工会就是保护工人切身利益和为工会的利益奋斗的机关"。维护职工合法权益，是中国工会与生俱来的使命。进入新时代，工会围绕职工最关心的经济权益问题，并积极参与相关政策的制定和修改，以维护新就业形态劳动者权益。如探索建立网约配送、快递行业集体协商机制，协商制定行业劳动标准，为劳动者提供法律援助。

2021 年 12 月 24 日，十三届全国人大常委会第三十二次会议完成对《中华人民共和国工会法》的修改。增加规定"工会适应企业组织形式、职工队伍结构、劳动关系、就业形态等方面的发展变化，依法维护劳动者参加和组织工会的权利"[①]。该规定为新就业形态劳动者入会建会提供了法律依据，为维护新就业形态劳动者权益提供了制度保障，以及丰富了工会维权服务的手段。例如，新增的内容包括：工会可对拖欠职工工资的行为开展劳动法律监督；工会组织的职工可参与本单位的"民主选举、民主协商"等。

对于如何维护新就业形态劳动者权益，北京市各级工会用健全协商机制，加大协商力度给出了答案。北京市总工会主动为美团骑手与美团平台企业搭建沟通协商平台。在骑手恳谈会上，某骑手一语道出了大家的心声："当遇到恶劣天气时，配送的难度加大，路面湿滑很不好骑行，所以配送速度变慢，使得顾客很容易对配送进行差评。我们希望平台根据实际情况，对恶劣天气中的不满意订单进行合理免责。"经过近一个小时的沟通协商，骑手代表和美团平台代表达成了共识，形成了《美团（北京）骑手恳谈会会议纪要》，并以此形成了骑手"5·20"关爱计划，包括权益维护、算法优化、温暖关爱、技能提升、安全守护 5 个专项行动，以及 20 条具体措施，该计划可惠及北京市 4 万名美团骑手[②]。

京东集团是北京市总工会推进新就业形态劳动者权益维护工作的试点企业。2021 年 11 月 26 日，该集团召开了第一次集体协商会议，劳资双方围绕劳动报酬、保险福利、劳动安全、技能培训等问题进行协商，最终达成一致意见，形成了集体合同，并提交京东集团职代会审议。集体协商会议的召开，标志着京东集团集体协商机制的正式建立，并推动了职代会制度的建设。

此外，北京市总工会还通过各种方式为新就业形态劳动者提供法律服务。例如

---

①　全国总工会. 工会法修改聚焦产业工人队伍建设 [J]. 中国工人，2022（1）：12.
②　刘欣欣. 奏响建"家"三部曲 打造暖"新"之家 [N]. 劳动午报，2022-10-26.

推动各级劳动争议调解组织为新就业形态劳动者提供劳动争议调解服务；北京市总工会法律服务中心为新就业形态劳动者提供法律援助；与劳动争议仲裁委员会协同开展调裁对接，与法院协同开展诉调对接，为新就业形态劳动者提供优质的调解服务。通过建立协商协调机制，提供诉求表达渠道，提供优质的调解服务等多种方式，北京市各级工会切实保障了新就业形态劳动者的合法权益。

（3）服务，提升职工群众的幸福感

为了适应新就业形态下职工群众的特点和需求，工会组织借助互联网的优势，创新工会维权服务工作，实现工会服务从特惠向普惠的转变。

2016年9月27日，全国总工会公众号正式上线运行。通过"我是'娘家人'，有事请@我！"的形式，为广大职工群众提供了新型的诉求表达渠道。与此同时，各级工会建立了"互联网+"普惠性服务平台，使工会服务更便捷、更高效，更贴近职工需求。如湖北工会加快建成"全省一张网、五级全覆盖"的服务职工体系；北京市总工会实现"卡"（工会会员互助服务卡）"网"（职工服务网、微博、微信、手机App）融合；等等。此外，针对新就业形态劳动者有较多户外劳动者生活不便的现象，工会建立了司机之家、"骑手驿站"等户外劳动者服务站点。截至2022年6月，各级工会已建立司机之家、户外劳动者服务站点9.5万余个，投入资金近12亿元①。

北京市密云区果园街道总工会结合辖区地理位置与职工特点，在工会服务站设立了"严冬能取暖、夏日能避雨、渴了能喝水、累了能休息、手机能充电、闲了能看书"的暖心驿站，免费为快递员、送餐员等新就业形态劳动者提供休息、饮水、充电、如厕等服务，还配备了急救和防暑药品，为广大护栏外劳动者建立了一个"温馨港湾"。"未来，我们将继续履行工会职责，不断完善服务功能，更好地发挥暖心驿站的作用，让更多一线劳动者感受到工会组织的温暖。"工会服务站站长肖金敬说。

中午时分，快递员小刘来到了丰顺驾校业务大厅的暖心驿站，咕噜咕噜地喝了一大杯水。由于中午需要配送的包裹相对较少，他抓紧时间来到暖心驿站休息。他熟练地在书架上拿了一份报纸，并拉出一把椅子坐下，享受着难得的休息时间。这是丰顺驾校根据丰台区总工会的要求，建立的免费爱心服务设施，能让广大户外劳动者感受到工会的温暖和关爱。当前，丰台区总工会共设立暖心驿站1948家，服务站点涵盖工会服务站、社区、百人企业、餐饮单位、各类经营门店等，成为户外劳动者歇脚的最好去处。暖心驿站提供了饮水机、雨伞、充电器、休息椅等各种设施，供劳动者使用。

顺丰快递小哥陈闯在顺义区工作很多年了。2022年春节，受疫情防控影响，他没办法返乡过年。在胜利街道总工会的邀请下，他来到暖心驿站与工会干部们共度佳节。"那天，我吃上了热腾腾的饺子，还体验了滑雪项目，非常开心，让人印象深刻。"陈闯说他身边有很多新就业形态劳动者，都非常希望在异地也能感受到组

① 是说新语. 新时代工会维权服务的重点[EB/OL]. (2022-06-20). [2023-06-15]. http://www.qstheory.cn/laigao/ycjx/2022-06/20/c_1128758278.htm.

织的关心。他更希望工会组织能在职业发展、技能提升等方面给予他帮助和支持，让他能够有长远的发展。2022 年，顺义区为 500 余名职工提供了技能培训和学历提升的机会，满足了职工所期待的职业发展要求。

（资料来源：根据求是网、《人民日报》《工人日报》、瞭望新闻、最新《中华人民共和国工会法》内容整理而得）

三、案例学习目标

本案例的学习目标是使学生深刻理解工会的经济影响，重点理解工会维护新就业形态劳动者劳动权益的路径，并能够运用所学理论知识分析新时代工会面临的新任务和发展方向。

四、案例讨论题

1. 结合案例和所学知识，分析新就业形态劳动者加入工会的经济影响。
2. 在新时代背景下，工会如何创新工作机制，维护新就业形态劳动者的合法权益？

五、案例分析

1. 结合案例和所学知识，分析新就业形态劳动者加入工会的经济影响。

工会的经济影响主要体现在对工资、生产效率、权益维护的影响等方面。结合案例，新就业形态劳动者加入工会的经济影响如下：

（1）工会总体上能提高新就业形态劳动者的工资福利水平

经验数据显示，工会能为其会员争取到高于非工会会员的相对工资优势。同时，由于工会关注员工的福利，会增加福利在员工报酬中的比重，从而提高社会化福利水平。新就业形态劳动者加入行业工会，可以由行业工会与企业进行集体协商，制定工资标准和劳动定额，从而在一定程度上提高会员的工资水平和劳动安全水平。如盐田港工联会与行业协会签订工资集体协商协议，确定行业最低工资标准和高、中、低位数指导工资标准，能促使企业提高货车司机的工资水平；京东集团建立集体协商机制，能为劳动者与企业集体协商提供渠道，增强劳动者的谈判能力；美团企业骑手"5·20"关爱计划，通过权益维护、算法优化、安全守护等专项行动，能改善骑手的工作条件。

（2）工会为企业生产效率的提高提供了可能

工会能为劳动者提供诉求表达机制。不同于传统劳动者有固定的工作场所，新就业形态劳动者具有分散化、原子化的特点，劳动者缺少诉求表达渠道。加入工会后，劳动者能依托工会提供的诉求表达机制，及时向平台申诉，从而减少由于平台的隐蔽控制而带来的不满，并提高劳动生产率和服务质量。如美团骑手恳谈会为骑手提供了表达心声的机会；北京市总工会法律服务中心为新就业形态劳动者提供劳动争议调解服务，可及时化解劳资矛盾。

183

（3）工会有利于保障职工权益，维护社会公正

工会积极参与涉及职工利益的相关政策的制定和修改，以维护新就业形态劳动者权益。如新《中华人民共和国工会法》的修订，明确了新就业形态劳动者加入工会的权利[①]；探索建立网约配送、快递行业集体协商机制，协商制定行业劳动标准，为权益受到侵害的劳动者提供法律援助；建立司机之家、暖心驿站，建立"互联网+"普惠性服务平台等。这些维权服务活动使得劳动者感受到应得的尊重。同时，由于工会组织的威胁效应，一些未参加工会的劳动者的工资和工作条件也得到了改善，有利于维护社会的公正公平。

2. 在新时代背景下，工会如何创新工作机制，维护新就业形态劳动者的合法权益？

党的二十大报告明确提出，要"深化工会、共青团、妇联等群团组织改革和建设，有效发挥桥梁纽带作用"，"完善劳动关系协商协调机制，完善劳动者权益保障制度，加强灵活就业和新就业形态劳动者权益保障"。习近平总书记强调，保障职工群众经济、政治、文化、社会权益是我国社会主义制度的根本要求。工会要赢得职工群众信赖，必须维护职工群众切身利益，促进社会公平正义。为深入贯彻落实党的二十大精神，全国各级工会组织积极探索，通过建会、维权、服务等工作机制的创新，切实维护新就业形态劳动者劳动保障权益。

由于灵活性和分散性的工作特征，新就业形态劳动者无法得到传统工会组织的保护。第一，要加大对工会的宣传，让劳动者意识到加入工会后能提升劳动者的效用，进而增强入会的动力。同时，工会组织应该适应新就业形态的变化，将新就业形态劳动者纳入保护体系中，如采用网上在线入会的形式为劳动者提供便捷的入会通道，建立高效的在线申诉渠道，给予劳动者表达意见的机会，并为其提供法律援助服务。第二，加快共享经济平台行业工会建设，完善行业工会体制机制构建。借鉴盐田港运工联会的经验，收集平台从业者的诉求，参与职业伤害认定、劳动标准制定等过程，以维护劳动者的利益。第三，推动建立民主协商制度，促进劳资双方建立对话沟通渠道。如选出新就业形态劳动者的代表，与平台企业开展民主协商，对算法规制、考核制度、薪酬制度等进行协商，确保劳动者能真正参与。如借鉴京东集团建立集体协商机制的经验，推动头部企业与新就业形态劳动者建立集体协商机制；借鉴美团企业的经验，定期召开企业与劳动者的恳谈会，为劳动者提供表达诉求的平台。第四，为新就业形态劳动者提供定制服务。如为户外劳动者提供休息驿站，为劳动者提供继续教育、技能培训、职业发展支持，为面临劳资纠纷的劳动者提供法律援助和调解服务等。第五，工会积极建言献策，参与法律法规制定，加强对平台从业者劳动争议问题的研究，通过多种形式提交建议，推动涉及平台从业者相关政策法规的完善。

① 全国总工会. 工会法修改聚焦产业工人队伍建设［J］. 中国工人，2022（1）：12.

六、拓展训练与前沿文献

1. 拓展训练

如何提升新就业形态劳动者加入工会的效用？

2. 前沿文献

［1］唐鑛，郑琪. 新就业形态中的劳动者权益维护与工会工作模式选择［J］. 学术研究，2022，450（5）：82-89，178.

［2］黄龙. 新就业形态劳动者参加和组织工会权利与路径研究［J］. 中国人力资源开发，2022，39（12）：74-83.

［3］李雄. 工会组织在新就业形态中的现状、问题及对策［J］. 理论月刊，2022，490（20）：129-138.

［4］闻效仪. "上代下"：工会改革逻辑与多样化类型［J］. 社会学评论，2020，8（5）：18-34.

［5］曾湘泉，陈思宇. 工会是否改善了外来工非货币性福利［J］. 学术研究，2020（1）：79-86，177.

［6］纪雯雯，赖德胜. 工会能够维护流动人口劳动权益吗？［J］. 管理世界，2019，35（2）：88-101.

［7］李博文，刘汉辉，展望，等. 工会会员身份对农民工工资率的影响：基于代际差异的视角［J］. 统计研究，2021，38（20）：105-120.

［8］孙兆阳，刘玉锦. 工会对企业员工工资有什么影响？：基于中国综合社会调查2008—2015年混合截面数据的分析［J］. 劳动经济研究，2019，7（4）：121-144.

第二节 案例10-2：平台从业者劳动关系认定难

在传统的就业形态中，雇主一般会与雇员签订正式的劳动合同，劳动关系相对稳定。然而，在新就业形态中，大部分平台从业者没有与平台企业签订劳动合同，劳动关系呈现去组织化、灵活化、模糊化等特点。劳动者一旦受到职业伤害，由于无法认定劳动关系，劳动者无法得到相应的保障，这将对劳动者的权益维护和平台经济的健康发展产生重要影响。因此，我们需要进一步研究劳动力市场对劳动关系的影响，结合劳动关系的实质和认定标准，研究平台经济背景下劳动关系认定困难的原因，以完善相应的法律法规，平衡平台从业者权益保障与平台经济的健康发展。

一、背景知识

劳动力市场是指劳动力需求和供给相互作用的场所。一般将劳动力市场定义为，将劳动力配置于不同工作岗位并协调就业决策的市场[①]。劳动关系是重要的社会经济关系，具体而言，劳动关系是指劳动者与劳动力使用者以及相关组织为了实现劳动过程所构成的社会经济关系。在劳动关系中，劳动者向雇主让渡自己的劳动力，雇主向劳动者支付劳动报酬。工资则是联结劳动者和雇主最基本的要素。在市场经济条件下，工资是由市场决定的，作为生产要素之一的劳动力价格，是劳动力价值的体现。因此，劳动关系的本质是一种经济利益关系[②]。劳动力市场对劳动关系的影响主要体现在，劳动力市场的特点会影响劳动者权益、劳动关系的双重属性和劳资双方的力量对比[③]。同时，不同国家制定了不同的劳动法律，确定了不同的劳动关系认定标准。当劳动力市场发生变化时，劳动关系的认定标准可能出现无法适应新形势的情形。

1. 劳动力市场对劳动关系的影响

（1）劳动力市场对劳动者权益的影响

劳动力具有区别于其他要素的特殊性，主要体现在劳动力的非物化。一般的商品以物体作为载体，而劳动力要素以人为载体，劳动力与劳动者不能分离，劳动者在持有劳动力所有权的同时，让渡了自己劳动力的使用权[④]。这一特点也决定了劳动力市场上供求双方存在一般商品不具有的特殊性，如劳动力资源的配置不仅受经济因素的影响，还受到非经济因素，如制度、文化等因素的影响。

劳动力要素的特点决定了劳动力供求双方在完成交易形成劳动关系后，劳动关系运行的核心问题是劳动者权益的实现，如职业选择的权利、获得劳动报酬的权利、休息休假的权利等；也决定了劳动关系运行还具有社会性的特点，劳动者不仅关心

---

① 伊兰伯格. 现代劳动经济学：理论与公共政策 [M]. 10版. 北京：中国人民大学出版社，2015：22-23.
② 常凯. 劳动关系学 [M]. 北京：中国劳动社会保障出版社，2005：9-10.
③ 常凯. 劳动关系学 [M]. 北京：中国劳动社会保障出版社，2005：238-242.
④ 马克思，恩格斯. 马克思恩格斯全集：第46卷，上 [M]. 中共中央马克思恩格斯列宁斯大林著作编译局，译. 北京：人民出版社，1979：240.

劳动报酬等经济利益，还关心工作环境的安全度、舒适度，以及身处人群中的公平、平等感受等，进而凸显了人本管理、激励机制、企业文化的重要性；还决定了工会组织的形成，决定了集体谈判、集体合同制度的确立，决定了政府的干预①。

（2）劳动力市场对劳动关系双重性的影响

由于劳动力市场中供求双方的所有物不同，这决定了进入劳动关系后双方的地位、身份和力量对比，决定了劳动关系主体间存在双重性关系，即同时具有平等性和隶属性，体现为形式上平等，实质上不平等②。

首先，平等性。劳资双方是平等的两个主体，劳动力需求方是生产资料所有者，劳动供给方是劳动力所有者，双方都有具体的产权、权利和利益；双方是平等自由的市场主体，劳资关系建立的基础是自由表达自己的意志，追求自己的利益，进而达成表达双方意愿的契约，即签订劳动合同。其次，隶属性。劳动者隶属于生产资料所有者的用人单位。由于劳动者让渡了劳动力的使用权，就必须服从用人单位的管理和支配。用人单位有使用、支配劳动者劳动力的权力和职能，进而享有利用劳动力产生的剩余价值的权利，劳动者有服从用人单位管理和支配的义务③。

（3）劳动力市场对劳动关系双方力量对比的影响

劳动力市场的供求状况影响了劳动力市场主体的地位，当劳动力供给大于需求时，劳动力需求方占主导地位；当劳动力供给小于需求时，劳动力供给方占主导地位。劳动力市场的供求状态决定了市场工资，供大于求时，工资降低；供小于求时，工资提高。不同的劳动者在寻找工作的过程中，有不同的保留工资，即劳动者可以接受的最低工资，当企业提供的工资大于或等于保留工资时，劳动者会接受该工作。保留工资会随着劳动力市场的变化而变化。当劳动力市场供大于求时，劳动者寻找工作时会面临较大的竞争，为了尽快找到工作，他们可能会降低保留工资；相反，当供小于求时，劳动者会提高保留工资。

我国劳动力市场存在制度性隔离，包括社会和企业内部二元劳动力市场。社会二元劳动力市场是由政府政策规则（身份、户籍）引起的，如体制内和体制外的隔离，农民工虽然进入了城镇，但大部分都进入的是非正式的、不规范的、体制外的劳动力市场。企业二元劳动力市场是指一个企业内部存在两种用工制度，农民工即使进入了正式规范的部门，也只能在不规范、非正式的用工形式下就业④。

2. 劳动关系的认定标准

2008年国务院制定《中华人民共和国劳动合同法实施条例》时，曾在征求意见稿提到，劳动关系即用人单位招用劳动者为其成员，劳动者在用人单位的管理下，提供由用人单位支付报酬的劳动而产生的权利义务关系⑤。该劳动关系的界定，实

---

① 博斯沃思，道金斯，斯特龙巴克. 劳动市场经济学［M］. 何璋，张晓丽，译. 北京：中国经济出版社，2003：2-4.
② MILLS D Q. Labor management relations［M］. 北京：机械工业出版社，影印本，1998：4.
③ 李健. 私营企业和谐劳动关系研究［J］. 中小企业管理与科技（上旬刊），2009，202（1）：96.
④ 李雄. 我国统一人力资源市场的障碍与出路［J］. 经济纵横，2008，123（2）：162-165.
⑤ 中华人民共和国中央人民政府. 法制办就劳动合同法实施条例（草案）公开征求意见［EB/OL］.（2008-05-08）［2023-07-10］.https://www.gov.cn/wszb/zhibo268/content_1098725.htm

际上将劳动关系的平等性、人身属性以及财产属性均做了准确的表述。《中华人民共和国劳动合同法》规定，用人单位应当与劳动者签订书面劳动合同，双方劳动关系自用工之日起建立，由此可见，用工是认定劳动关系的关键。

我国的劳动法律法规对劳动关系并没有具体的概念界定，但在具体的司法实践过程中，中国的法律依据"大陆法系从属说"产生，从人格从属性、经济从属性、组织从属性和业务从属性四个方面对劳动关系进行考量。具体而言，我国司法机构对劳动关系的判定主要依据《关于确立劳动关系有关事项的通知》（劳社部发〔2005〕12号），通知指出劳动关系的成立需要同时具备以下三种情形：①用人单位和劳动者符合法律、法规规定的主体资格；②用人单位依法制定的各项劳动规章制度适用于劳动者，劳动者受用人单位的劳动管理，从事用人单位安排的有报酬的劳动；③劳动者提供的劳动是用人单位业务的组成部分①。

通知还指出，认定双方存在劳动关系时可参照下列凭证：①工资支付凭证或记录（职工工资发放花名册）、缴纳各项社会保险费的记录；②用人单位向劳动者发放的"工作证""服务证"等能够证明身份的证件；③劳动者填写的用人单位招工招聘"登记表""报名表"等招用记录；④考勤记录；⑤其他劳动者的证言等。其中，第①③④项的有关凭证由用人单位负举证责任②。我国法院基于"三标准"，通常采用构成要件的劳动关系认定模式，并采取个案裁判的方式判定③。

当前，我国法律对劳动关系的认定比较笼统和粗放，主要借助于行政规范文件，运用一系列标准去印证和排除，尚未形成完善的体系，也没有明确详细的界定，可依照标准的范围较窄。因此，在司法实践中会出现一些不确定性，特别是在共享经济背景下，平台从业者的"劳动关系认定"给我国立法和司法带来了较大的挑战④。

二、案例内容

1. 导入视频

兼职骑手猝死未能获赔 灵活就业者权益保障到底卡在哪儿？外卖骑手与平台合作公司能否认定为劳动关系？（https://haokan.baidu.com/v？pd＝wisenatural&vid＝8809473212710839888）。

2. 案例材料

随着我国平台经济的迅速发展，平台从业者的队伍日益壮大，但同时面临较多的劳动争议和纠纷，主要聚焦于用工关系，特别是劳动关系的判定。法律落后于现实经济社会的发展，给司法实践带来了较大的挑战。由于缺乏明确的法律依据，司法实践中出现了不同的判决结果，以下选取法院判决的三个典型案例进行分析。

---

① 中华人民共和国人力资源和社会保障部劳动关系司. 关于确立劳动关系有关事项的通知［EB/OL］.（2005-05-25）［2023-07-10］. http://www.mohrss.gov.cn/xxgk2020/fdzdgknr/zcfg/gfxwj/ldgx/201407/t20140717_136260. html.

② 同①。

③ 杨浩楠. 共享经济背景下我国劳动关系认定标准的路径选择［J］. 法学评论, 2022, 40（2）：100-112.

④ 杨春建. "互联网＋"平台用工模式下劳动关系的认定：以"网约工劳动争议第一案"为例［J］. 法制与社会, 2018, 27（11）：52-53.

（1）法院判决案例一

2018 年 7 月 13 日 9 时 25 分，漆某某骑电动自行车与郑某某相撞，导致郑某某受伤，郑某某向浙江省杭州市西湖区人民法院提出诉讼，请求漆某某、胜鹰公司和拉扎斯公司承担相应赔偿责任[①]。郑某某向法院提出诉讼请求：①漆某某、拉扎斯公司、胜鹰公司、平安公司赔偿郑某某医疗费 1 256.20 元、误工费 5 880 元，合计 7 136.20 元；②本案诉讼费由漆某某、拉扎斯公司、胜鹰公司、平安公司承担。事实与理由：2018 年 7 月 13 日 9 时 25 分，漆某某骑电动自行车由东往西行驶，途经余杭塘路（新开元门口）时，在超越其他电动自行车的过程中，由于估计不足，其电动自行车右把手与郑某某骑行的电动自行车左把手相擦，致使郑某某重摔在地，左手、左腿、左脸、右手均有受伤。该事故经交警部门认定，漆某某负事故全部责任，郑某某无责任。事故发生后，郑某某自行垫付医疗费。因漆某某逃避责任，故郑某某诉至法院。

拉扎斯公司辩称：①"饿了么"网络平台是拉扎斯公司经营的外卖订餐网络平台，为餐饮商家和消费者提供餐饮展示、配送信息推送等第三方居间服务，"饿了么"网络平台不经营餐饮和配送业务，配送业务由胜鹰公司负责，本案漆某某是胜鹰公司招聘的配送人员，漆某某在配送过程中由胜鹰公司管理、考核，"饿了么"平台与骑手不存在劳动合同关系，故拉扎斯公司不应承担责任。②本案属于交通事故引起的侵权纠纷，应严格按照侵权责任法和司法解释认定赔偿义务人，在本案中，拉扎斯公司提供网络平台服务，与受害人受害结果之间无因果关系，不能任意扩大赔偿义务人。③本案事故发生在 2018 年 7 月 13 日 9 时 25 分，漆某某尚未开始配送业务，应由漆某某自行承担赔偿责任。④郑某某举证证明其工资标准，也未对误工期进行鉴定，其主张误工费无事实依据且显著过高。

平安公司辩称：①对本案事故发生的经过和责任认定同漆某某的意见。②本案事故发生在保险期间内，但根据拉扎斯公司提交的送餐记录可知，事故发生时漆某某并无送餐记录，本案的承保范围是配送员在配送服务过程中导致第三者人身伤亡或财产的直接损失，本案赔偿不属于平安公司的保险范围，故平安公司不承担赔偿责任。③应扣除医疗费中的自费药部分 254.04 元，具体金额由法院核对原件后确认；误工费不属于保险范围，不认可，且郑某某未提交证据证明其实际误工损失，即便要赔付，亦应按最低工资标准赔付。

经审理查明，2017 年 12 月 1 日，胜鹰公司与上海止观信息科技有限公司签订《蜂鸟配送代理合作协议》一份，约定：本协议提及的"饿了么"指由拉扎斯公司提供的外卖订餐平台，上海止观信息科技有限公司已获得"饿了么"的授权，与胜鹰公司针对"蜂鸟配送"业务签订协议，授权胜鹰公司经营配送业务，上海止观信息科技有限公司提供产品支持、订餐撮合、管理协助、支付结算等平台服务。同日，胜鹰公司与上海止观信息科技有限公司签订《蜂鸟配送代理商打款委托协议》一份，约定骑手与胜鹰公司存在劳动、劳务及雇佣关系，骑手与上海止观信息科技有

---

① 资料来源于（2019）浙 0106 民初 6638 号。

189

限公司不存在劳动、劳务及雇佣关系，上海止观信息科技有限公司仅根据胜鹰公司委托代为发放部分薪资/劳务费。同时，拉扎斯公司提交了《蜂鸟配送代理合作协议》《蜂鸟配送代理商打款委托协议》。

基于现有证据，法院认为，漆某某与拉扎斯公司不存在劳动关系，而且漆某某未举证证明事故发生时其正在履行职务行为。因此，对郑某某要求胜鹰公司和拉扎斯公司承担赔偿责任的诉讼请求不予支持，全部赔偿责任由漆某某承担。

（2）法院判决案例二

2018年7月6日上午12时30分，陈某某驾驶摩托车时发生交通事故受伤，后被送至医院治疗，经诊断为右股骨颈骨折。随后，他向六安市裕安区劳动人事争议仲裁委员会申请仲裁。该委于2019年4月15日作出裁决：依法确认原、被告之间存在事实劳动关系。儒鑫外卖配送公司不服该裁决，诉至安徽省六安市裕安区人民法院①。

原告儒鑫外卖配送公司向法院提出诉讼请求：①确认原、被告之间不存在劳动关系；②本案的诉讼费由被告承担。事实与理由：2018年7月6日，被告驾驶摩托车行驶至六安市交叉口时发生交通事故受伤，后被送至医院治疗，经诊断为右股骨颈骨折。后被告将原告诉至六安市裕安区劳动人事争议仲裁委员会，请求确认原被告之间存在劳动关系。2019年4月15日，六安市裕安区劳动人事争议仲裁委员会作出（2019）裕劳人仲案字第3号裁决书，认定原、被告之间存在劳动关系。但实际上被告作为美团骑手，是与凤某某个人签订的"合作协议"，与原告无关，双方不符合劳动关系要件，不存在劳动关系。因此，六安市裕安区劳动人事争议仲裁委员会作出认定原、被告之间存在劳动关系的裁决书是错误的。

原告儒鑫外卖配送公司为支持其主张，向法院提供以下证据材料：①原告营业执照复印件一份，证明原告身份信息；②被告身份复印件一份，证明被告的身份信息；③六安市裕安区劳动人事争议仲裁委员会裁决书一份，证明案件已经仲裁前置程序。

被告陈某某辩称：原、被告之间存在事实劳动关系，被告在原告处上班，且发生交通事故时，被告是在送外卖中，双方签订的"合作协议"实际上是劳动合同。被告陈某某为此提供下列证据：①被告身份证复印件一份，证明被告基本信息；②证人证言，证明原、被告之间系劳动关系；③工资支付记录，证明原、被告之间存在劳动关系；④合作协议书，证明双方存在劳动关系。

经审理查明，儒鑫外卖配送公司的经营范围为预包装食品的销售、配送，陈某某自2018年2月起，在原告的城南站从事外卖配送工作。2018年3月10日，被告陈某某与凤某某（系儒鑫外卖配送公司的法定代表人）签订"合作协议"，对被告在工资、培训费用、请假、旷工、辞职、不服从调度的处理等作出约定。2018年3月至6月，被告陈某某通过微信或支付宝从城南站负责人王某处领取工资款。

法院认为，劳动者的合法权益应予以保护。案件争议焦点为原、被告之间是否

---

① 资料来源于（2019）皖1503民初2859号。

存在事实劳动关系。被告陈某某为证明存在劳动关系而提供了"被告同事的书面证言"复印件、被告工资领取记录及"合作协议"。在庭审中，原告儒鑫外卖配送公司虽否认其与被告之间存在劳动关系，并对被告提供的"被告同事的书面证言"复印件、被告工资领取记录的真实性不予认可，但未否认凤某某与被告签订"合作协议"的事实，仅辩称其系凤某某个人行为与原告无关。而综合案件证据，凤某某为原告法定代表人，其与被告陈某某签订"合作协议"的行为应为职务行为，而"合作协议"的内容符合劳动关系的要件，实际上是劳动合同。另外，被告提供的"被告同事的书面证言"复印件、被告工资领取记录虽均系复印件，但能够与"合作协议"彼此印证，故对其证明力应予以确认。

（3）法院判决案例三

2018 年 9 月 11 日 18 时 05 分，戴某某骑电动自行车与陆某骑行的电动自行车发生碰撞，致陆某受伤。陆某向上海市徐汇区人民法院提出诉讼请求，要求戴某某和上海拉扎斯信息科技有限公司承担医疗费、误工费等赔偿责任。戴某某是"饿了么"平台的配送员，在"饿了么"平台上注册成为骑手，事故发生时正在完成配送工作[①]。

陆某向法院提出诉讼请求：医疗费 30 113.20 元、后续治疗费 10 000 元、住院伙食补助费 120 元、误工费 12 100 元、护理费 2 400 元、营养费 1 800 元、交通费 200 元、鉴定费 1 600 元，要求以上各项费用由三个被告方共同承担 70% 的赔偿责任。

戴某某辩称，对事故发生经过及责任认定均无异议，涉案车辆投保了 30 万元的商业保险。事故发生时，其在履行职务行为，在配送完前一笔订单准备回家路途中，又被派送一笔订单，因发生交通事故，遂将派送的订单转让他人。戴某某是"饿了么"平台的配送员，在"饿了么"平台上注册成为骑手，故其与"饿了么"公司建立有劳动关系。戴某某在"饿了么"平台上支付了 3 元/日的保险费，事故发生后已及时与保险公司联系，保险公司让其提供订单凭证，故已把订单凭证都交给保险公司，之后保险公司与陆某如何商谈，戴某某不清楚。本人同意承担鉴定费 1 600 元的 70%，计 1 120 元，对于其他费用应由保险公司承担，本人不同意承担。

被告上海拉扎斯信息科技有限公司辩称，公司是蜂鸟众包 App 平台的运营人，非戴某某的用人单位，双方也不存在劳动或劳务关系，不认可事发时戴某某系履行职务行为。戴某某是在蜂鸟众包网络平台自行接单配送的，本公司仅为商家及配送员提供缔约机会。本案中陆某无法举证戴某某是在配送"饿了么"外卖订单的过程中发生的事故。事发当天戴某某已经完成了配送，事故并非发生在配送过程中，故并非履行职务行为。对于"饿了么"配送服装、箱子的要求，只是平台为了品牌形象的维护，并非为了雇员的管理，戴某某是在订单配送完成后，在回家途中发生的事故，即便是雇员，上下班途中发生事故仅适用于工伤赔偿，并不能扩大为职务行为而对第三人进行赔偿。关于医疗费用，对能提供发票的医疗费予以认可，另有 70

---

① 资料来源于（2019）沪 0104 民初 17288 号。

元收费凭证无医嘱不予认可，后续治疗费尚未实际产生不予认可。对鉴定意见书无异议。交通费由法院酌定，误工费、护理费、营养费需扣除二期费用。

针对此案，法院认为，事发时，戴某某身着标有"饿了么"标识的服装、携带"饿了么"标识的送餐箱，戴某某辩称其系履行职务行为，根据上海拉扎斯信息科技有限公司提供的订单配送列表，显示最后一单的配送时间与事发时间相隔甚近，陆某有理由相信戴某某履行职务行为，其相关意见，法院予以采纳。如果提供劳务一方在劳动过程中造成他人损害，应该由接受劳务一方承担侵权责任[①]。上海拉扎斯信息科技有限公司作为戴某某劳务行为的实际接受和获利者，应对戴某某的侵权行为承担责任。

（案例来源：根据中国裁判文书网公布的劳动争议案件整理而得）

三、案例学习目标

本案例的学习目标是使学生深刻理解劳动力市场对劳动关系的影响，劳动关系的实质和认定标准，重点理解平台经济背景下劳动关系认定难的困境，并能够运用所学理论知识分析现实生活中出现的劳动争议。

四、案例讨论题

1. 结合案例内容和所学知识，分析上述三个案件中法院判决的依据是什么。
2. 为什么会出现平台从业者劳动关系认定难的困境？
3. 如何处理平台劳动争议，以保护平台从业者劳动权益？

五、案例分析

1. 结合案例内容和所学知识，分析上述三个案件中法院判决的依据是什么。

我国司法机构对劳动关系的判定主要依据《关于确立劳动关系有关事项的通知》，通知指出劳动关系的成立需要同时具备以下三种情形：①用人单位和劳动者符合法律、法规规定的主体资格；②用人单位依法制定的各项劳动规章制度适用于劳动者，劳动者受用人单位的劳动管理，从事用人单位安排的有报酬的劳动；③劳动者提供的劳动是用人单位业务的组成部分[②]。由于对平台从业者劳动关系的认定并没有明确的法律依据，法院仍然会沿用传统的认定标准，同时结合具体情况进行判断，因而可能造成司法实践中出现不同的判决结果。

在案例一中，存在较为复杂的用工关系和缔结的协议，首先，拉扎斯公司将"饿了么"授权给上海止观信息科技有限公司，该公司再将其中的"蜂鸟配送"授权给胜鹰公司，同时约定骑手仅与胜鹰公司存在劳动、劳务及雇佣关系。拉扎斯作为"饿了么"平台的建立者和管理者，通过层层分包和多种协议及条款，将实际用

劳/动/经/济/理/论/与/公/共/政/策/案/例/解/析

---

① 根据《中华人民共和国侵权责任法》第三十五条裁定。
② 中华人民共和国人力资源和社会保障部劳动关系司. 关于确立劳动关系有关事项的通知 [EB/OL]. (2005-05-25) [2023-07-10]. http://www.mohrss.gov.cn/xxgk2020/fdzdgknr/zcfg/gfxwj/ldgx/201407/t20140717_136260.html.

工方的身份交予代理商，因此根据现有的传统劳动关系判定标准，法院难以确定平台企业与从业者的法律关系。其次，平台软件掌握着从业者的工作记录，从配送时间来看，从业者在发生交通事故时或许并不处于工作时间内，但在等待接单期间、两个订单中的空余时间等是否属于从业者的工作时间尚需讨论，这也是现存法律体系不完善的地方之一。现有的相关法律法规过于笼统，使得法院难以判定平台需要承担的劳动保护责任，也难以确保新就业形态劳动者能够得到应有的劳动保障。

案例二是平台从业者在劳务过程中受伤，向司法机构寻求劳动保护的情形。凤某某作为法定代表人，与陈某某签订了"合作协议"，该协议的内容包含了《中华人民共和国劳动合同法》第十七条提到的劳动合同必备条款中的"工作时间和休息休假""劳动报酬""培训"，虽然并未具备所有必备条款，但根据《中华人民共和国劳动合同法》第二十六和第八十一条可知，缺少必备条款并不能判定合同无效。而且法院指出该"合作协议"的内容包含了平台企业对从业者的管理办法、奖惩措施等，属于劳动关系的要件，实际上符合劳动合同的标准，也对应了"三标准"中包含的人格从属性和经济从属性，且儒鑫外卖配送公司符合主体资格，因此判定双方存在事实劳动关系。

在案例三中，当事故发生时，平台从业者的服装、劳动工具等都表明他是以"饿了么"外卖员的身份在工作，而且后台信息显示此时正处于配送订单的时间段内，法院因此认为从业者在履行职务，加上从业者提供的该劳务从属于"饿了么"平台企业，有一定的业务从属性，二者存在劳务关系，从而判定平台需要承担赔偿责任。

2. 为什么会出现平台从业者劳动关系认定难的困境？

首先，劳动力市场的变化对劳动关系产生了深远影响，也带来了劳动关系认定的挑战。一方面，由于平台企业认为自身并非雇主，而是为服务提供者和顾客提供信息的中间机构，因此，平台企业没有与劳动者签订劳动合同。然而，劳动者仍然受到了平台的管理和控制，具有一定的隶属性，但又无法完全满足劳动法律中规定的劳动关系认定的三标准。另一方面，由于提供平台劳动服务的人数较多，即劳动力供给数量较多，而平台企业的数量有限，劳动力供给大于需求，劳动者处于弱势地位。由于缺乏法律依据，我国现有的相关法律无法适应平台用工模式的创新，因此在出现劳动争议时，劳动者难以从法律中得到具体的保护，给平台劳动关系认定带来困难，也使得具体裁判的结果差异较大。

其次，结合劳动关系认定的标准来看，劳动者获取报酬的形式多样，导致经济从属性模糊；平台宣称自己只是劳动者与消费者和商家之间的信息提供商，导致业务从属性认定困难；平台劳动者与平台签订的协议是否构成劳动关系认定困难；用工主体难以确定，平台企业通过与代理商、承包商等多个关联公司合作，通过承包阻断了劳动关系，使得争议发生后难以确定诉讼对象。

最后，劳动者举证困难，不同于传统工作中有较多的纸质合同和证据，平台劳动过程中大部分合同以电子化的形式被保留，劳动者缺乏留存工作过程数据的意识，造成举证困难①。

3. 如何处理平台劳动争议，以保护平台从业者劳动权益？

从劳动争议处理法律适用的角度看，有关部门应该进一步结合平台经济的特点，健全劳动法律法规，使得劳动争议处理有统一的裁审标准②。同时，将劳动关系与社会保险解绑，尽快解决平台劳动者的社会保障问题。从预防劳动争议的角度看，劳动监察部门应加强执法，规范平台企业的用工过程，发挥行业的自律作用。

从劳动争议处理的过程看，由于平台用工的模式复杂多样，针对具体的个案，应该综合考虑各方面因素来对劳动关系进行判定，如不拘泥于形式，而是从用工的实质出发，运用"要素式"方式考察人格从属性和经济从属性，重点考虑平台劳动者的收入来源、工作时间以及社会保护的必要性③。

从劳动处理的程序选择看，由于平台从业者与平台的劳动关系认定标准不明确，劳动仲裁机构和法院处理案件的结果差异较大。因此，使用调解的方式可能更适合处理当前的平台劳动争议。如针对平台就业较为集中的网约车司机、外卖骑手、快递员等职业，可利用律师事务所、第三方咨询机构、区域性和行业性的调解组织等专业化的调解员处理平台劳动争议，且要处理好调解与仲裁的衔接问题。工会作为劳动者利益的代表，应发挥协商协调作用，加强与其他部门的联动，积极参与平台劳动争议的预防和调节工作，并为平台劳动者提供其需要的法律援助④。

六、拓展训练与前沿文献

1. 拓展训练

如何为平台从业者提供兜底的社会保障？

2. 前沿文献

［1］ERLICH M. Misclassification in construction：The original gig economy ［J］. Industrial & Labor Relations Review，2021，74（5）：1202-1230.

［2］MAFFIE M D. The role of digital communities in organizing gig workers ［J］. Industrial Relations：A Journal of Economy and Society，2020，59（1）：123-149.

［3］PETRIGLIERI G，ASHFORD S J，WRZESNIEWSKI A. Agony and ecstasy in the gig economy：Cultivating holding environments for precarious and personalized work identities ［J］. Administrative Science Quarterly，2019，64（1）：124-170.

［4］VALLAS S，SCHOR J B. What do platforms do? Understanding the gig economy ［J］. Annual Review of Sociology，2020，46：273-294.

［5］常凯. 平台企业用工关系的性质特点及其法律规制 ［J］. 中国法律评论，2021，40（4）：31-42.

［6］刘善仕，裴嘉良，葛淳棉，等. 在线劳动平台算法管理：理论探索与研究

劳/动/经/济/理/论/与/公/共/政/策/案/例/解/析

---

① 汤慧."互联网+"新业态模式下外卖员劳动关系认定的法律研究 ［J］. 法制与社会，2019（36）：38-41.
② 汪雁，丁玲. 我国涉网约工类新就业形态劳动争议问题研究 ［J］. 中国劳动关系学院学报，2021（4）：33-41，50.
③ 谢增毅. 互联网平台用工劳动关系认定 ［J］. 社会科学文摘，2019（2）：77-79.
④ 唐鑛，胡夏枫. 网约工的劳动权益保护 ［J］. 社会科学辑刊，2018（2）：109-115.

展望［J］. 管理世界，2022，38（2）：225-239.

　　［7］吴清军，李贞. 分享经济下的劳动控制与工作自主性：关于网约车司机工作的混合研究［J］. 社会学研究，2018，33（4）：137-162.

　　［8］谢增毅. 平台用工劳动权益保护的立法进路［J］. 中外法学，2022，34（2）：104-123.